IN GOTTES SCHULD

DIE BOTSCHAFT
DES ALTEN TESTAMENTS

Erläuterungen alttestamentlicher Schriften

Band 7/8

AUSGEWÄHLTE TEXTE
AUS DEM DRITTEN UND VIERTEN BUCH MOSE

CALWER VERLAG STUTTGART

IN GOTTES SCHULD

*Ausgewählte Texte
aus dem dritten und vierten Buch Mose*

Übersetzt und ausgelegt von
HELMUT LAMPARTER

CALWER VERLAG STUTTGART

CIP-Kurztitelaufnahme der Deutschen Bibliothek

Die Botschaft des Alten Testaments: Erl. alttestamentl. Schriften. – Stuttgart: Calwer Verlag.

Bd. 7/8 – Lamparter, Helmut: In Gottes Schuld

Lamparter, Helmut:
In Gottes Schuld: ausgew. Texte aus d. 3. u. 4. Buch Mose/übers. und ausgelegt von Helmut Lamparter. – Stuttgart: Calwer Verlag, 1980
(Die Botschaft des Alten Testaments; Bd. 7/8)
ISBN 3-7668-0643-2

ISBN 3-7668-0643-2

© 1980 Calwer Verlag Stuttgart

Printed in Germany
Alle Rechte vorbehalten. Abdruck, auch auszugsweise, nur mit Genehmigung des Verlags
Satz und Druck: Druckhaus West GmbH, Stuttgart
Einband: E. Riethmüller & Co, Stuttgart

INHALT

Vorwort 6

Das dritte Buch Mose

Einführung 9
Die Opfergesetze (1,1–7,38) 10
Das Hohepriesteramt Aarons und seiner Söhne (8,1–10,20) 28
Die Reinheitsvorschriften (11,1–15,33) 38
Der große Versöhnungstag (16,1–34) 46
Das Heiligkeitsgesetz (17,1–26,46) 52

Das vierte Buch Mose

Einführung 81
Der Heerbann und die Lagerordnung Israels (1,1–9,14) 84
Der Aufbruch vom Sinai und die Ereignisse des
    Wüstenzugs (9,15–10,36) 96
Das Murren Israels in der Wüste (11,1–35) 101
Das Aufbegehren Mirjams und Aarons (12,1–16) 107
Die Aussendung und Rückkehr der Kundschafter (13,1–14,45) 110
Der Aufruhr Korahs, Dathans und Abirams (16,1–19,22) 121
Von Kades nach Hesbon (20,1–21,35) 129
Balak und Bileam (22,1–24,25) 139
Die Heimführung in das gelobte Land (25,1–36,13) 154

VORWORT

Die von Hellmuth Frey vor mehr als vier Jahrzehnten begonnenen Erläuterungen alttestamentlicher Schriften haben vielen Lesern der Bibel einen Zugang in die gewaltige, vielgestaltige Landschaft des Alten Testaments erschlossen. Der vorliegende Band, in dem Texte aus dem 3. und 4. Buch Mose erläutert werden, wurde mit der Absicht verfaßt, eine der letzten Lücken zu schließen. An ausgewählten Texten soll erläutert werden, welchen Beitrag diese beiden alttestamentlichen Bücher zur Botschaft der Bibel geleistet haben.

Gewiß gibt es in diesen Büchern sehr spröde Texte, die zu dem gehören, was mit dem »Alten Bund« vergangen ist. Man wird es dem Verfasser dieses Kommentars deshalb schwerlich verübeln, wenn nicht alle Texte ausgelegt, vielmehr manche Kapitel nur in summarischem Überblick behandelt werden. Nicht wenige Texte sind freilich für das Verständnis des Neuen Testaments sehr wichtig – man denke nur an das Ritual des großen Versöhnungstags (3. Mose 16) oder an das Heiligkeitsgesetz (3. Mose 17–26). Auch im 4. Buch Mose finden wir Berichte aus der Zeit des Wüstenzugs, die für das Volk Gottes im Alten wie im Neuen Bund exemplarische Bedeutung haben. Eine Erzählung wie die Aussendung und Rückkehr der Kundschafter – wer möchte sie missen, welcher Prediger auf sie verzichten?

Dankbar habe ich die Kommentare benützt, die Martin Noth zum dritten und vierten Buch Mose geschrieben hat (ATD, Band 6/7). Bei der Auswahl der Texte stand mir Kirchenrat Karl Gutbrod beratend zur Seite. Der Buchtitel »In Gottes Schuld« möchte ein Licht auf den Inhalt und die Botschaft dieser beiden alttestamentlichen Bücher werfen. Sie geben – ein jedes auf seine Weise – eine Antwort auf die beiden Grundfragen: Wie sieht der Gehorsam aus, den das Volk Gottes seinem Herrn schuldet, der als Erretter und Gebieter an ihm handelt? Was muß geschehen, um die Schuld zu sühnen, die das ganze Volk oder ein Einzelner durch seinen Ungehorsam auf sich lud? Damit, daß man die Schuld ableugnet, verdrängt und vergißt, ist ja niemand geholfen! Gott besteht auf dem Gehorsam gegen seinen heiligen Willen. Er läßt nicht mit sich feilschen. Sühne tut not. Dies wußte man in Israel, dem Gottesvolk des Alten Bundes. Davon können und sollen auch wir, die wir im Neuen Bund leben, Entscheidendes lernen.

Dr. Helmut Lamparter

DAS DRITTE BUCH MOSE

EINFÜHRUNG

»Im Alten Testament gibt es Menschen, Dinge und Reden in einem so großen Stil, daß das griechische und indische Schrifttum ihm nichts zur Seite zu stellen hat. Der Geschmack am Alten Testament ist ein Prüfstein im Hinblick auf Groß und Klein«. So hat ein leidenschaftlicher Widersacher des christlichen Glaubens, Friedrich Nietzsche, geurteilt. Im Alten Testament – so müssen wir ehrlicherweise hinzufügen – gibt es freilich auch Bücher, Schriften und Texte, zu denen selbst aufmerksame, lernbereite Leser der Bibel nur schwer einen Zugang finden. Dies gilt insbesonders von dem »dritten Buch Mose«, das in der griechischen Übersetzung (Septuaginta) den Titel »Leuitikon«, in der lateinischen (Vulgata) den Namen »Liber Leviticus« bekommen hat. Wem darf man's verübeln, wenn er mit diesem Buch nicht zurecht kommt und es ratlos, kopfschüttelnd, gelangweilt beiseite legt? Enthält es doch fast ausschließlich gesetzliche Bestimmungen, die den kultischen Gottesdienst des Volkes Israel, den Dienst der Priester und den Vollzug der Opfer regeln und auf die rituelle Reinheit Israels hinzielen. Auf diesen Sachverhalt macht die Bezeichnung »Leviticus« aufmerksam. Denn die Priester leiteten sich von »Levi« her und die »Leviten« waren es, die in der Zeit nach dem Exil die geringeren Dienste im Tempel zu vollziehen hatten. Gehören all diese sehr ins Detail gehenden Vorschriften und Bestimmungen nicht zu dem, was mit dem »Alten Bund« vergangen ist? Dürfen wir uns als Glieder des neuen Gottesvolks, über das Jesus Christus der Herr ist, nicht an die Weisung des Apostels halten: »So bestehet nun in der Freiheit, zu der uns Christus befreit hat« (Gal. 5,1) – dankbar dafür, daß wir das »knechtische Joch« nicht mehr tragen müssen? Wenn es wahr ist – und es ist wahr – daß Jesus Christus »das Ende des Gesetzes« (Röm. 10,4) ist, dann – so scheint es jedenfalls – ist es kein Verlust, wenn wir beim eigenen Bibelstudium um dieses priesterliche Gesetzbuch einen (respektvollen!) Bogen schlagen. Allerdings muß sich jeder Leser der Bibel die Frage gefallen lassen, ob er recht daran tut, wenn er die Heilige Schrift nur zu seiner persönlichen Erbauung liest. Ein solcher Schrift-Gebrauch wird der Entstehungsgeschichte und dem Inhalt der Bibel, zumal des Alten Testaments, nicht gerecht. Dieses »Buch der Bücher« ist ja nicht eines Tages fix und fertig vom

Himmel gefallen. Es hat eine lange, ebenso interessante wie komplizierte Entstehungsgeschichte. Dies gilt insbesondre von dem »Pentateuch«, wie man in der alttestamentlichen Wissenschaft die fünf Bücher Mose nennt. Die Quellenschriften des Jahwisten, des Elohisten und der Priesterschrift sind hierin kunstvoll ineinander geflochten. Im »3. Buch Mose« meldet sich freilich weder der Jahwist noch der Elohist zu Wort. Um so deutlicher ist erkennbar, daß Kap. 8–10, in denen vom Hohepriesteramt Aarons und seiner Söhne berichtet wird, ursprünglich ein Bestandteil der Priesterschrift gewesen sind. Diese drei Kapitel dürften mit Sicherheit den Kern des 3. Mose-Buchs gebildet haben. Das 16. Kapitel, in dem das Ritual des großen Versöhnungstags aufgezeichnet ist, nimmt deutlich auf Kap. 8–10 Bezug (vgl. 16,1) und schloß sich ursprünglich wohl unmittelbar an diese Kapitel an. Alle übrigen Kapitel beruhen auf Überlieferungen, die aus keiner der drei Pentateuch-Quellen stammen. In Kapitel 1–7 sind die gesetzlichen Bestimmungen für die Darbringung der Opfer zusammengestellt. In Kapitel 11–15 werden die Fragen der kultischen Reinheit erörtert. Die Kapitel 17–25 enthalten gesetzliche Bestimmungen und Vorschriften, die festlegen und einschärfen, wie das alttestamentliche Gottesvolk seine Bestimmung als heiliges, für den Dienst Jahwes[1] beschlagnahmtes Volk bewahren und erfüllen soll. Bei diesem »Heiligkeitsgesetz« handelt es sich um ein Rechtsbuch, das wohl zunächst für sich existierte. Den Abschluß bildet die eindringliche Lohn- und Strafankündigung in Kap. 26. Ein besonderes Kapitel über die Weihegaben (Kap. 27) wurde später hinzugefügt.

In seiner uns vorliegenden Gestalt ist das dritte Buch Mose eine Urkunde göttlicher Offenbarung, wobei Mose als Empfänger und Mittler fungiert. Es beginnt mit dem Satz: »Und der Herr rief Mose und redete zu ihm vom Offenbarungszelt (der sog. »Stiftshütte«) aus«. Israel, das Gottesvolk befindet sich angeblich noch in der Wüste, am Fuß des Sinai. Die Opferanweisungen in Kap. 1–7, auch die Reinheitsvorschriften in Kap. 11–15 und das Heiligkeitsgesetz (Kap. 17–25), stammen jedoch aus einer Zeit, da die Priester im Tempel zu Jerusalem ihres Amts walteten. Diese Texte setzen ein reiches, bis ins Detail geregeltes kultisches Leben voraus. Allerdings ist damit zu rechnen, daß auch sehr alte, zunächst nur mündlich überlieferte Riten und Satzungen in diesem 3. Buch Mose aufgezeichnet sind. In seiner jetzigen Gestalt lag das Buch jedenfalls vor Beginn der Exilszeit abgeschlossen vor. In eindringlicher Weise bezeugt es, mit welchem Ernst und Fleiß das alttestamentliche Gottesvolk bestrebt war, sei-

---

[1] Jahwe (irrtümlich »Jehova« gelesen), ist der alttestamentliche Gottes-Name

ner hohen Bestimmung zu entsprechen, sich seiner Erwählung durch Gott würdig zu erweisen. »Ihr sollt heilig sein, denn Ich bin heilig« (Kap. 19,2). Dieser Kernspruch aus dem »Heiligkeitsgesetz« hat im Blick auf das ganze Buch ein thematisches Gewicht. All diese Bestimmungen über den Vollzug der Opfer, die Vorschriften über »Rein« und »Unrein«, über die jährlich zu feiernden Feste, das Sabbat- und Jobeljahr, über den Verkehr der Geschlechter, die kultischen Abgaben und Dienstleistungen und was immer sonst in diesem Buch gesetzlich geregelt ist – das alles dient dem hohen Ziel, daß doch das Volk als ganzes und jeder Einzelne dem heiligen Rechtswillen des lebendigen Gottes, der Israel zu seinem Eigentumsvolk erwählt hat (2. Mose 19,6), Gehorsam leiste.

Vieles mag den heutigen Leser fremdartig berühren, aber hat nicht auch dies seinen eigenen Reiz? Es kommt hinzu, daß dieses Gesetzbuch Israels im Ganzen der Heiligen Schrift eine sehr spezifische Bedeutung hat. Nicht nur, daß sich darin jener Kernsatz der christlichen Ethik findet, den Jesus Christus feierlich und unlöslich mit dem Gebot der Gottesliebe verknüpft hat: »Du sollst deinen Nächsten lieben wie dich selbst« (3. Mose 19,2). Auch das Ritual des großen Versöhnungstags (3. Mose 16) gehört zu jenen Texten der Hl. Schrift, die man keinesfalls missen möchte. Vor allem der Hebräerbrief, der Jesus Christus als den Hohepriester des Neuen Bundes, der sich selbst zum Sühnopfer darbrachte, verkündet (Hebr. 9,11 ff.) nimmt darauf feierlich Bezug. Schuld ruft nach Sühne – dies wußte man in Israel. Dafür ist das 3. Buch Mose ein eindringlicher, für das Gesamtverständnis der biblischen Offenbarung unentbehrlicher Beleg.

DIE OPFERGESETZE

Kap. 1,1 – 7,38

Wer das 3. Buch Mose aufschlägt, in der Erwartung, aus dem Buch der Bücher, der Heiligen Schrift, Weisung, Rat und Trost zu schöpfen, sieht sich enttäuscht. In der ersten sieben Kapiteln wird der Leser mit sehr spröden Texten konfrontiert. Sie enthalten detaillierte Bestimmungen darüber, wie man in Israel, dem Gottesvolk des Alten Bundes, bei der Darbringung der Opfer verfahren soll. Diese Vorschriften über die Brandopfer (Kap. 1), die Speisopfer (Kap. 2), die Heilsopfer (Kap. 3), die Sündopfer (Kap. 4) und die Schuldopfer (Kap. 5,14 ff), an die sich in Kap. 6 und 7 zusätzliche Bestimmungen anfügen, geben uns Einblick in den Gottesdienst im alten Israel, bei dem die Darbringung der Opfer eine zentrale Rolle spielte. Wir erfahren, wie streng und exakt bis ins Detail dieser Opferkult geregelt war. Der heutige Leser – so erscheint es jedenfalls auf den ersten Blick – kann diesen spröden Texten allenfalls ein historisches, religionsgeschichtliches Interesse abgewinnen. Ist er auf den Namen Jesu Christi getauft, darf er ja sein ganzes Vertrauen auf das Sühnopfer Jesu Christi setzen, der als das »Lamm Gottes« (Joh. 1,29.36) der Welt Sünde getragen hat. Als der große Hohepriester des Neuen Bundes (Hebr. 4,14) hat Er an dem Kreuz vor den Toren Jerusalems, an dem Er litt und starb, sich selbst »als ein Opfer ohne Fehl durch den ewigen Geist Gott dargebracht« (Hebr. 9,14). Er ist »die Versöhnung für unsre Sünden, ja für die Sünden der ganzen Welt« (1. Joh. 2,2). Der Priesterdienst und der Opferkult in Israel, von dem im 3. Buch Mose, zumal in diesen ersten 7 Kapiteln so ausführlich die Rede ist, gehört zu dem, was mit dem Alten Bund vergangen ist. Zur Anbetung Gottes im Geist und in der Wahrheit berufen (Joh. 4,24) sollen wir uns »als lebendige Steine zum geistlichen Haus und zur heiligen Priesterschaft erbauen« (1. Petr. 2,5). Um dieser hohen Aufgabe gerecht zu werden, dazu – so möchte wohl mancher Leser denken – wird aus diesem 3. Mose-Buch nur ein geringer Nutzen zu ziehen sein. Zwar sind wir durch das einmalige, vollgültige Sühnopfer Jesu Christi keineswegs ein für allemal der Pflicht enthoben, dem lebendigen Gott durch »Opfer« Ehre zu erweisen:

> Du willst ein Opfer haben,
> hier bring ich meine Gaben,
> mein Weihrauch und mein Widder
> sind mein Gebet und Lieder.
>
> Paul Gerhard

Ja, mit dieser »Frucht der Lippen, die den Namen Gottes bekennen« (Hebr. 13,15), mit diesem Lobopfer allein ist es noch nicht getan. »Ich ermahne euch – so schrieb der Apostel Paulus an die Christen in Rom – durch die Barmherzigkeit Gottes, daß ihr eure Leiber zum Opfer gebet, das lebendig, heilig und Gott wohlgefällig ist« (Röm. 12,1). Der Leib, dieses Werkzeug unsres Handelns, soll und darf dazu dienen, daß wir uns Gott »als ein lebendiges Dankopfer darstellen« (Calvin). Sind mit dieser radikalen Aufforderung, die darauf zielt, daß wir nicht nur irgend eine mehr oder weniger wertvolle Opfergabe darbringen, vielmehr unsre ganze Existenz in diesen »Gottesdienst« einbringen, nicht doch all diese detaillierten Opfer-Anweisungen, die im 3. Buch Mose zusammengestellt sind, überholt? Mehr als ein religionskundliches Interesse – so scheint es – können wir diesen »Opfergesetzen« nicht abgewinnen.

Was zu denken gibt, ist zunächst der Tatbestand, daß dieses 3. Buch Mose in den Kanon der biblischen Schriften mit aufgenommen wurde – eine Entscheidung, an der auch unsre reformatorischen Väter nicht gerüttelt haben. »Im dritten Buch Mose« – so schreibt Luther in seiner Vorrede – »wird insonderheit das Priestertum verordnet mit seinen Gesetzen und Rechten, darnach die Priester tun und das Volk lehren sollen. Da siehet man, wie ein priesterlich Amt nur um der Sünde willen eingesetzt wird, daß es dieselbige soll dem Volk kundmachen und vor Gott versühnen, also daß all sein Werk ist, mit Sünden und Sündern umgehen. Derhalben auch den Priestern kein zeitlich Gut gegeben noch leiblich zu regieren befohlen oder zugelassen wird, sondern allein des Volks zu pflegen in den Sünden ihnen zugeeignet wird«. Wer sich mit dem 3. Buch Mose befaßt, der wird auf jeden Fall mit der ernsten Wahrheit konfrontiert, daß er nicht nur je und dann in seinem Leben einen mehr oder weniger verzeihlichen Fehltritt begangen hat, den er vergessen, verdrängen oder durch Gutestun kompensieren könnte. Schuld ruft nach Sühne – das wußte man im alten Israel. Dafür legt dieses dritte Mose-Buch ein fremdartig anmutendes, aber doch sehr eindringliches Zeugnis ab. In den ersten 7 Kapiteln finden wir eine Aufzählung von Opferbestimmungen, die – in der Form von göttlichen Anweisungen an Mose – festlegen, wie man beim Brandopfer, Speisopfer, Schlachtopfer, Sünd- und Schuldopfer verfahren soll. Daß solche Opfer nötig und dem Rechtswillen Gottes gemäß sind, wird dabei stillschweigend vorausgesetzt. Dem heutigen Leser der Bibel, der etliche Münzen oder einen Geldschein in die Opferbüchse an der Kirchentür steckt oder auch je und dann für irgend einen »guten Zweck« einen Geldbetrag spendet, kann man es freilich kaum verübeln, wenn er für die detaillierte Kasuistik dieser Opfergesetze und Rituale nur wenig Verständnis hat. Einige Überlegungen allgemeiner Art über den Opferdienst in Israel sind deshalb vornweg nötig.

Wenn wir auch im Alten Testament nirgends eine Belehrung über den Sinn des Opferkults erhalten, so lassen sich doch aus der verschiedenartigen Bezeichnung der Opfer und ihrem genau geregelten Vollzug Rückschlüsse ziehen. In der allgemeinen Religionsgeschichte läßt sich ein vierfacher Sinn und Zweck der Opfer feststellen: 1) Das Opfer wird als eine Speisung der Gottheit dargebracht. 2) Es stellt ein Geschenk an die Gottheit dar. 3) Es zielt auf die sakrale Kommunion zwischen der Gottheit und dem, der ihr opfert. 4) Es tilgt Schuld, bewirkt Versöhnung. Was die *Speisung* betrifft, so weisen die Opfer, die man in Israel darbrachte, auch auf dieses Motiv hin. Nur Genießbares (Fleisch der Opfertiere, Mehl, Öl und Wein) wird als Opfergabe dargebracht. Als »Brot Gottes« kann das Speisopfer bezeichnet werden (3. Mose 21,8). Als ein »Geruch der Beruhigung« steigt der Opferrauch zu Gott empor (1. Mose 8,21; 3. Mose 1,9; 26,31). Freilich, die primitive Vorstellung, daß der lebendige Gott, der selbst allem, was lebt, Odem gibt, solcher Speisung bedürfe, ist völlig verlassen. »Du gibst ihnen ihre Speise zu seiner Zeit. Du tust deine Hand auf und erfüllst alles, was lebt, mit Wohlgefallen« (Ps. 145,15). Die Absicht, das Opfer als *Geschenk* dem Herrn darzubringen, als ein Zeichen der Huldigung und des Dankes, steht auf einem andern Blatt. Dieses Motiv spielt eine bedeutende Rolle im Gottesdienst Israels, wobei das mit einem Gelübde verbundene Opfer (vgl. 1. Sam. 1,10) eine besondre, freilich nicht unbedenkliche Variante ist (vgl. Richt. 11,30 ff). Daß das Opfer eine *Gemeinschaft* stiftende Kraft und Bedeutung hat, gilt ebenfalls für die Opfer in Israel. Im Unterschied zum Brandopfer ist es das Schlachtopfer, das auf diese sakrale Kommunion zwischen Gott und seinem Bundesvolk hinzielt und sie bewirkt. Das Verlangen nach der sakralen Gemeinschaft mit Gott kommt darin zum Ausdruck, daß das Opferblut an den Altar gesprengt und die Fettstücke auf demselben verbrannt werden.[1] Vor allem dient das Opfer jedoch der *Sühne*. Daß über menschliche Verschul-

---

[1] Besonders deutlich ist diese Gemeinschaft stiftende Funktion des Opfers bei dem Bundesopfer am Sinai (2. Mose 24,5 ff), bei dem das »Bundesblut« gleicherweise an den Altar und auf die Darbringer gesprengt wurde.

dung nicht das Gras wächst, wie man im Volksmund sagt, daß vielmehr Schuld nach Sühne ruft, dies wußte man in Israel. Unauslöschlich war der Eindruck von der Heiligkeit Gottes, den das Volk beim Bundesschluß am Sinai empfangen hatte (vgl. 2. Mose 19,16 ff). Gottes Herrscherwille war in allen Lebensbeziehungen gültig und gegenwärtig. Wo und wie immer ein Einzelner oder das Volk als ganzes gegen Seinen heiligen Willen sich vergangen hatte, in jedem Fall war an sich das Lebensrecht verwirkt. Man wußte: Sühne tat not. Wie diese Sühne geschah, was die Handauflegung des Opfernden auf das Opfertier zu bedeuten hatte, was die Besprengung mit dem Opferblut bewirken sollte, davon wird an Ort und Stelle zu reden sein. Soviel steht fest, daß diese Opfergesetze, wie wir sie im 3. Buch Mose finden, auch ein Schlüssel zum Verständnis des Sühnetods Jesu Christi sind.

Im Neuen Testament ist es insbesondere der Hebräerbrief, der ausführlich auf den alttestamentlichen Opferdienst verweist, um deutlich zu machen, was es mit dem einmaligen, vollgültigen Sühnopfer Jesu Christi für eine Bewandtnis hat. Als der große Hohepriester des Neuen Bundes hat er »sich selbst als Opfer ohne Fehl durch den ewigen Geist Gott dargebracht« (Hebr. 9,14). Damit waren und sind die Opfer des Alten Bundes überboten und abgetan. Was im alttestamentlichen Opferkult geschah, war nur ein »Schatten« der zukünftigen Güter (Hebr. 10,1). Aber es wäre doch ein Kurzschluß, wenn wir deshalb an diesen Opfergesetzen Israels kein Interesse mehr bekunden wollten. Mit gutem Grund wurden diese alttestamentlichen Bücher, das 3. und 4. Buch Mose, in den Kanon der biblischen Schriften mitaufgenommen. Weder die Theologen und Lehrer der alten Kirche noch die Reformatoren haben daran Kritik geübt. Dies war sicherlich auch darin begründet, daß Mose, der »Mann Gottes« (Psalm 90,1) als ihr Verfasser galt. Daß die alttestamentliche Forschung dies heute anders sieht, ist jedoch kein Grund, an diesen alttestamentlichen Büchern achtlos vorbeizugehen. Wenn schon der Opferkult, wie er dem Gottesvolk des Alten Bundes geboten war, von dem einmaligen, vollgültigen Sühnopfer Christi abgelöst und überboten ist, wenn schon in Kraft steht, was Paulus den Christengemeinden in Galatien einschärft: »Zur Freiheit hat uns Christus befreit! So stehet nun fest und laßt euch nicht wiederum in das knechtische Joch fangen« (Gal. 5,1), so ist es doch der Mühe wert, sich in diese biblischen Texte zu vertiefen. Wie viel hat man sich in Israel den Gottesdienst kosten lassen! Mit welchem Ernst wurde erkannt, daß Schuld der Sühne bedarf! Welche Mühe und Sorgfalt wurde darauf verwandt, in allen Dingen und Lebenslagen der hohen Berufung gerecht zu werden: »Ihr sollt heilig sein, denn Ich bin heilig«

(3. Mose 19,2)! – An beispielhaft ausgewählten Texten aus den Opfergesetzen soll dies verdeutlicht werden.

(1,1) **Und der Herr rief Mose und redete zu ihm vom Offenbarungszelt aus:
(2) Sprich zu den Israeliten und sage ihnen: Wenn jemand unter euch dem Herrn eine Opfergabe [2] darbringen will, so sollt ihr eure Opfergabe vom Vieh, vom Rindvieh oder vom Kleinvieh, darbringen. (3) Will er vom Rindvieh ein** *Brandopfer* **darbringen, so soll es ein männliches, fehlloses Tier sein, das er darbringt; am Eingang des Offenbarungszeltes soll er's zum Opfer bringen, damit es ihn wohlgefällig mache vor dem Herrn. (4) Und er soll seine Hand auf den Kopf des Brandopfers stemmen, damit es ihn wohlgefällig mache und ihm Sühne schaffe. (5) Dann soll er das Rind schlachten vor dem Herrn, und die Söhne Aarons, die Priester, sollen das Blut darbringen, und zwar sollen sie das Blut ringsum gegen den Altar sprengen, der am Eingang des Offenbarungszeltes steht. (6) Sodann soll er das Brandopfer abhäuten und in seine Teile zerlegen (7) und die Söhne Aarons, die Priester, sollen Feuer auf den Altar tun und Holzscheite über dem Feuer aufschichten (8) und sollen die Teile, den Kopf und das Fett auf die Holzscheite über dem Feuer auf dem Altar legen. (9) Die Eingeweide aber und die Beine soll er mit dem Wasser waschen, und der Priester soll alles zusammen auf dem Altar in Rauch aufgehen lassen; ein Brandopfer (ist es), ein Feueropfer, dem Herrn dargebracht zum lieblichen Geruch.
(1,10) Will er aber vom Kleinvieh ein Brandopfer darbringen, von den Schafen oder Ziegen, so soll es ein männliches, fehlerloses Tier sein, das er darbringt. (11) Und er soll es an der Nordseite des Altars schlachten vor dem Herrn, und die Söhne Aarons, die Priester, sollen das Blut ringsum an den Altar sprengen. (12) Sodann soll er es in seine Teile zerlegen und der Priester soll dieselben samt dem Kopf und dem Fett auf die Holzscheite über dem Feuer auf dem Altar legen, (13) die Eingeweide und die Schenkel aber (zuvor) mit Wasser waschen, und der Priester soll alles zusammen darbringen und auf dem Altar in Rauch aufgehen lassen; ein Brandopfer (ist es), ein Feueropfer, dem Herrn dargebracht zum lieblichen Geruch.
(1,14) Will er aber vom Geflügel dem Herrn ein Brandopfer darbringen, so sollen es Turteltauben oder andere Tauben sein, die er darbringt. (15) Und der Priester soll das Tier an den Altar bringen und ihm den Kopf abknicken und das Blut an der Wand des Altars auspressen. (16) Aber den Kropf samt dem Gewölle soll er beiseite schaffen und östlich vom Altar auf den Aschenplatz werfen. (17) Dann soll er ihn an den Flügeln aufreißen, ohne sie abzutrennen, und der Priester soll ihn auf dem Altar in Rauch aufgehen lassen auf den Holzscheiten über dem Feuer; ein Brandopfer ist es, ein Feueropfer dem Herrn dargebracht zum lieblichen Geruch.**

---

[2] Das hebräische Wort »korban« (Darbringung) ist die allgemeinste Bezeichnung für jede Art von Opfergabe.

(2,1) **Will jemand dem Herrn ein** *Speisopfer* **darbringen, so soll seine Opfergabe in Feinmehl bestehen; dieses übergieße er mit Öl und tue Weihrauch darauf.** (2) **Und er soll das Speisopfer den Söhnen Aarons, den Priestern bringen**[3]**, und der Priester soll es als Gedenkopfer**[4] **auf dem Altar in Rauch aufgehen lassen, ein Feueropfer ist es, dem Herrn dargebracht zum lieblichen Geruch.** (3) **Was aber von dem Speisopfer übrig bleibt, soll Aaron und seinen Söhnen gehören als ein hochheiliger Anteil an den Feueropfern des Herrn.** (4) **Wenn du im Ofen Gebackenes als Speisopfer darbringen willst, dann seien es Kuchen aus Feinmehl, ungesäuert, mit Öl vermengt, oder ungesäuerte Fladen, mit Öl bestrichen.** (5) **Soll aber dein Speisopfer aus der Pfanne Gebackenes sein, soll es aus Feinmehl bestehen, mit Öl vermengt.** (6) **Du sollst es in Brocken zerteilen und Öl darauf gießen. Ein Speisopfer ist es.** (7) **Soll es ein Speisopfer von der Kochplatte sein, so soll es aus Feinmehl mit Öl bestehen,** (8) **und du sollst das Speisopfer, das daraus bereitet ist, zu dem Priester bringen, und der soll es an den Altar bringen.** (9) **Und der Priester soll von dem Speisopfer das Gedenkopfer abheben und auf dem Altar in Rauch aufgehen lassen als ein Feueropfer dem Herrn dargebracht zum lieblichen Geruch.** (10) **Das übrige aber soll Aaron und seinen Söhnen gehören als ein hochheiliger Anteil an den Feueropfern des Herrn.**
(11) **Kein Speisopfer, das ihr dem Herrn darbringt, darf gesäuert zubereitet werden; denn ihr dürft weder Sauerteig noch Honig dem Herrn zum Feueropfer in Rauch aufgehen lassen.** (12) **Als Erstlings-Ofergabe mögt ihr sie dem Herrn darbringen, aber auf den Altar sollen sie nicht kommen zum lieblichen Geruch.** (13) **Alle deine Speisopfer sollst du mit Salz salzen; nie darfst du das Salz des Bundes, den dein Gott angeordnet hat, bei deinem Speisopfer fehlen lassen; alle deine Opfergaben sollst du mit Salz darbringen.** (14) **Wenn du ein Speisopfer von Feldfrüchten dem Herrn darbringst, dann sollst du am Feuer geröstete Ähren, zerriebene Körner von frischem Getreide, als dein Frühfrucht-Speisopfer darbringen** (15) **und sollst Öl darauf tun und Weihrauch darauf legen. Ein Speisopfer ist dies.** (16) **Und der Priester soll das Gedenkopfer von den zerriebenen Körnern und das Öl mitsamt dem Weihrauch in Rauch aufgehen lassen als ein Feueropfer für den Herrn.**
(3,1) **Ist aber seine Opfergabe ein** *Dankopfer*[5]**, und will er ein** *Rind* **bringen, so soll es ein fehlloses männliches oder weibliches Tier sein, welches er vor dem Herrn darbringt.** (2) **Und er soll die Hand auf den Kopf des Opfertiers**

---

[3] und er nehme eine reichliche Hand voll von dem Mehl und dem Öl, aus dem es besteht, samt dem ganzen Weihrauch (späterer Zusatz).
[4] Das hebräische Wort »azkara« kommt im Alten Testament nur im Zusammenhang mit dem Speisopfer vor. Es ist nicht bekannt, was es bedeutet; die Übersetzung ist nur ein Versuch. Die Zürcher Bibel spricht von einem »Duftopfer«.
[5] Das hebräische Wort šelem (Plural šelamin) – im Alten Testament immer in Verbindung mit dem Begriff zäbah (Schlachtopfer) gebraucht – hat in der Kultsprache Israels eine Bedeutung, die sich nicht mehr sicher bestimmen läßt. Andere Übersetzungen: »Heilsopfer«, »Gemeinschafts-Schlachtopfer«.

stemmen und es schlachten vor der Tür des Offenbarungszelts; die Söhne Aarons aber, die Priester, sollen das Blut ringsum an den Altar sprengen. (3) Und er soll von dem Dankopfer dem Herrn als Feueropfer darbringen das Fett, das die Eingeweide bedeckt, samt allem Fett an den Eingeweiden, (4) die beiden Nieren mitsamt dem Fett an ihnen, an den Lenden und den Lappen an der Leber; an den Nieren soll er ihn abtrennen. (5) Und die Söhne Aarons sollen es auf dem Altar zum Brandopfer auf Holz, das über dem Feuer liegt, in Rauch aufgehen lassen; ein Feueropfer ist es, dem Herrn dargebracht zum lieblichen Geruch.

(3,6) Ist aber die Opfergabe, die er zu einem Dankopfer für den Herrn bestimmt hat, dem *Kleinvieh* entnommen, so soll das Tier, das er darbringt, ein fehlloses männliches oder weibliches Tier sein. (7) Falls es ein *Schaf* ist, so soll er es vor den Herrn bringen (8) seine Hand auf den Kopf des Tieres stemmen und es vor dem Offenbarungszelt schlachten, und die Söhne Aarons sollen das Blut ringsum an den Altar sprengen. (9) Und er soll von dem Dankopfer als Feueropfer dem Herrn darbringen das Fett, den ganzen Fettschwanz – dicht am Schwanzbein soll er ihn abtrennen – dazu das Fett, das die Eingeweide bedeckt, samt allem Fett an den Eingeweiden, (10) die beiden Nieren mitsamt dem Fett daran, das an den Lenden sitzt, und den Lappen über der Leber – an den Nieren soll er ihn abtrennen. (11) Und der Priester soll es auf dem Altar in Rauch aufgehen lassen als Feueropferspeise für den Herrn.

(3,12) Ist seine Opfergabe eine *Ziege*, so soll er das Tier vor den Herrn bringen, (13) und die Hand auf seinen Kopf stemmen und es vor dem Offenbarungszelt schlachten, und die Söhne Aarons sollen das Blut ringsum an den Altar sprengen. (14) Und er soll als Feueropfer für den Herrn das Fett darbringen, das die Eingeweide bedeckt, samt allem Fett an den Eingeweiden, (15) die beiden Nieren samt dem Fett daran, das an den Lenden sitzt, und den Lappen über der Leber – an den Nieren soll er ihn abtrennen. (16) Und der Priester soll es auf dem Altar in Rauch aufgehen lassen als eine für alle Zeiten gültige Satzung, die ihr halten sollt von Geschlecht zu Geschlecht in allen euren Wohnsitzen; auf keinen Fall dürft ihr irgendwelches Fett oder Blut genießen.

In Kap. 1–3 erfahren wir, wie man es in Israel, dem Bundesvolk Gottes, mit den verschiedenen Opfern, dem Brandopfer, dem Speisopfer und dem Dankofer (bzw. Schlachtopfer) halten soll. Nicht von Anlaß, Sinn und Zweck dieser Opfer ist die Rede, vielmehr ausschließlich von der Art und Weise, wie man sie vollziehen soll. Daß der Gott Israels durch Opfer geehrt sein will, ist stillschweigend vorausgesetzt. Ohne Zweifel handelt es sich um Texte, die aus vorexilischer Zeit in die sog. »Priesterschrift« übernommen wurden. Dies geht daraus hervor, daß die Schlachtung des Opfertiers, die in späterer Zeit Aufgabe der Leviten war (vgl. Hes. 44,11), von demjenigen, der das Opfer darbrachte, selbst vollzogen wurde. Ihm wird gesagt, wie er im einzelnen verfahren soll. Die Anwesenheit des Priesters ist bei der Opferhandlung vorausgesetzt. Auch seine Funktion beim Opfer wird genau geregelt. Man darf daraus den Schluß ziehen, daß es sich bei diesen in Kap. 1–3 zusammengestellten Texten um ein »Opferritual« (M. Noth) handelt, das – schriftlich fixiert – am Heiligtum aufbewahrt war und bei gegebenem Anlaß feierlich verlesen wurde. Daß es sich nicht um willkürlich erdachte Bestimmungen handelt, unterstreicht Vers 1, demzufolge diese Opferanweisungen auf eine Instruktion zurückgehen, die Mose im »Zelt der Begegnung« von dem Herrn empfing.

An erster Stelle ist es der Vollzug des *Brandopfers,* der ins Auge gefaßt und geregelt wird (1,1–17). Unter den Opfertieren, die in Frage kommen, hat das Rind den Vorrang, das ja für den Eigentümer der Herde besonders wertvoll ist. Nur ein männliches, fehlerfreies Tier soll vor den Herrn gebracht werden, damit Er dem, der seine Opfergabe darbringt, sein Wohlgefallen zuwende. Soweit ist alles klar und einsichtig. Aber was soll es bedeuten, daß der, der das Opfer darbringt, seine Hand auf den Kopf des Brandopfertiers stemmen soll? Was bringt dieser rituelle Gestus zum Ausdruck? Soll das Opfertier mit der Sünde, deren sich der Mensch, der das Brandopfer darbringt, schuldig machte, beladen werden? Beruht die sühnende Wirkung des Opfers darauf, daß das mit der Sühne beladene Opfertier zur Strafe getötet wird? Der Gestus dessen, der das Opfer darbringt, weist in eine andere Richtung. Nicht die Schulter, nicht der Rücken, vielmehr der Kopf des Opfertiers ist der Ort der Handauflegung. Dieselbe Geste begegnet uns, wenn jemand durch Handauflegung eine andre Person zu seinem Nachfolger einsetzt (vgl. 4. Mose 27,1; 5. Mose 34,9). Sie besagt, daß er sich mit dem, der an seine Stelle tritt, identifiziert. Nicht anders verhält es sich bei dieser Handauflegung auf den Kopf des Opfertiers. »Sühne geschieht durch die Lebenshingabe des in der Handauflegung mit dem Opferherrn identifizierten Opfertiers« (H. Gese)[6]. Die Schlachtung des Opfertiers wird nur kurz erwähnt. Sie wird von dem, der das Opfer darbringt, vollzogen. Es wird vorausgesetzt, daß er sich darauf versteht. Aufgabe des Priesters ist es hingegen, das Blut des Opfertiers rings an den Altar zu sprengen, wobei hier vorausgesetzt wird, daß das Blut des Opfertiers in einem Gefäß aufgefangen wurde. Liegt dieser

---

[6] »Der Sühnevorgang darf nicht vorgestellt werden als Sündenabladung mit darauffolgender Straftötung des Sündenträgers, des Opfertiers. Hier würde nur eine ausschließende Stellvertretung stattfinden; vielmehr geschieht in der kultischen Sühne, in der Lebenshingabe des Opfertiers eine den Opferer einschließende Stellvertretung« (H. Gese, Zur biblischen Theologie, alttestamentliche Vorträge, 1977, S. 97).

Handlung ein Glaube an irgend eine besondere Kraft des Bluts zugrunde? Diese Annahme liegt deshalb nahe, weil in der heidnischen Religiosität dem Blut eine magische Kraft zugeschrieben wird. In Israel, dem Gottesvolk des Alten Bundes, hat man jedoch diesen Glauben nicht geteilt. Die Bedeutung des Bluts liegt allein darin, daß es der Träger des Lebens ist. »Das Leben des Fleisches sitzt im Blut« (3. Mose 17,11). Wird der Altar mit dem Blut des Opfertiers besprengt, so vollzieht sich darin – zeichenhaft – eine Lebenshingabe dessen, der das Opfer darbringt, an den lebendigen Gott, den »Heiligen in Israel«, an dem er schuldig wurde. Er bezeugt, daß er weiß: Ich habe keinerlei Anspruch auf alle Deine Wohltaten, ich habe vielmehr mein Lebensrecht verwirkt. Nun aber laß durch diese zeichenhafte Handlung meine Schuld bezahlt, mein Vergehen gesühnt sein!

Auf diesen Blutritus folgt die eigentliche Darbringung des Opfers, die bis ins Detail geregelt ist. Das Opfertier wird enthäutet (V. 6) und in seine »Teile« zerlegt. Als besondre Teile werden der Kopf und das Fett, die Eingeweide und die Schenkel erwähnt. Die Sache des Priesters ist es, Feuer auf den Altar zu bringen und die Holzscheite aufzuschichten, die zur Verbrennung des Opfertiers nötig sind. Eingeweide und Schenkel müssen von dem, der das Opfer darbringt, zuvor sorgfältig gereinigt werden. Mit Ausnahme der Haut, die dem Priester zufiel (Kap. 7,8), wird bei diesem Brandopfer das Opfertier als ganzes verbrannt. Der Schlußsatz »ein Feueropfer ist es, dem Herrn dargebracht zum lieblichen Geruch« erinnert an das Opfer Noahs nach der Sintflut (1. Mose 8,21). Die drastische, anthropomorphe Redeweise[7] mag den heutigen Leser befremden. Sie ist aus dem babylonischen Gilgamesch-Epos übernommen, in dem berichtet wird, daß die Götter nach der Sintflut den Duft des dargebrachten Opfers rochen und ihr Zorn dadurch beschwichtigt wurde. Wenn sich in diesem Opferritual Israels die uralte Redeweise durch die Jahrhunderte erhalten hat, so tut dies der Heiligkeit des lebendigen Gottes keinen Abbruch. Daß die Darbringung des Brandopfers den Sinn hat, den Zorn Gottes zu beschwichtigen, dies – nichts mehr und nichts weniger – wird dadurch bezeugt.

In den folgenden Versen (V. 10–17) wird der Fall ins Auge gefaßt, daß anstatt eines Rinds ein Stück Kleinvieh oder ein Stück Geflügel zum Brandopfer dargebracht werden kann. Das Rinder-Brandopfer setzt ja den vermöglichen Herdenbesitzer voraus. Der Kleinvieh-Züchter war dazu nicht imstande. Die wichtigsten Akte der Opferhandlung werden wiederholt.

---

[7] Eine Redeweise, die dem »Heiligen in Israel« menschliche Züge verleiht, um – eben so – seine personhafte Lebendigkeit zu unterstreichen.

Allerdings fehlt die für das rechte Verständnis der Opferhandlung so wichtige Handauflegung auf das Opfertier. Vermutlich ist sie stillschweigend vorausgesetzt. Warum die Schlachtung auf der Nordseite des Altars erfolgen soll, ist nicht ersichtlich.

Daß sich die sühnende Kraft des Brandopfers nicht daran entscheidet, ob ein besonders wertvolles Tier geschlachtet wird, geht daraus hervor, daß auch das Opfer des Armen, der nur ein geflügeltes Tier darbringen kann, anerkannt und geregelt wird (V. 14 ff). Wer kein Rind, kein Schaf opfern kann, soll und darf einen Vogel zum Brandopfer darbringen, eine Turteltaube oder eine junge Taube (vgl. 1. Mose 15,9; Luk. 2,24). Dem Priester fällt die Aufgabe zu, den Ritus zu vollziehen: Der Kopf der Taube wird abgeknickt und dem Feuer übergeben, das Blut des Vogelleibs wird an der Wand des Altars ausgepreßt[8]. Der Kropf mit seinem Inhalt wird auf den Abfallplatz geworfen, der Leib wird an den Flügeln gefaßt, aufgerissen und dem Feuer übergeben. Ausdrücklich wird betont, daß auch dieses sehr bescheidene Opfer dem Herrn als »lieblicher Geruch« wohlgefällt. In Kap. 2,1–14 ist der Fall ins Auge gefaßt, daß das Opfer in einem *Speisopfer* bestehen soll. Das hebräische Wort (minha) bedeutet ursprünglich ganz allgemein »Gabe, Geschenk« (vgl. 1. Sam. 10,27) und konnte im gottesdienstlichen Gebrauch Opfergaben jeder Art bezeichnen (vgl. 1. Mose 4,3 f). Erst in späterer Zeit wurde es die spezielle Bezeichnung für die nicht tierischen Opfer. Die Übersetzung »Speisopfer« ist ein Notbehelf. Bei diesem Opfer bestand die Opfergabe aus grob gemahlenem Mehl und Olivenöl, das auch sonst zum Backen verwendet wurde. Der Zusatz von Weihrauch sollte dem Speisopfer eine besondere Weihe verleihen. Es wurde zunächst außerhalb des Heiligtums zubereitet, sodann zu dem Priester gebracht, der eine Handvoll dem Feuer auf dem Altar übergab. Was nicht verbrannt wurde, sollte den Priestern (»Aaron und seinen Söhnen«) gehören. In V. 4–6 sind Speisopfer ins Auge gefaßt, bei denen nicht nur Mehl und Öl, sondern zum Verzehr zubereitete Speisen (gebackene Kuchen und Fladen) dargebracht werden. Das Gebackene soll zerbröckelt und mit Öl getränkt werden. Die Möglichkeit, ein gekochtes, nicht gebackkenes Speisopfer darzubringen, ist in V. 7 in Betracht gezogen. Den Abschluß dieser Anweisungen über das Speisopfer bilden die Verse 11–16, in denen weitere Einzelheiten geregelt werden. Das Speisopfer soll in ungesäuertem Zustand dargebracht werden; es darf dabei weder Sauerteig noch Honig verwendet werden. Die Zusammenstellung von Sauerteig und Honig überrascht; sie erklärt sich daraus, daß an Frucht-

---

[8] Vgl. Kap. 5,7 f.

honig gedacht ist, der – wie der Sauerteig – eine gärende Wirkung hat. Ausdrücklich angeordnet wird das Salzen aller Speisopfer, nicht um sie schmackhaft zu machen, sondern im Gedenken an den »Salzbund« (vgl. 4. Mose 18,19; 2. Chron. 13,5) zwischem dem Herrn und Israel[9]. Als Letztes wird ein Speisopfer ins Auge gefaßt, bei dem die Frühfrüchte (das noch weiche Jungkorn des Getreides) dargebracht werden. Auch in diesem Fall wird die Darbringung des Opfers genau geregelt. Die Ähren sollen am Feuer geröstet, die Körner zerstoßen werden. Die Zutaten von Öl und Weihrauch (vgl. V. 2) dürfen nicht vergessen werden. So wird das Opfer vom Priester dargebracht, ein Feueropfer, das dem Herrn wohlgefällt.
In Kap. 3,1–17 ist der Fall ins Auge gefaßt, daß das Opfer ein *Dankopfer* sein soll. Die Opferanweisung ist exakt gegliedert, genau wie beim Brandopfer (Kap. 1,1–17). Beide Texte stammen sichtlich aus demselben Ritual. An erster Stelle wird ausgeführt, was geschehen soll, wenn ein Rind als Opfertier geschlachtet wird. Die Bestimmungen sind dieselben wie beim Brandopfer. Das Opfertier muß fehlerlos sein, der Opfernde soll sich mit dem Opfertier identifizieren, indem er seine Hand auf dessen Kopf stemmt, dann soll er seine »Darbringung« am Eingang des Offenbarungszelts schlachten und die (bzw. der) Priester soll(en) das Blut ringsum an den Altar sprengen. Ist dies geschehen, sollen die Stücke, die zur Verbrennung auf dem Altar bestimmt sind, herausgenommen und dem Priester übergeben werden[10]. Wird statt des Rinds ein Schaf geschlachtet, ist der Fettschwanz zusätzlich zur Verbrennung auf dem Altar bestimmt. Eine Besonderheit ist, daß bei diesem Opfer, im Unterschied zum Brandopfer, auch weibliche Opfertiere (Ziegen) zugelassen sind. Das Aufstemmen der Hand – diese so vielsagende Gebärde – ist in jedem Fall gefordert. Daß in V. 11 und V. 16 die auf dem Altar verbrannten Stücke des Opfertiers als eine »Feueropferspeise« für den Herrn bezeichnet werden, erinnert daran, daß mit dem Schlachtopfer ursprünglich der Gedanke an eine Speisung der Gottheit verbunden war[11]. Der 17. Vers, der den Blut- und Fettgenuß den Teilnehmern am Opfer untersagt, ist wohl nachträglich hinzugefügt.
In Kap. 4 und Kap. 5, deren Text wir in der Annahme, daß der Leser dieses Kommentars eine Bibel zur Hand hat, nicht eigens abdrucken, fol-

---

[9] Der Begriff »Salzbund« geht auf die auch bei den Arabern noch nachweisbare Vorstellung zurück, daß gemeinsames Salz-Essen eine Gemeinschaft stiftende Wirkung habe (M. Noth).
[10] Die Aufzählung dieser Teile stimmt mit den diesbezüglichen Bestimmungen beim Brandopfer überein (V. 3 f; V. 4; V. 9 u. 10; V. 14 u. 15).
[11] Ein Text wie Psalm 50,7–14 rückt diese Vorstellung freilich gewaltig zurecht.

gen *weitere Opfer-Anweisungen* und zwar handelt es sich dabei um Opfer, durch welche eine bestimmte Verfehlung gesühnt werden soll. Anders als in Kap. 1–3, in denen nur der Vollzug der Brandopfer, der Speisopfer und der Dankopfer vorgeschrieben ist, ist jeweils im Vordersatz ein bestimmter *Anlaß* ins Auge gefaßt, der das Opfer nötig macht. Die Verfehlung wird genannt, die durch das Opfer gesühnt werden soll. Desgleichen wird jeweils am Schluß die sühnende Wirkung des Opfers festgestellt (»So wird ihm verziehen werden«). In Kap. 4 werden solche Verfehlungen in Betracht gezogen, die *unwissentlich* begangen wurden[12]. Der Täter hat nicht in schlimmer Absicht gehandelt, er war sich nicht bewußt, daß er gegen die heiligen Gebote Gottes verstieß. Erst dadurch, daß ein Anderer ihn darauf aufmerksam macht, wird er sich der Verfehlung bewußt. Aus solch unwissentlicher Verfehlung macht sich der heutige Mensch kaum noch ein Gewissen. Aber in Israel wußte man, daß nicht nur die vorsätzlich begangene Sünde der Sühne bedarf. »Wer kann merken, wie oft er fehlt? Verzeihe mir die verborgenen Sünden« (Psalm 19,13). Wie oft wird sich ein Mensch seiner Verfehlung erst nachträglich bewußt! Daß er sich im Augenblick seiner Handlung oder Unterlassung keiner Sünde bewußt war, hebt nicht auf, daß er faktisch an Gott bzw. seinem Nächsten schuldig wurde. In Kap. 4,1 ff werden allerdings keine Unterlassungssünden, sondern nur solche Vergehen ins Auge gefaßt, bei welchem der Täter unwissentlich etwas von Gott Verbotenes begangen hat. Zur Sühnung hat er ein Opfer darzubringen. Die Bezeichnung dieses Opfers (hebräisch »chattat«) als »Sündopfer« setzt voraus, daß dieses hebräische Wort, das eigentlich keine bestimmte Opferart, vielmehr den Opferzweck anzeigt[13], im Lauf der Zeit zu einem speziellen Terminus der Kultsprache geworden ist. Dieses Opfer für unwissentliche Verfehlung soll in der Weise eines »Schlachtopfers« dargebracht werden, freilich so, daß mit dem Schlachtopfer keine Opfermahlzeit verbunden ist. Welcher Art das Opfertier sein soll, richtet sich nach der Person, die sich einer »Verfehlung« schuldig gemacht hat.

Hat sich der »*gesalbte Priester*«[14] verfehlt, soll ein fehlerloser Jungstier

---

[12] Das hebräische Wort für diese »unwissentliche Verfehlung« ist von dem Zeitwort »schagag« zu deutsch »sich verirren« abgeleitet.
[13] »chattat« heißt – wörtlich übersetzt – »Verfehlung«.
[14] Die Bezeichnung setzt das Ende des davidischen Königtums voraus. Damals ging die zunächst dem König geziemende Salbung an den obersten Priester über, der nun Repräsentant des Gottesvolkes war. In nachexilischer Zeit ist im Alten Testament nie mehr vom »gesalbten Priester«, nur noch vom »Hohepriester« die Rede. Bemerkenswert ist, daß die Verfehlung des »gesalbten Priesters« das ganze Volk schuldhaft belastet (Kap. 4, V. 3).

geopfert werden, desgleichen, wenn sich das ganze Volk verfehlt hat. Das Aufstemmen der Hand auf den Nacken des Opfertiers, dessen Sinn bereits beim »Brandopfer« (Kap. 1,4) erläutert wurde, ist dem »gesalbten Priester« befohlen, der sich unwissentlich verfehlt hat.

Hat sich das *Volk als ganzes* verfehlt, so sollen die Ältesten des Volkes ihre Hand auf den Nacken des Opfertiers stemmen. Dieses Schuldbekenntnis ist auch dann geboten, wenn ein Unbekannter, der sich zu seiner Verfehlung nicht bekennt, mit einer ungesühnten Missetat das ganze Volk belastet. Nach der Schlachtung des Opfertiers soll der Priester den Finger in das Blut des Opfertiers, das in einem Gefäß aufgefangen wurde, eintauchen und siebenmal damit vor dem Herrn sprengen an der Vorderseite des Vorhangs im Offenbarungszelt und etwas von dem Blut an die Hörner des Altars streichen. Das Blut, das noch übrig ist, soll an dem Fuß des Brandopferaltars ausgegossen werden. Danach sollen, wie beim Brandopfer, die Fetteile an den Eingeweiden, die Nieren, das Fett an den Lenden und der Lappen über der Leber auf dem Brandopferaltar in Rauch aufgehen. Da bei diesem Sühnopfer eine Opfermahlzeit nicht in Frage kommt, soll in diesem Fall alles, was von dem Jungstier noch übrig ist, auf dem Abfallplatz der Fettasche verbrannt werden.

Hat sich ein *»Stammesfürst«*[15] verfehlt und er wird sich seiner Verfehlung nachträglich bewußt oder von einem Anderen darauf aufmerksam gemacht, so soll er als Sühnopfer einen fehlerlosen Ziegenbock schlachten. Ist es ein *Einzelner* ohne Amt und Würden, der sich verfehlt hat, so genügt als Sühnopfer für sein unwissentliches Vergehen ein weibliches Tier vom Kleinvieh, Schaf oder Ziege, gleichviel ob er sich nachträglich seiner Verfehlung selbst bewußt wurde oder ein anderer ihn darauf aufmerksam machte.

Daß alle diese Fälle in Betracht gezogen werden, zeigt, wie ernst man es in Israel mit dem Gehorsam gegen Gottes Willen nahm. Die Selbstentschuldigung, die Verdrängung des Unrechts (»Schwamm darüber«!) – davon weiß man hier nichts und will nichts davon wissen, auch dann nicht, wenn die Verfehlung unwissentlich begangen wurde. Wie viele Menschen gibt es heute inmitten der Christenheit, die ein so weites Gewissen haben, daß sie es bequem als Schlafsack benützen können! Hier liest sich's anders.

---

[15] Wer mit dem Titel (hebräisch »nasi«) gemeint ist, ist nicht sicher. Da er im Rang hinter dem »gesalbten Priester« steht, handelt es sich wohl um einen jener »Sprecher« der einzelnen Stämme Israels, die es in dessen früher Geschichte gegeben hat (vgl. 2. Mose 22,27).

Schuldig wird nach Kap. 5,1–13 ein Einzelner, der zu Gottes Volk gehört, auch dann, wenn er Augen- oder Ohrenzeuge der Verfehlung eines Andern ist und seine *Anzeigepflicht* versäumt. Ob diese Verfehlung darin besteht, daß jemand eine Verfluchung ausspricht oder sich durch die Berührung mit Unreinem befleckt oder unbedacht eine Schwurformel gebraucht und der Augen- bzw. Ohrenzeuge aus Nachlässigkeit oder Feigheit ihn nicht zur Rede stellt, auf seine Verschuldung aufmerksam macht, bzw. in schwerwiegenden Fällen seiner Anzeigepflicht nachkommt, daß der, der sich schuldig machte, bestraft werden kann – in jedem Fall handelt es sich um eine *Unterlassung,* die nur durch ein Opfer gesühnt werden kann. Das Opfer soll in diesem Fall ein weibliches Tier, ein Schaf oder eine Ziege sein. Wer arm ist, darf sich auch damit begnügen, zwei Turtel- oder Felstauben, notfalls ein Zehntel Epha Grieß als Sündopfer für seine Verfehlung dazubringen. Aber dies, daß er sich aus dem Versäumnis seiner Anzeigepflicht überhaupt kein Gewissen macht, oder dieselbe – vielleicht aus falscher Rücksicht oder Menschenfurcht – unterläßt, darf nicht sein. Wer so handelt, macht sich fremder Sünde mitschuldig.

Die restlichen Verse des Kapitels (5,14–26) fassen den Fall ins Auge, daß sich jemand einer *Veruntreuung* an den »Heiligtümern des Herrn« schuldig gemacht hat. Dabei ist zunächst an Güter und Gaben gedacht, die dem Herrn, seinem Heiligtum bzw. dessen Priestern zustanden. Die Veruntreuung konnte darin bestehen, daß ein minderwertiges Opfer dargebracht oder ein Teil der Opfergabe zurückbehalten wurde. Geschah dies wissentlich, so stand darauf, wie das Beispiel von Achans Diebstahl (4. Mose 15,30) zeigt, die Todesstrafe! Hier in unsrem Kapitel ist vorausgesetzt, daß sich der Betreffende unwissentlich verfehlte. Als Erstattung hat er einen fehlerlosen Widder bzw. dessen Gegenwert in Geld am Heiligtum abzuliefern.

In V. 20–26 ist von Veruntreuung an Hab und Gut des Nächsten die Rede. Dabei ist nicht an Raub oder groben Diebstahl gedacht. Die Verfehlung besteht vielmehr darin, daß jemand anvertrautes Gut als sein Eigentum beansprucht oder eine Fundsache sich aneignete oder auf heimtückische Weise, durch Vorspiegelung falscher Tatsachen oder durch Erpressung, fremdes Gut in seinen Besitz brachte. In strittigen Fällen war hier ein »Schwur vor Jahwe« vorgesehen (vgl. 2. Mose 22,6 ff). Die Möglichkeit, daß jemand das angeeignete Gut nicht herausgeben will und einen Meineid schwört, ist hier (V. 22) ins Auge gefaßt. In einem solchen Fall hat der des Unrechts und Meineids Überführte das, was er sich aneignet hat, mit einem Zuschlag von einem Fünftel seines Werts zurückzuerstatten und außerdem eine Bußleistung im Wert eines fehlerlosen Widders zu erbringen, gleichviel ob er sein Unrecht selbst eingestand oder dessen überführt wurde.

Die folgenden Kapitel 6 und 7 enthalten in erster Linie *Anweisungen für die Priester,* wie sie sich bei der Darbringung der Brandopfer, Speisopfer, Sündopfer und Schuldopfer verhalten sollen. Vermutlich war die Zerstörung Jeursalems und des Tempels im Jahr 587 der Anlaß, dieses priesterliche Berufswissen schriftlich aufzuzeichnen (M. Noth). Wenn diese Vermutung zutrifft, sind die sehr ins einzelne gehenden Bestimmungen ein bewegendes Zeugnis dafür, wie treu die nach Babel Verbannten trotz allen Demütigungen an ihrer Bestimmung festhielten, ein »Königreich von Priestern und ein heiliges Volk« (2. Mose 19,6) zu sein.

An erster Stelle ist vom *Brandopfer* (6,2–6) die Rede. Aufgabe des Priesters ist es, das Feuer des Altars bei Tag und bei Nacht ständig am Brennen zu erhalten. Der Altar selbst soll jeden Morgen neu gereinigt werden, wobei der Priester seine Amtstracht tragen soll. Erst wenn er die Opfer-Überreste und die vom Opferfett getränkte Asche abgeräumt und neben den Altar geschüttet hat, darf er seine Kleider wechseln und die Opferreste hinausschaffen.

Es folgt eine Anweisung für das *Speisopfer* (6,7–11), das aus Grieß und Öl besteht. Eine Handvoll soll der Priester in Rauch aufgehen lassen; das Übrige soll den Priestern zur Speise dienen, nachdem »Mazzen« (ungesäuerte Fladen) daraus gebacken wurden. Als Nachtrag ist von einem Speisopfer die Rede, bei dem die Priester nicht nur ihres Amtes walten, sondern das sie selbst darbringen (6,12–16). Nicht nur gelegentlich, sondern täglich sollen sie es darbringen, allerdings nur in bescheidenem Ausmaß (ein Zehntel Epha Grieß, je zur Hälfte am Morgen und am Abend). Dem Opfer-Ritual in Kap. 1–3 zufolge erwartet man eine darauf folgende Anweisung über das Dankopfer. Diese folgt jedoch erst in Kap. 7,11–21.

Eine Belehrung darüber, wie man es mit dem *Sündopfer* (6,17–23) und dem *Schuldopfer* (7,1–7) halten soll, ist dazwischen geschaltet. Bei der Darbringung des Sündopfers, dem die Schlachtung des Opfertiers vorausgeht, ist besondere Behutsamkeit geboten, denn es ist »ein Hochheiliges«! Nur an einem heiligen Ort darf das Fleisch des Opfertiers verzehrt werden. Jeder Blutspritzer, mit dem der Priester sich befleckte, muß mit aller Sorgfalt durch kultische Waschung beseitigt werden. Das Gefäß, in dem das Opferfleisch gekocht wurde, muß, falls es aus Ton war, zerbrochen, falls es aus Bronze war, sorgfältig gespült werden. Der Verzehr des Sündopfers ist überhaupt verboten, falls mit dem Blut des Opfertiers der Sühneritus im Heiligtum vollzogen wurde. Wie sich das Schuldopfer

(7,1–7) von dem Sündopfer unterscheidet, wird – leider – nicht näher erläutert. Vermutlich besteht der Unterschied darin, daß das Schuldopfer die Beseitigung einer kultischen Unreinheit zum Ziel hatte. Es wird als ein »hochheiliges Opfer« eingestuft.

In V. 8–10 werden anhangsweise die Anteile der Priester an den verschiedenen Opfern geregelt. Besonders ausführlich ist der Abschnitt über das *Dankopfer,* das mit einer Opfermahlzeit verbunden war (7,11–21). Dem Opfertier werden als Zeichen der Dankbarkeit ungesäuerte Kuchen und Fladen (Mazzen), aber auch solche, die aus gesäuertem Teig gebacken sind, beigegeben. Je ein Stück davon soll durch »Erhebung« vor dem Altar dem Herrn geweiht werden. Dabei handelt es sich nur um eine symbolische Geste, denn diese Weihgaben sollten nicht auf dem Altar verbrannt werden, sondern nach dem Weihe-Akt den Priestern zufallen. Die Opfermahlzeit soll noch an demselben Tag, allenfalls in der darauffolgenden Nacht stattfinden. Nur bei einem freiwillig dargebrachten Dankopfer, dem kein Gelübde vorausging, darf, was übrig blieb, auch noch am darauffolgenden Tag verzehrt werden (V. 17). Bei der Darbringung und dem Verzehr der Opfer ist darauf zu achten, daß das Fleisch des Opfertiers nicht mit kultisch Unreinem in Berührung kommt und niemand im Zustand kultischer Unreinheit sich an der Opfermahlzeit beteiligt. Wer sich dagegen vergeht, soll durch Bestrafung mit dem Tod dafür büßen, er soll aus Gottes heiligem Volk ausgerottet werden (V. 20 f).

Den Abschluß dieser Opfergesetze bilden einige Bestimmungen, die nicht nur die Priester, sondern alle Israeliten angehen. Das Verbot, Fett oder Blut zu genießen, wird eingeschärft. Auf der Übertretung dieses Verbots steht strengste Strafe. Sie hat die Ausrottung des Übertreters aus dem Gottesvolk zur Folge. Die besonders wertvollen Fetteile der Opfertiere waren der Anteil, der dem Herrn vom Opfer gehörte. Das Blut als »Sitz des Lebens« mußte Ihm, dem Herrn des Lebens, zurückgegeben werden. Eine Ausnahme bildet das Fett von verendeten Herden- und Haustieren. Es darf zum Einfetten von Werkzeugen und anderen Geräten verwendet werden. – Als Nachtrag findet sich in V. 28–36 eine Bestimmung darüber, welchen Anteil die Priester am Schlachtopfertier bekommen sollen. Ihnen steht die Brust und die rechte Keule des Opfertiers zu, was auf eine feierliche Willensäußerung des Herrn am Tag der Salbung (Amtseinsetzung) Aarons, zurückgeführt wird, von welcher im folgenden Kapitel in aller Ausführlichkeit berichtet wird. Daß diese Teile des Opfertiers der Priesterschaft zufallen sollen, wird durch eine besondere Geste angezeigt: das »Schwingen«, wobei Fett und Brust des Opfertiers auf den Händen hin- und herbewegt und dem Herrn gleichsam als Speise dargeboten werden (vgl. 2. Mose 29,24 ff). Diese Geste der »Erhebung« hat freilich nur symbolische Bedeutung (vgl. Ps. 50,7 ff). Nachdem sie vollzogen ist, soll das Fett auf dem Altar verbrannt, die Brust und die rechte Keule den Priestern zum Verzehr überlassen werden.

Alle diese in Kap. 1–7 zusammengestellten Opfergesetze dürften bei dem heutigen Bibelleser meist nur auf ein geringes Interesse stoßen. Wer sich im Alten Testament auskennt, der hat zudem die harte, mit heiliger Leidenschaft vorgebrachte Kritik der Propheten am Opferkult im Ohr. »Was soll mir die Menge eurer Opfer? spricht der Herr. Ich bin satt der Brandopfer von Widdern und des Fettes von Mastkälbern und habe kein Gefallen am Blut der Stiere, der Lämmer und Böcke. Bringt nicht mehr dar so vergebliche Speisopfer! Das Räucherwerk ist mir ein Greuel« (Jes. 1,11 ff). So lesen wir bei dem Propheten Jesaja, den man den »König unter den Propheten« genannt hat. Nicht minder scharfe Kritik am Opfer finden wir im Buch des Propheten Amos, der zwei Jahrzehnte zuvor im Nordreich auftrat: »Ich bin euren Feiertagen gram und verachte sie und mag eure Versammlungen nicht riechen. Und wenn ihr mir auch Brandopfer und Speisopfer opfert, so habe ich kein Gefallen daran und mag eure fetten Dankopfer nicht ansehen« (Am. 5,21 f). Sieht man genauer zu, so zeigt sich allerdings, daß diese Kritik der Propheten, durch deren Mund der Gott Israels selbst sich mit heiliger Leidenschaft gegen all diese Opfer verwahrt, darin ihren Grund hat, daß man dem lebendigen Gott diese Opfer als Ersatzleistung für den Gehorsam offerierte, den man Seinen heiligen Willen im tagtäglichen Leben und Handeln schuldig blieb. Nicht das Opfer an sich, vielmehr dieser Mißbrauch der Brandopfer, Speisopfer, Heilsopfer, Dankopfer ist es, wogegen sich der Gott Israels durch den Mund seiner Propheten verwahrt hat. Eine grundsätzliche Abwertung dieser Texte, die den Opferdienst gebieten und regeln, wäre also gewiß fehl am Platz. Durch den gesetzlich genau geregelten Opferdienst wurde das Gottesvolk des Alten Bundes ohne Unterlaß an seine hohe Bestimmung erinnert: »Ihr sollt mir ein Königreich von Priestern und ein heiliges Volk sein« (2. Mose 19,6). Diese Bestimmung stand nicht nur »auf dem Papier«, sie wurde im Opferkult exerziert! Die Sonderstellung der Priester hob keineswegs auf, daß auch die »Laien« aktiv am Gottesdienst beteiligt waren. Und dies nicht nur in innerlicher Teilnahme, sondern »mit Herzen, Mund und Händen«! Manche der vorgeschriebenen Riten mögen dem heutigen Leser dieser Opferbestimmungen merkwürdig vorkommen. Aber man sollte dabei bedenken, daß diese Riten für Menschen bestimmt waren, die – zum größten Teil wohl kaum des Lesens und Schreibens mächtig – im Umgang mit dem Heiligen sich der

Sprache des Zeichens bedienten, die ja doch auf ihre Weise sehr ausdrucksvoll und behältlich ist[16]. In der Art der Opfergaben spiegelt sich die wirtschaftliche Struktur des Volkes, das zum größten Teil von Ackerbau und Viehzucht lebte. Jeder, auch der Arme, der nur einen Vogel zum Brandopfer bringen konnte, war aktiv am Gottesdienst beteiligt. Die exakten Bestimmungen für den Verlauf und Vollzug der Opfer waren für Priester und Laien eine Schule des Gehorsams. Wenn wir als Glieder und Teilhaber des »Neuen Bundes« dazu berufen und ermächtigt sind, unser ganzes Vertrauen auf das einmalige, vollgültige Opfer Jesu Christi zu setzen, so sind wir damit doch keineswegs aus dieser Schule des Gehorsams entlassen (vgl. 1. Petr. 1,14). Wie ernst man es in Israel mit dieser »Schule« nahm, ist ebenso vorbildlich wie eindrucksvoll.

---

[16] Man denke an die Art und Weise, wie die Freunde Hiobs ihre Trauer bekundeten. »Sie erhoben ihre Stimme und weinten, und ein jeder zerriß sein Kleid und sie warfen Staub gen Himmel auf ihr Haupt« (Hiob 2,12).

DAS HOHEPRIESTERAMT AARONS
UND SEINER SÖHNE

Kap. 8,1 – 10,20

(8,1) Und der Herr redete zu Mose und sprach: (2) Nimm Aaron und seine Söhne, dazu die Kleider und das Salböl und den zum Sündopfer bestimmten Jungstier, die beiden Widder und den Korb mit den ungesäuerten Broten (3) und versammle die ganze Gemeinde am Eingang des Offenbarungszelts. (4) Mose tat, wie ihm der Herr befohlen hatte und die Gemeinde versammelte sich am Eingang des Offenbarungszelts. (5) Und Mose sprach zu der Gemeinde: Dies ist's, was der Herr zu tun befohlen hat. (6) Alsdann ließ Mose Aaron und seine Söhne herzutreten und wusch sie mit Wasser. (7) Dann legte er ihm den Leibrock an, umgürtete ihn mit dem Gürtel und zog ihm das Obergewand an und tat ihm den Priesterschurz[1] um und gürtete ihn mit dem Gurt des Schurzes. (8) Darauf legte er ihm die Brusttasche auf und tat in die Tasche die Urim und Tummim[2]. (9) Dann setzte er ihm den Kopfbund aufs Haupt und befestigte an dem Kopfbund vorn das goldene Stirnblatt, das heilige Diadem, wie der Herr Mose befohlen hatte. (10) Darauf nahm Mose das Salböl [und salbte die Wohnung und alles, was sich darin befand, und heiligte sie, (11) und er besprengte damit den Altar, siebenmal, und salbte den Altar und alle seine Geräte sowie das Becken samt seinem Gestell, um sie zu weihen][3] (12) und er goß das Salböl auf das Haupt Aarons und salbte ihn, um ihn zu weihen. (13) Darauf ließ Mose die Söhne Aarons herantreten und bekleidete sie mit Leibröcken, umgürtete sie mit einem Gürtel und band ihnen Kopfbinden um, wie der Herr Mose befohlen hatte. (14) Alsdann ließ er den Stier zum Sündopfer herzuführen, und Aaron und seine Söhne stemmten ihre Hände auf seinen Kopf. (15) Und er schlachtete ihn und nahm das Blut und strich es mit seinem Finger ringsum an die Hörner des Altars und entsündigte so den Altar; das übrige Blut aber goß er am Altar auf den Boden. So weihte er den Altar, indem er ihn entsühnte. (16) Dann nahm er all das Fett am Eingeweide, den Lappen an der Leber und die beiden Nieren mit ihrem Fett, und ließ es am Altar in Rauch aufgehen. (17) Was aber von dem Stier noch übrig war, sein Fell und sein Fleisch und sein Eingeweide, verbrannte er außerhalb des Lagers, wie ihm der Herr befohlen hatte. (18) Alsdann ließ er den Widder

---

[1] den Ephod vgl. 2. Mose 28,4.
[2] die heiligen Lose (vgl. 2. Mose 28,14 ff).
[3] Deutlich erkennbare sekundäre Zutat zum Text auf Grund von 2. Mose 40,9–11.

zum Brandopfer herzubringen, und Aaron und seine Söhne stemmten ihre Hände auf den Kopf des Widders (19) und Mose schlachtete ihn und er sprengte das Blut ringsum an den Altar. (20) Den Widder selbst aber zerteilte er in seine Teile, und Mose ließ den Kopf, die Teile und das Fett in Rauch aufgehen; (21) die Eingeweide aber und die Schenkel wusch er mit Wasser; sodann ließ Mose den ganzen Widder auf dem Altar in Rauch aufgehen als ein Brandopfer, ein Feueropfer, dem Herrn dargebracht zum lieblichen Geruch. (22) Hierauf ließ er den anderen Widder, den Einsetzungswidder[4], herzubringen, und Aaron und seine Söhne stemmten die Hand auf den Kopf des Widders. (23) Und Mose schlachtete ihn und nahm von seinem Blut und strich es an das rechte Ohrläppchen Aarons, sowie an seinen rechten Daumen und seine rechte große Zehe[5]. (24) Sodann ließ er die Söhne Aarons herantreten und strich etwas von dem Blut an ihr rechtes Ohrläppchen, sowie an ihren rechten Daumen und ihre rechte große Zehe; das übrige Blut sprengte er ringsum an den Altar. (25) Dann nahm er das Fett und den Fettschwanz samt all dem Fett an den Eingeweiden und den Lappen an der Leber, die beiden Nieren samt ihrem Fett und die rechte Keule, (26) dazu nahm er aus dem Korb mit dem ungesäuerten Brot, der vor dem Herrn stand, einen ungesäuerten Kuchen und einen mit Öl gemachten Brotkuchen und einen Fladen und legte sie zu den Fettstücken und zu der rechten Keule. (27) Dann legte er dies alles auf die Hände Aarons und seiner Söhne und schwang es als Schwingopfer vor dem Herrn[6]. (28) Dann nahm er alles wieder von ihren Händen und ließ es auf dem Altar über dem Brandopfer in Rauch aufgehen als ein Brandopfer, ein Feueropfer, dem Herrn dargebracht zum lieblichen Geruch. (29) Dann nahm Mose die Brust und schwang sie als Schwingopfer vor dem Herrn; sie fiel Mose als Anteil zu, wie der Herr Mose befohlen hatte. (30) Dann nahm Mose von dem Salböl und von dem Blut, das auf dem Altar war, und sprengte es auf Aaron und seine Kleider und auf seine Söhne und ihre Kleider, und weihte so Aaron und seine Kleider sowie seine Söhne und ihre Kleider. (31) Hierauf gebot Mose Aaron und seinen Söhnen: Kocht das Fleisch vor der Tür des Offenbarungszelts und verzehrt es daselbst samt dem Brot im Korb des Einsetzungsopfers, wie mir befohlen wurde: Aaron und seine Söhne sollen es verzehren! (32) Was aber von dem Fleisch und von dem

---

[4] wörtlich: den »Handfüllungs-Widder«. Der Ausdruck »die Hand füllen«, ist im Alten Testament seit alters ein spezifischer Begriff für die Bestellung eines Priesters. Er wird bereits an der wahrscheinlich ältesten Stelle, an der von der Einsetzung eines Priesters die Rede ist (Richt. 17,5–12) gebraucht und ist außerhalb des Alten Testaments bereits in den Keilschrifttexten von Mari nachweisbar. Er bedeutet ursprünglich die Zuweisung bestimmter Einkünfte aus einer bestimmten Amtstätigkeit. Im Alten Testament wird dieser Ausdruck speziell auf die Priester angewandt und meint formelhaft, mit der Zeit vielleicht ohne Rücksicht auf seine ursprüngliche Bedeutung, die Einsetzung eines Priesters in sein Amt.
[5] Vgl. 2. Mose 29,20.
[6] Genauer gesagt: er ließ damit Aaron und seine Söhne ein »Schwingopfer« vor dem Herrn ausführen.

Brot übrig bleibt, das sollt ihr verbrennen. (33) Und sieben Tage lang dürft ihr von der Tür des Offenbarungszelts nicht hinweggehen, bis zum Tag, an dem die eurer Einsetzung bestimmte Zeit um ist; denn sieben Tage lang wird Er euch die Hand füllen. (34) Wie er am heutigen Tage getan hat, so hat der Herr (ferner) zu tun geboten, um euch Sühne zu schaffen. (35) Sieben Tage lang müßt ihr Tag und Nacht vor der Tür des Offenbarungszelts bleiben und die Dienstvorschrift des Herrn befolgen; sonst müßtet ihr sterben; so ist es mir geboten! (36) Aaron aber und seine Söhne taten alles, was der Herr durch Mose geboten hatte.

(9,1) Am achten Tage aber berief Mose Aaron und seine Söhne und die Ältesten Israels (2) und er gebot Aaron: Hole dir ein junges Rind zum Sündopfer und einen Widder zum Brandopfer, fehlerlose Tiere, und bringe sie dar vor dem Herrn. (3) Und zu den Israeliten rede und sprich: Holt einen Ziegenbock zum Sündopfer und ein Kalb und ein Schaf, einjährige, fehllose Tiere, zum Brandopfer, (4) ferner ein Rind und einen Widder zum Heilsopfer, um vor dem Herrn zu schlachten, sowie ein mit Öl vermengtes Speisopfer; denn heute wird euch der Herr erscheinen. (5) Da holten sie, was Mose befohlen hatte, herbei vor das Offenbarungszelt, und die ganze Gemeinde kam herzu und trat vor den Herrn. (6) Und Mose sprach: Dies ist es, was der Herr euch zu tun befohlen hat, daß ihr's tun sollt, auf daß euch die Herrlichkeit des Herrn erscheine. (7) Sodann sprach Mose zu Aaron: Tritt herzu an den Altar und vollziehe dein Sündopfer und dein Brandopfer, damit du für dich und dein Haus Sühne schaffst; sodann vollziehe das Opfer, das das Volk dem Befehl des Herrn gemäß darbringen soll, damit du für sie Sühne schaffst. (8) Da trat Aaron an den Altar heran und schlachtete das Kalb, das für ihn zum Sündopfer bestimmt war. (9) Und die Söhne Aarons reichten ihm das Blut und er tauchte seinen Finger in das Blut und strich es auf die Hörner des Altars, das (übrige) Blut goß er am Altar auf den Boden. (10) Und das Fett und die Nieren und den Lappen an der Leber ließ er auf dem Altar in Rauch aufgehen, wie der Herr Mose befohlen hatte. (11) Das Fleisch und die Haut verbrannte er außerhalb des Lagers. (12) Darauf schlachtete er das Brandopfer, und die Söhne Aarons reichten ihm das Blut, und er sprengte es ringsum an den Altar. (13) Das Brandopfer aber reichten sie ihm in Stücke zerlegt samt dem Kopf, und er ließ es auf dem Altar in Rauch aufgehen. (14) Die Eingeweide und die Beine wusch er mit Wasser und ließ sie über dem Brandopfer auf dem Altar in Rauch aufgehen. (15) Dann ließ er die Opfergabe des Volkes heranbringen und er nahm den Bock, der zum Sündopfer für das Volk bestimmt war, und schlachtete ihn und brachte ihn als Sündopfer dar wie zuvor. (16) Dann ließ er das Brandopfer heranbringen und vollzog es nach der Vorschrift. (17) Sodann brachte er das Speisopfer dar, nahm eine Handvoll davon und ließ sie auf dem Altar in Rauch aufgehen. (18) Hierauf schlachtete er das Rind und den Widder als Heilsopfer für das Volk, und die Söhne Aarons reichten ihm das Blut, und er sprengte es ringsum an den Altar. (19) Die Fettstücke von dem Rind und von Widder, den Fettschwanz und die Fettpolster und die Nie-

ren und den Lappen an der Leber, (20) diese Fettstücke legten sie auf die Bruststücke und er ließ sie auf dem Altar in Rauch aufgehen. (21) **Die Bruststücke aber und die rechte Keule schwang Aaron als Schwingopfer vor dem Herrn, wie der Herr Mose befohlen hatte.**
(22) Alsdann erhob Aaron seine Hände über das Volk und segnete sie. Und nachdem er das Sündopfer, das Brandopfer und das Heilsopfer vollzogen hatte, stieg er herab. (23) **Hierauf gingen Mose und Aaron in das Offenbarungszelt hinein, und als sie wieder herauskamen, segneten sie das Volk. Da erschien die Herrlichkeit des Herrn dem ganzen Volk,** (24) **und es ging ein Feuer aus von dem Herrn und verzehrte das Brandopfer und die Fettstücke auf dem Altar. Da alles Volk dies sah, jubelten sie und fielen nieder auf ihr Angesicht.**

Auf die Opfergesetze in Kap. 1–7 folgt in Kap. 8 und 9 der Bericht über die *Einsetzung Aarons und seiner Söhne in das Hohepriesteramt,* welche die Voraussetzung für den regelmäßigen Opferkult in Israel gebildet hat. Wie diese Einsetzung vorgenommen werden soll, ist im 2. Buch Mose (Kap. 29) auf Grund göttlicher Anordnung beschrieben[7]. Der Bericht über die Investitur Aarons und seiner Söhne entspricht im Wesentlichen dieser Anordnung. Den Auftakt bildet der Befehl des Herrn, der an Mose ergeht. In feierlicher Weise und im Beisein der ganzen Gemeinde soll diese Einsetzung Aarons und seiner Söhne in das Priesteramt vollzogen werden (V. 1–5). Nachdem sich ganz Israel am Eingang des Offenbarungszelts versammelt hat, gibt Mose die Erklärung ab, daß alles Folgende auf Befehl des Herrn geschieht.
Als erstes nimmt Mose an Aaron und seinen Söhnen eine Waschung vor, die im Dienst der kultischen Reinheit steht. Dann freilich ist nur noch von Aaron allein die Rede, der nunmehr in die Amtstracht des Hohepriesters[8] eingekleidet wird. Es folgt die Salbung mit dem heiligen Öl, die wohl zunächst dem König vorbehalten war, solange Israel einen König hatte. Die Söhne Aarons werden wesentlich schlichter eingekleidet[9]. Die erste heilige Handlung, die der gesalbte Hohepriester zusammen mit seinen Söhnen, vollziehen soll, ist die Darbringung eines *Sündopfers* (V. 14 ff), bei dem ein junger Stier geopfert werden soll. Dieses Opfer ist für den Fall angeordnet, daß sich Aaron oder seine Söhne unwissentlich verfehlt ha-

---

[7] Das 8. Kapitel im 3. Buch Mose schloß sich ursprünglich *direkt* an den Bericht über die Ausführung der Anweisungen an, die in 2. Mose 25–31 erteilt sind. Dieser Bericht ist in Kapitel 35–39 des zweiten Mose-Buchs aufgezeichnet. Die Opfergesetze im 3. Buch Mose (Kap. 1–7) wurden später dazwischengeschaltet.
[8] Sie ist in 2. Mose 28,1 ff genau beschrieben (vgl. 2. Mose 39,1 ff).
[9] In 2. Mose 40,15 ist auch ihre Salbung mit dem heiligen Öl angeordnet.

ben könnten. Bei diesem Opfer fiel es Mose zu, die Rolle des amtierenden Priesters zu übernehmen. Als Opfertier ist ein Jungstier vorgesehen, die Opferhandlung entsprich in ihrem Verlauf dem Ritual, das in Kap. 4,4 ff für die Darbringung des Sündopfers vorgeschrieben ist. Auf das Sündopfer folgt ein *Brandopfer,* bei dem ein Widder geopfert wird (V. 18 ff). Es ist als erste Opfergabe der neu eingesetzten Priester Ausdruck des Danks für die hohe Würde, die ihnen mit ihrer Einsetzung ins Priesteramt zuteil geworden ist. Den Abschluß der Opferhandlung bildet ein Opfer, das nur bei der Priesterweihe dargebracht wurde: das *Einsetzungsopfer* (V. 22 ff). Es hat den speziellen Sinn, die Gemeinschaft zwischen dem Gott Israels und den Priestern, die an heiliger Stätte ihres Dienstes walten, zu begründen und zu bekräftigen. Als Opfertier ist abermals ein Widder vorgesehen; dem Ritual nach handelt es sich um ein Schlachtopfer. Die Besonderheit dieses Opfers besteht darin, daß mit dem Blut, das beim Schlachtopfer an den Altar gesprengt wurde, auch der zu weihende Priester benetzt werden soll und zwar am rechten Ohrläppchen, am rechten Daumen und an der rechten großen Zehe[10] (V. 23 f). Welchen Sinn diese Zeremonie haben soll, wird nicht gesagt. Vermutlich sollte dadurch die enge Verbindung von Priester und Altar zeichenhaft bekräftigt werden. Im Unterschied zum sonst üblichen Vollzug eines Schlachtopfers werden Aaron und seine Söhne von Mose angewiesen, vor der eigentlichen Opferdarbringung auf dem Altar ein »Schwingopfer« mit den Opfergaben darzubringen als eine priesterliche Aufwartung vor dem Herrn. Beim gewöhnlichen Schlachtopfer war diese Zeremonie nicht vorgesehen. Besonders vermerkt wird, daß außer den Fetteilen des Opfertiers auch die rechte Keule, die sonst dem amtierenden Priester als Opferanteil zufiel, bei diesem Priesteropfer auf dem Altar mitverbrannt wurde.

Die Brust des Opfertiers sollte Mose gehören. Auch er bringt, wie Aaron und seine Söhne, ein »Schwingopfer« dar. Wie hochheilig das Priesteramt Aarons und seiner Söhne ist, unterstreicht die darauf folgende Besprengung ihrer selbst und ihrer Kleider mit dem Salböl und dem Blut vom Altar, die Mose vornimmt (V. 30). Unter ausdrücklicher Berufung auf einen göttlichen Befehl weist Mose sodann Aaron und seine Söhne an, die Opfermahlzeit zu bereiten. Das Fleisch des Schlachtopfers, das zum Verzehr bestimmt ist, soll gekocht und zusammen mit dem Rest der Brotkost noch an demselben Tag verzehrt werden. Was übrig bleibt, wird zur Verbrennung bestimmt. Unter Anordnung der Todesstrafe wird Aaron und seinen

---

[10] Dieselben Körperteile werden im Reinigungsritual für die Aussätzigen genannt (Kap. 14,14.17.25. f).

Söhnen schließlich eingeschärft, daß sie sich sieben Tage lang von dem Eingang des Offenbarungszelts, wo der Altar stand, nicht entfernen dürfen (V. 33–35). Wie hochheilig das Amt ist, in das sie eingesetzt sind, wird durch die Strenge des Verbots besonders deutlich.

In Kap. 9,1 ff wird berichtet, wie Aaron und seine Söhne nach der siebentägigen Klausur am achten Tage *erstmals ihres Amtes walten* und damit der heilige Dienst beginnt, zu dem sie ausersehen und geweiht sind. Die Aufforderung geht von Mose aus; daß er im Auftrag des Herrn handelt, ist dabei vorausgesetzt. Im Beisein der Ältesten Israels und der ganzen Gemeinde, die zusammengerufen wird (V. 5), werden auf Moses Befehl Sündopfer, Brandopfer und Heilsopfer (Gemeinschaftsopfer) sowie ein mit Öl vermengtes Speisopfer (V. 4) dargebracht.

Der Vollzug der Opfer ist in erster Linie die Sache Aarons, seine Söhne fungieren nur als »Ministranten«. Ihre Aufgabe ist es, das Blut der geschlachteten Opfertiere in einem Gefäß aufzufangen und dasselbe Aaron darzureichen, damit er den Blutritus an dem Altar vollziehen kann (das Bestreichen seiner Hörner mit dem Blut und das Ausgießen des restlichen Bluts an seinem Fundament). Die Schlachtung der Opfertiere wird von Aaron selbst vorgenommen, desgleichen die Waschung der Schenkel und Eingeweide. Seine Söhne tun lediglich Handreichungsdienste, indem sie ihm beim Brandopfer die zur Verbrennung des Opfertiers bestimmten Teile darreichen. Bemerkenswert ist, daß – im Unterschied zu den Opfer-Ritualen in Kap. 1–3 – die Laien an dieser Opferhandlung nicht mehr aktiv beteiligt sind. Die »Darbringung des Volkes«, von der in V. 15 ff die Rede ist, ist von dem Opferdienst der Priester deutlich abgehoben. Sie besteht aus einem Ziegenbock, einem jeweils einjährigen Rind und Schaf (Widder) und einem Speisopfer. Nach der Blutsprengung und der Verbrennung der Fetteile vollzieht Aaron, die Brust und die rechte Keule der Opfertiere gleichsam dem Herrn darbietend, ein »Schwingopfer«. Dann spricht er in feierlicher Weise den Segen über das Volk und begibt sich zusammen mit Mose in das Offenbarungszelt. Als sie zurückkehren, geschieht etwas Wunderbares, das die Bedeutung dieser ersten hauptamtlichen Opfer Aarons und seiner Söhne unterstreicht: Die Herrlichkeit des Herrn erscheint, wie sie am Sinai vor den Augen des Volks aufgeleuchtet war (2. Mose 24,15 ff). Von dem feurigen Glanz, der Ihn umlodert, wird das Brandopfer auf dem Altar verzehrt. Mit Jubel und Schrecken (vgl. Ps. 2,11) stürzt alles Volk zu Boden. Was will's bedeuten? Doch dies, daß der Aaron und seinen Söhnen künftig übertragene Priesterdienst dem Herrn wohlgefällt, ja mehr noch, seine heilige und heilvolle Gegenwart verbürgt.

(10,1) **Nadab aber und Abihu, die Söhne Aarons, nahmen ihre Räucherpfannen und taten Feuer hinein und legten Räucherwerk darauf und brachten so ein fremdes Feuer vor den Herrn, das Er ihnen nicht geboten hatte.** (2) **Da ging Feuer aus von dem Herrn und verzehrte sie, so daß sie starben vor dem Herrn.** (3) **Da sprach Mose zu Aaron: Hier erfüllt sich, was der Herr gemeint hat, wenn er sprach:**

> An denen, die mir nahe stehen, erweise Ich mich heilig,
> und vor allem Volk erzeige Ich mich herrlich.

Aaron aber schwieg still. (4) **Da rief Mose Misael und Elzaphan, die Söhne Ussiels, des Oheims Aarons, und sprach zu ihnen: Tretet herzu und tragt eure Brüder weg von dem Heiligtum an einen Ort außerhalb des Lagers.** (5) **Und sie traten herzu und trugen sie in ihren Linnen an einen Ort außerhalb des Lagers, wie Mose geboten hatte.** (6) **Mose aber sprach zu Aaron und zu seinen Söhnen Eleasar und Ithamar: Euer Haupthaar sollt ihr nicht hängen lassen und eure Kleider nicht zerreißen, daß ihr nicht sterbet und der Zorn (des Herrn) über die ganze Gemeinde komme. Eure Brüder hingegen, das ganze Haus Israel mögen das Verbrannte beweinen, das der Herr verbrannt hat.** (7) **Und vom Eingang des Offenbarungszelts dürft ihr nicht weg- und hinausgehen, damit ihr nicht sterbet**[11], **denn das Salböl des Herrn ist auf euch. Sie aber taten nach Moses Geheiß.**

(10,8) **Und der Herr redete zu Aaron und sprach:** (9) **Wein und berauschendes Getränk darfst du nicht trinken, weder du selbst noch deine Söhne, die bei dir sind, wenn ihr in das Offenbarungszelt hineingeht, damit ihr nicht sterbet. Dies ist eine Satzung, die für alle Zeiten, von Geschlecht zu Geschlecht, gelten soll.** (11) **An euch ist's, zu unterscheiden, was heilig und unheilig, was unrein und rein ist,** (12) **und die Israeliten alle Ordnungen zu lehren, die der Herr ihnen durch Mose verkündet hat.**

(10,12) **Und Mose sprach zu Aaron und zu Eleasar und Ithamar, die ihm von seinen Söhnen noch geblieben waren: Nehmt das Speisopfer, das von den dem Herrn dargebrachten Feueropfern übrig geblieben ist, und eßt es ungesäuert neben dem Altar, denn es ist etwas Hochheiliges.** (13) **Deshalb sollt ihr es an heiliger Stätte essen; denn es ist der Anteil an den Feueropfern des Herrn, der dir und deinen Söhnen zusteht. So ist es mir geboten!** (14) **Auch die Brust des Schwingopfers und die Keule des Hebopfers sollst du mit deinen Söhnen und Töchtern an reiner Stätte verzehren, denn sie sind der Anteil, der dir und deinen Kindern von den Heilsopfern der Israeliten zusteht.** (15) **Denn diese Keule und diese Brust soll man samt den zu Feueropfer bestimmten Fettstücken dazu verwenden, ein Schwingopfer dem Herrn darzubringen; dann sollen sie dir und deinen Söhnen zufallen als ein für alle Zeiten festgesetzter Anteil, wie der Herr befohlen hat.**

---

[11] Die Anweisung gilt den beiden noch übrigen jüngeren Aaronsöhnen (vgl. 2. Mose 6,23).

(10,16) **Als aber Mose nach dem Sündopfer-Bock fragte, ergab sich's, daß dieser verbrannt worden war.** Da wurde er zornig über Eleasar und Ithamar, die Söhne Aarons, die ihm noch geblieben waren, und sprach: (17) **Warum habt ihr das Sündopfer nicht an heiliger Stätte gegessen? Es ist doch etwas Hochheiliges, und der Herr hat es euch zugewiesen, daß ihr die Schuld der Gemeinde tilgt**[12] **und ihr Sühne vor dem Herrn erwirkt.** (18) **Und nun ist sein Blut nicht ins Innere des Heiligtums gebracht worden; ihr hättet es im Heiligtum essen sollen, wie ich befohlen hatte!** (19) **Da antwortete Aaron Mose: Siehe, heute haben sie ihr Sündopfer und ihr Brandopfer vor dem Herrn dargebracht, und doch ist es mir so ergangen! Wenn ich heute vom Sündopfer gegessen hätte, hätte dies wohl dem Herrn gefallen?** (20) **Als Mose dies hörte, gab er sich zufrieden.**

Die Herrlichkeit des Herrn war aufgeleuchtet, als Aaron und seine Söhne ihre ersten Opfer darbrachten. Das hebräische Wort für »Herrlichkeit« (kabod) bezeichnet ursprünglich den Lichtglanz, der von Ihm ausstrahlt und seinen Thron umgibt (vgl. Jes. 6,3). Der Prophet Jesaja berichtet, daß er zu Tode erschrak, als er am Tag seiner Berufung dieser Herrlichkeit des Herrn ansichtig wurde, vor der selbst die hohen Engel, die seinen Thron bewachen, ihre Augen bedecken. »Wer kann wohnen bei der ewigen Glut?« (Jes. 33,14). Auch Aaron und seine Söhne müssen es erfahren, daß der Dienst an Seinem Altar keine harmlose Sache ist. Die bis in Detail gehenden Vorschriften über den Vollzug der verschiedenen Opfer haben dies verdeutlicht. Was in Kap. 10 berichtet wird, verhält sich dazu wie ein Ausrufezeichen! Zwei der Söhne Aarons, Nadab und Abihu[13], vergehen sich beim Räuchern in einer, wie es dem heutigen Leser erscheinen mag, geringfügigen Weise. Sie bringen »fremdes Feuer« auf ihren Räucherpfannen dar, das nicht, wie dies der Herr geboten hatte, vom Brandopfer-Altar genommen war. »Da ging Feuer aus von dem Herrn und verzehrte sie« (V. 2). Sie haben ihr Vergehen mit dem Leben bezahlt. Die Bestrafung dieses kultischen Vergehens dünkt gewiß jeden, der davon hört und liest, unverhältnismäßig hart. Aber sie sollte wie mit einem Flammenstrich unterstreichen, welch hochheiliges Amt Aaron und seinen Söhnen übertragen war. Nichts durfte bei diesem Priester- und Opferdienst eigenmächtig, gegen den feierlich erklärten Willen des Herrn vollzogen werden. Aaron – zweier Söhne beraubt – schwieg still. Er hat gegen dieses jähe Todesurteil, das an seinen Söhnen vollstreckt wurde, nicht

---

[12] wörtlich: hinweggeschafft.
[13] Sie sind in 2. Mose 24,1 und 9 (beim Bundesschluß am Sinai) namentlich erwähnt.

aufbegehrt. Er begriff sehr wohl, was ihm Mose zu verstehen gab: Dieses göttliche Todesurteil war ein Fanal! Das Vorrecht, als Priester vor dem »Heiliges Israels« zu stehen und seines Amtes zu walten, schloß die Verpflichtung zum strikten Gehorsam gegen die gottgewollte Ordnung ein. »An denen, die mir nahe sind, erweise Ich mich heilig« – dieses Gottes-Wort hat sich hier erfüllt. Irdische Machthaber pflegen denen, die ihnen besonders nahe stehen, mancherlei Fehlgriffe verzeihen, die an sich strafbar sind. Sie haben Günstlinge, bei denen sie Nachsicht walten lassen. Hier, bei dem »Heiliges Israels«, verhält es sich umgekehrt. Was das ganze Israel in seiner leidvollen Geschichte erfuhr, die vom Feuer, vom Blitz und Donner göttlicher Gerichte widerhallt, hat sich in diesem jähen Strafgericht an den beiden Söhnen Aarons einmal mehr bestätigt. Wehe denen, die »fremdes Feuer« vor den Herrn bringen! Diese Warnung gilt allen, denen der Dienst am Altar und auf der Kanzel übertragen ist, auch wenn sie nicht mit »Räucherpfannen« im Gottesdienst hantieren. Ob es das Feuer einer politischen Heilslehre (1933!) oder das Feuer einer eitlen, selbstgefälligen Rhetorik ist – dieses göttliche Strafgericht an den Söhnen Aarons ist ein Fanal. Mirum, si sacerdos salvetur[14] – so warnt ein ernstes Wort, das uns aus der Geschichte der Kirche Christi überliefert ist.

In den restlichen Versen (V. 6–19) ergeht zunächst ein Verbot an Aaron und seine Söhne, Eleasar und Ithamar, die vom Zorn des Herrn Hinweggerafften, deren vom Feuer versengten Leiber außerhalb des Lagers (am Verbrennungsplatz der Opferreste[15]) bestattet werden soll, mit den üblichen Trauerbräuchen zu beklagen. Sind Aaron und seine Söhne in den Augen des Herrn mitschuldig geworden? Die Begründung, die Mose dem Verbot der Totenklage gibt, lautet anders: »Das Salböl des Herrn ist auf euch«.

Was mit dieser Würde unvereinbar ist, wird in den folgenden Versen anhangsweise aufgezählt[16]; der Anteil, der den Priestern an den Opfern zusteht, wird in Erinnerung gebracht[17]. Den Abschluß des Kapitels bildet ein Zwiegespräch zwischen Mose und den Söhnen Aarons (V. 16–20). Als Mose nach dem Sündopferbock fragte, der vom Volk dargebracht worden war, stellte sich heraus, daß Aaron und seine Söhne nicht gemäß der Vorschrift gehandelt hatten. Anstatt sein Blut ins Innere des Heiligtums zu bringen und die nicht verbrannten Teile in seinem Innern zu ver-

---

[14] Zu deutsch: Ein Wunder geschieht, wenn ein Priester gerettet wird.
[15] vgl. Kap. 4,12.
[16] Verbot von Wein und berauschendem Getränk.
[17] Der Verzehr der Speisopfer-Reste sowie des Schwingopfers und der Keule des Hebopfers steht den Priestern zu.

zehren, waren die nicht auf dem Altar geopferten Teile außerhalb des Lagers verbrannt worden. Aaron, der sich bei dem Verstoß gegen die Sündopfer-Vorschrift (vgl. 6,17–23) mitschuldig machte, rechtfertigt sich mit dem Hinweis auf das, was er an diesem Tag erlebt und erlitten hat. Man versteht, daß ihm nach dem göttlichen Strafgericht an seinen Söhnen Nadab und Abihu auch keine Opfermahlzeit mehr gemundet hat. Hätte es dem Herrn gefallen, wenn er anders gehandelt hätte? Auch Mose muß zugestehen, daß Aarons und seiner Söhne Verhalten doch wohl in diesem Fall nicht nur selbstverständlich, sondern richtig war.

DIE REINHEITSVORSCHRIFTEN

Kap. 11,1 – 15,33

In diesen vier Kapiteln des 3. Buchs Mose wird deutlich, warum der Opferkult im Gottesvolk des Alten Bundes eine so zentrale Rolle spielte. Alle diese Bestimmungen und Riten »haben ihren Ort und ihre Bedeutung für eine Welt, die vor Gott zwiegespalten war in rein und unrein, in heilig und profan, in Segen und Fluch« (G. von Rad). Dazu bestimmt, ein »Königreich von Priestern, ein heiliges Volk« zu sein (2. Mose 19,6), galt es, aller Verunreinigung in Israel zu wehren, sie nach Möglichkeit zu vermeiden oder, wann, wo und wie immer ein Einzelner oder eine Vielzahl sich wissentlich oder unwissentlich verunreinigt hatte, durch Sühnehandlungen den Zustand der Unreinheit zu beseitigen. Das ganze Leben, auch im Alltag, stand unter dieser Forderung, sich vor *Verunreinigung* zu hüten, damit Israel seinen Adel vor Gott bewahre. Auch unfreiwillige, nicht schuldhaft verursachte Verunreinigung war kein Zustand, mit dem man sich einfach abfinden konnte. »Die Berührungslinie der beiden gegensätzlichen Sphären, des Reinen und des Unreinen, lag nie ein für alle Male fest; sie war eine Kampflinie, die quer durch das Leben auch und gerade der Laien hindurchging« (G. von Rad). Es entspricht dem biblischen Menschenbild, demzufolge der Mensch nicht eine inkarnierte Seele, vielmehr ein beseelter Leib ist[1], daß bei diesen *Reinheitsvorschriften* auch die leibliche Unreinheit bzw. Verunreinigung eine große Rolle spielte. Besonders bedrängend war die Frage, was im Fall einer Verunreinigung auf dem Gebiet des geschlechtlichen Lebens geschehen sollte. Aber diese Frage stellte sich auch, wenn ein Mensch von einer schlimmen, ihn entstellenden Krankheit wie dem Aussatz betroffen war. Es gab in Israel zwar Wundärzte für äußere Verletzungen (vgl. 2. Mose 21,10), aber für alle schweren Krankheitsfälle war der Priester zuständig. Warum? Doch darum, weil zwischen leiblicher Krankheit und Sünde ein kausaler Zusammenhang besteht – wenn nicht in allen, so doch in nicht wenigen Fällen. Wie sehr auch das alltägliche, leibliche Leben bis in die Fragen der Ernäh-

---

[1] Der Mensch *hat* nicht einen Leib, er *ist* vielmehr Leib (von Gottes Odem beseelt).

rung hinein von der Frage bestimmt war: Was ist dem Willen Gottes gemäß?, zeigt sich in Kap. 11, in dem eine genaue Aufzählung der reinen und der unreinen Tiere vorgelegt ist, derer, die man essen, und derer, die man keinesfalls verzehren darf. Wir erfahren, welche Tiere rein und welche unrein sind, auch welche Verunreinigung von verendeten Tieren ausgeht, die man weder berühren noch verzehren soll. Als unrein sollen besonders all die Tiere gelten, die in den heidnischen Kulten als heilige Tiere und als Opfertiere eine Rolle spielen. Ohne Zweifel waren diese Vorschriften und Verbote für die Priester selbst und für das ganze Volk eine wesentliche Hilfe, sich der Vermischung des eigenen Glaubens an den allein wahren, lebendigen Gott mit heidnischen Kulten, Göttern und Mächten zu erwehren (vgl. 1. Kor. 10,28). Für den Leser dieses Kommentars zum 3. Buch Mose mag es genügen, wenn wir diese »Reinheitsvorschriften« in Kap. 11–15 in der Form eines *Überblicks* behandeln.

Zum ersten Mal wird in Kap. 11 Aaron, feierlich in sein Hohepriesteramt eingesetzt, zusammen mit Mose, der bisher alleiniger Offenbarungs-Mittler war, von dem Herrn angeredet (11,1). Beide sollen das, was der Herr ihnen mitteilt, an das Volk weitergeben, damit jedermann in Israel wisse, *welche Tiere als rein und welche als unrein gelten sollen,* welche man verzehren und welche man nicht verzehren darf. Zunächst werden die *Landtiere* aufgezählt (V. 2–8). Zum Essen freigegeben werden die Rinder und die Kleinviehherdentiere sowie das jagdbare Wild. Eine Liste der Tiere, die nicht verzehrt werden dürfen (Kamel, Klippdachs, Hase, Wildschwein) schließt sich an. Es folgt eine Aufzählung der *Wassertiere* (V. 9–12), die in den Meeren, Flüssen und Bächen leben. Zum Verzehr freigegeben sind alle, die Flossen und Schuppen haben. Alle anderen Tiere, die im Wasser leben, sind verboten. Sie sollen verabscheut werden[2]. Dies gilt auch für die *geflügelten Tiere,* die in V. 13–23 aufgezählt sind, zum größten Teil mit Vogelnamen, die nur hier in diesem Kapitel sowie an der Parallelstelle im 5. Buch Mose (Kap. 14,12–18) vorkommen und nicht mehr eindeutig zu bestimmen sind. Ausgenommen von diesem Verbot sind die geflügelten Tiere, die Springbeine haben: die Heuschrecken. Bei dieser Aufzählung vermißt man einen Hinweis auf jene geflügelten Tiere, die zum Verzehr freigegeben waren, ja – wie zum Beispiel die Tauben – als Opfertiere dargebracht werden durften (vgl. Kap. 1,14; 5,7; Luk. 2,24). Daß auch die Tiere, die auf ihren Tatzen gehen (Hunde, Bären, Katzen) als unrein gelten sollen, erfahren wir in V. 27. Zuvor werden

---

[2] In V. 10 ist das Verbotene mit dem besonders drastischen Wort »Abscheulichkeit« bezeichnet.

in V. 24–26 *mögliche Fälle von Verunreinigung* angeführt. Wer ein Aas berührt oder wegträgt, ist bis zum Abend des Tages unrein, auch wenn es sich um den Kadaver eines an sich reinen Tieres handelte. Dies gilt auch für die Gegenstände, die Kleider, Geräte und Gefäße, die mit dem Aas in Berührung kommen. Selbst der Backofen und der Kochherd müssen abgerissen und neu aufgebaut werden, wenn etwas von einem Aas auf sie fällt. Hinter diesen Bestimmungen steht ein Erfahrungswissen, über das die Priester Israels in alten Zeiten verfügten, als man noch nicht von vorbeugenden Maßnahmen gegen Seuchen und Infektionsgefahren gesprochen hat. Auf göttliche Weisung werden all die Bestimmungen über reine und unreine Tiere zurückgeführt. »Ich bin der Herr, euer Gott, und ihr sollt euch heilig verhalten und sollt heilig sein, weil Ich heilig bin« (11,45). Die hohe Bestimmung Israels, ein »Königreich von Priestern, ein heiliges Volk« (2. Mose 19,6) zu sein, wurde durch die strikte Befolgung dieser Gebote und Verbote im alltäglichen Leben eingeübt. Dabei zeigt sich, daß in dem heiligen Willen des Herrn auch das leibliche Wohl seines Volkes bedacht und begründet war.

Im folgenden Kapitel (12,1–8) wird von einer Anweisung des Herrn an Mose berichtet, die deshalb besonders bemerkenswert ist, weil sie bei der Darstellung Jesu im Tempel (Luk. 2,22 ff) praktiziert worden ist. Da nur Mose angeredet ist und nur vom »Priester« (V. 6) die Rede ist, stammt diese kultische Vorschrift aus früher Zeit. Wenn *eine Frau ein Kind gebiert,* so soll sie, falls es ein Sohn ist, für sieben Tage als unrein gelten. Nach der am achten Tag zu vollziehenden Beschneidung des Knaben soll sie 33 Tage das Haus nicht verlassen. Sie darf nichts Heiliges berühren, nicht ins Heiligtum hineingehen, bis die Tage ihrer Reinigung vollzählig geworden sind. Ist das Kind, das sie geboren hat, ein Mädchen, so verdoppelt sich jeweils die Zahl der Tage, in denen sie als »unrein« gelten soll. Nach Ablauf der gesetzten Frist soll sie ein einjähriges Schaf als Brandopfer und eine Felsen- oder Turteltaube als Sündopfer am Eingang des Offenbarungszelts unter Mitwirkung des Priesters zum Opfer darbringen. Im Notfall, wenn sie mit dieser Opferbestimmung überfordert ist, soll's genügen, wenn sie zwei Turteltauben oder zwei Felsentauben, je eine für das Brandopfer und eine für das Sündopfer, darbringt, damit der Priester sie sühne und sie wieder rein werde. Warum der Vorgang des Gebärens die Frau in den Zustand der Unreinheit versetzt, wird nicht gesagt. »Die geschlechtlichen Vorgänge, insbesondere das Gebären, galten auch außerhalb Israels weithin als unrein, weil man in ihnen geheimnisvolle Mächte walten sah« (M. Noth). In Israel freilich wußte man: »Kinder sind eine Gabe Gottes und Leibesfrucht ist ein Geschenk« (Ps. 127,3). Ja das ganze Alte Testament hallt wieder vom Glück und Lob der Mutterschaft. Empfängnis und Geburt, alles was sich hier im Leib einer Mutter vollzog, wurde als geheimnisvoll empfunden. In besonderer Weise wurde sich die Frau, wenn sie Mutter wurde, ihrer Kreatürlichkeit bewußt. Von dem »Heiligen in Israel« ist aber nicht nur der sündige Mensch, sondern auch die Kreatur durch einen »unendlichen qualitativen Unterschied«, wie Kierkegaard dies formuliert hat, getrennt. Aus diesem Empfinden ist es zu erklären, daß die Frau ein Opfer ins Heiligtum bringen und der Priester sie »entsühnen« soll, damit sie wieder rein werde. Daß auch nach der Geburt Jesu bei seiner Darstellung im Tempel nach dieser kultischen Bestimmung verfahren wurde und seine Eltern bei seiner Darstellung im Tempel zwei Tauben als Opfer darbrachten, weiß der Evangelist Lukas zu berichten (Luk. 2,22–24). Das Opfer der Armen, die kein Schaf, sondern nur ein Paar Turteltauben oder zwei junge Tauben aufbringen konnten, haben Joseph und Maria – je eine als Brandopfer und als Sündopfer – dargebracht.

In Kap. 13 und 14 schließen sich besonders ausführliche Vorschriften an, wie man verfahren soll, wenn jemand im Volke Gottes dadurch kultisch unrein geworden ist, daß er vom *Aussatz* befallen wurde. Das hebräische Wort für Aussatz lautet »zaraath« (in der griechischen Übersetzung des Alten Testaments, der sog. Septuaginta (LXX)[3] wird es mit »Lepra« wiedergegeben). Einige Vorbemerkungen zur Art und zur Verbreitung dieser Krankheit, die seit der Mitte des 17. Jahrhunderts in Europa nahezu zum Verschwinden gebracht worden ist[4], aber in anderen Erdteilen, je näher ihre Länder dem Tropengürtel sind, um so häufiger vorkommt, erweisen sich als notwendig, ehe wir die diesbezüglichen Bestimmungen im 3. Buch Mose ins Auge fassen. Der Aussatz (Lepra) wird durch einen (im Jahr 1874 erstmals erkannten) Bazillus hervorgerufen, der durch das Zusammenleben von Mensch zu Mensch übertragen wird und sich in entstellenden, verstümmelnden Krankheitsbildern äußert. Haut und Nerven sind die bevorzugten Gebiete, die von den Leprabazillen befallen werden. Auf der Haut treten vielgestaltige, graue, rotbraune bis schwarze Flecken von Mark- bis Handgröße auf, die bei dunkelfarbigen Rassen manchmal

---

[3] Zu deutsch »Siebzig« (so benannt, weil nach der Legende des Aristeasbriefs »Die Siebzig« (sprachkundige Männer) das hebräische Alte Testament ins Griechische übersetzten).
[4] Ums Jahr 1400 gab es, nachdem der Aussatz durch die Kreuzzüge nach Europa eingeschleppt worden war, in Deutschland und Frankreich rund 10 000 Aussätzigen-Asyle. In den Kirchen bekamen die Aussätzigen besondere Sitzplätze, eigene Wasserbecken, auch eigene Kapellen wurden ihnen zugewiesen.

auch hellere, grauweißliche Farbtöne annehmen. Diese Flecken erheben sich allmählich über die Haut, es bilden sich harte Knoten. Brechen diese Knoten auf, so lassen sie eine übelriechende Flüssigkeit ausfließen, die sich verkrustet. Wenn diese Knoten heilen, hinterlassen sie strahlige, weißliche Narben; im andern Fall bilden sich langdauernde tiefe Geschwüre. Die Augenbrauen und Barthaare fallen aus, das Antlitz wird durch Geschwülste entstellt. Werden die Nerven vom Aussatz befallen, so führt dies zu Muskelschwund und Lähmungen, zu Knochenhautentzündung bis hin zum Absterben der gefühllos gewordenen Körperteile, besonders der Finger, der Hände und Füße und des Nasengerüsts. Der Aussätzige ist in abschreckender Weise entstellt. Wann der Aussatz, der im Altertum bei den Ägyptern, den Indern und Chinesen verbreitet war, nach Palästina kam, wissen wir nicht. Die ausführlichen Bestimmungen in Kap. 13 und 14 lassen darauf schließen, daß diese unheimliche, Ekel erregende Krankheit im Land der Bibel erheblich verbreitet war[5].

In Kap. 13 und 14 des 3. Buchs Mose wird von dieser Krankheit aus priesterlicher Sicht gesprochen. Die Kapiteleinteilung ist insofern einleuchtend und hilfreich, als es sich im 13. Kapitel vorwiegend darum handelt, auf Grund welcher *Merkmale* die Unreinheit (bzw. die Reinheit) festgestellt werden kann, während im 14. Kapitel die *Maßnahmen* aufgeführt werden, die zur Beseitigung der festgestellten Unreinheit und zur Wiederherstellung der Reinheit dienen sollen. Beides ist nicht nur für den Priester, sondern auch für alle andern, die zu Gottes Volk gehören, wichtig, da jedermann im Lande mit Aussätzigen zu tun bekommt oder möglicherweise selbst erkrankt und ihr Schicksal teilt. Beide Kapitel sind in einem sehr sachlichen unpersönlichen Ritualstil abgefaßt. Seltsam berührt, daß nach der Aufzählung der Merkmale, an denen der Aussatz erkennbar ist (13,2–46) und der Beschreibung der Maßnahmen, die zur kultischen Reinigung erforderlich sind (14,2–32) in Kap. 13,47–59 auch vom Aussatz an Stoffen und in Kap. 14,43–53 von Aussatz an Häusern die Rede ist. Dabei ist an Schimmelpilze, Flechten, Stockflecken und dergleichen gedacht. Ob eine Ausbesserung oder der Abbruch eines davon befallenen Gebäudes[6] nötig war, sollte der Priester entscheiden, der den Reinigungsritus vorzunehmen hatte. Hier handelt es sich offensichtlich um spätere Zusätze, die aus der Zeit stammen, das die Stämme Israels seßhaft gewor-

---

[5] Auch in neutestamentlicher Zeit war dies offensichtlich der Fall (vgl. Matth. 10,8; 11,5; Luk. 7,22 sowie Matth. 8,2; Mark. 1,40; Luk. 5,12 und 17,12 ff).

[6] Wertvolles Inventar »vorher aus dem Haus zu tragen, ehe es der Priester betrat und – wie zu befürchten war – für unrein erklärte«, war nach V. 36 erlaubt.

den waren. Im übrigen handelt es sich auch bei diesen beiden Kapiteln um »priesterliches Berufswissen« (M. Noth). Wieviel menschliches Elend und Herzeleid in diesen Kapiteln angesprochen ist, ist nur zwischen den Zeilen zu lesen. Wichtig ist in erster Linie, daß der vom Aussatz Betroffene nicht mehr kultfähig ist. Die Möglichkeit einer Heilung erscheint von vornherein ausgeschlossen. Auch die Absonderung der vom Aussatz Befallenen (13,46) war nicht nur in der Furcht vor Ansteckung begründet. Sie sollte in erster Linie die Ausbreitung der kultischen Unreinheit in Gottes heiligem Volk verhindern. Dabei werden auch die Fälle in Betracht gezogen, in denen es – zunächst jedenfalls – auch dem geschulten Auge des Priesters nicht möglich war, zu entscheiden, ob es sich bei einer Hautkrankheit um Aussatz handelte. In diesem Fall hatte sich der Erkrankte einer Art »Quarantäne« zu unterziehen. Er wurde sieben Tage, notfalls zweimal 7 Tage eingeschlossen, bis die Erkrankung soweit fortgeschritten war, daß der Priester eine zutreffende Diagnose stellen konnte. Mit der Feststellung, ob der Erkrankte rein oder unrein ist, hatte der Priester seine Aufgabe erfüllt. Wurde der Erkrankte als »rein« befunden, so genügte es, daß er seine Kleider wusch. Doch wehe, wenn der Priester feststellte, daß es sich bei der Erkrankung der Haut um Aussatz handelte! Der davon Betroffene wurde als »unrein« erklärt. Er mußte seine Kleider zerreißen, er durfte sein Haar nicht mehr schneiden und mußte seinen Bart verhüllen. Als »Unreiner« mußte er den Warnruf »Unrein!« öffentlich ausrufen, wenn ein Mensch sich ihm nahen wollte. An einsamem Ort, abseits von den Bewohnern in Dorf und Stadt, mußte er hausen, vermutlich durch das Herzutragen von Essen und Trinken durch seine Anverwandten oder andere, die mit ihm Mitleid hatten, am Leben erhalten. Welch schlimmes, trauriges Los! Es erinnert jeden, der mit den Geschichten und Texten der Hl. Schrift vertraut ist, an jene zehn Aussätzigen, von deren Heilung durch das Machtwort Jesu der Evangelist Lukas (17,11 ff) berichtet. »Da Er sie sah, sprach er zu ihnen: Gehet hin und zeiget euch dem Priester! Und es geschah, da sie hingingen, wurden sie rein.«
In Kap. 14,2–32 wird vorausgesetzt, daß die als »Aussatz« vom Priester diagnostizierte Hautkrankheit wieder abgeheilt war und der Erkrankte wieder für »rein« erklärt und in die Volksgemeinschaft aufgenommen werden konnte. Aufgabe des Priesters war es in diesem Fall, zu dem Betroffenen hinauszugehen und die tatsächlich erfolgte Heilung zu konstatieren. Ein Reinigungsritus (V. 4–9) und eine Opferhandlung (V. 10–31), die nicht nur ein sichtbares Zeichen der Dankbarkeit war, vielmehr die Wiederherstellung der kultischen Reinheit bezweckte, war in diesem Fall geboten. Der Ritus für die Reinigung sollte wie folgt vollzogen werden:

Zwei lebende, reine Vögel waren dazu nötig, der eine sollte geschlachtet und sein Blut nebst einigen Zutaten (Zedernholz, scharlachfarbene Wolle, Ysop) in ein mit Quellwasser gefülltes Gefäß gegossen werden; der andere sollte in dieses mit Vogelblut und Wasser gefüllte Gefäß getaucht werden. Mit der Flüssigkeit, die ihm anhaftete, sollte der vom Aussatz Geheilte siebenmal besprengt werden. War dies geschehen, sollte man diesen Vogel ins freie Feld fliegen lassen, damit er die »Unreinheit« in unbekannte Ferne forttrage. Dieses Zeremoniell erinnert an den Ritus mit dem Sünden-Bock, den man am großen Versöhnungstag – beladen mit der Sünde des Volks – in die Wüste hinausjagte (Kap. 16,21 f). In ähnlicher Weise wurde bei diesem Reinigungsritus ein Tier, in diesem Fall ein Vogel, zum sinnenfälligen Fortschaffen der kultischen Unreinheit eingesetzt. War dieser Reinigungsritus vollzogen, blieb dem vom Aussatz Geheilten die Aufgabe, zweimal seine Kleider zu waschen, alle seine Haare auf dem Haupt, am Bart, an den Augenbrauen abzuscheren sowie seinen Leib zu waschen. Dies sollte im Abstand von sieben Tagen geschehen. Am achten Tag war dann die Zeit gekommen, ein »Schuldopfer« darzubringen, dessen Ritual in V. 10 f beschrieben wird. Dies mag seltsam erscheinen, da ja die Aussätzigen ihre schlimme Erkrankung nicht verschuldet hatten. Das Wort »Schuld« ist jedoch in diesem Zusammenhang insofern angebracht, als der Geheilte durch die kultische Unreinheit mit einer objektiven »Schuld« belastet war. Etwas Besonderes bei diesem Schuldopfer des vom Aussatz Geheilten ist dies, daß der Priester mit dem Blut des Opfertiers bestimmte Körperteile (das rechte Ohrläppchen, den Daumen der rechten Hand und die große Zehe des rechten Fußes) des vom Aussatz Geheilten bestreichen soll; desgleichen soll er mit dem Öl von dem ebenfalls vorgeschriebenen Speisopfer verfahren und das restliche Öl auf das Haupt des Geheilten tun, nachdem er dieses Salböl zuvor durch ein siebenmaliges Versprengen vor dem Herrn geweiht hat. Ein Sündopfer und ein Brandopfer, deren Ritual als bekannt vorausgesetzt wird, soll sich anschließen. Daß es unter den Aussätzigen, die ja auf Almosen angewiesen waren, nicht wenige gab, welche die Kosten für diese Opferhandlungen nicht aufbringen konnten, ist in V. 21–31 berücksichtigt. Nicht beim »Schuldopfer«, wohl aber bei dem darzubringenden Sündopfer und Brandopfer war ein »Nachlaß« möglich. Es sollte genügen, wenn an Stelle der Schafe zwei Tauben (vgl. 12,8) dargebracht wurden. Dementsprechend konnte bei dem mit dem Brandopfer verbundenen Speisopfer die vorgesehene Opfergabe auf ein Drittel ermäßigt werden.
Im Anschluß an diese ausführlichen, genauen Bestimmungen, wie man

mit den vom Aussatz befallenen Menschen (bzw. Häusern und Stoffen) verfahren soll, ist im 15. Kapitel von der kultischen *Unreinheit* die Rede, wie sie *infolge körperlicher Ausflüsse* bei Mann und Frau auftreten kann. Was hierüber nicht nur die Priester, sondern jedermann, ob Mann oder Frau, in Israel wissen mußte, wird mitgeteilt und festgelegt. Welcher Art diese »Ausflüsse« beim Mann waren, die ihn kultisch unrein machten, wird nicht genau definiert. Bei der Frau ist die regelmäßige Menstruation bzw. eine regelwidrige Andauer derselben ins Auge gefaßt. Solche Ausflüsse machten nicht nur die Betroffenen, sondern auch die Kleider und Gegenstände, mit denen sie in Berührung kommen, unrein. Deshalb sind nach dem Aufhören der Ausflüsse sorgfältige Waschungen vorgeschrieben. Für die Wiedererlangung der kultischen Reinheit ist in diesen Fällen das Opfer zweier Tauben als Sündopfer und Brandopfer vorgeschrieben. Es ist verständlich, wenn der heutige Leser der Bibel diesen beiden Kapiteln im 3. Buch Mose wenig Beachtung schenkt, nicht nur weil wir – in unsren Ländern jedenfalls – nicht mehr vom Aussatz bedroht sind. Auch deshalb, weil wir, geheiligt und entsühnt durch das vollgültige Opfer Jesu Christi, solch kultischer Reinigung nicht mehr bedürfen, uns vielmehr jenes ebenso kühne wie befreiende Wort aus dem Titusbrief (1,15) zu eigen machen dürfen: »Dem Reinen ist alles rein«. Dennoch hat es einen guten Sinn, daß diese »Reinheitsvorschriften« im Kanon der biblischen Bücher stehen. Sie mögen den leiblich Gesunden daran erinnern, welch unverfügbares Geschenk die leibliche Gesundheit ist, für das Keiner je genug danken kann. Auch für die Hilfe, die in unsrer Zeit und Umwelt jedem, der von Krankheit und Schmerzen geplagt ist, durch die Kunst der Ärzte auf Grund der Erkenntnisse und der Fortschritte der medizinischen Wissenschaften widerfährt, können diese Kapitel dem Leser dankbar machen. Sie bringen in Erinnerung, wie viel Krankheitsnot und Elend in der sog. »dritten Welt« nach tatkräftiger Hilfe ruft. Wer zwischen den Zeilen zu lesen versteht, hört in diesen in der Sprache des priesterlichen Rituals verfaßten Texte den Aufschrei der bedrängten Kreatur, das Sehnen, Seufzen und Harren auf den Tag der Erlösung, wie dies Paulus im 8. Kapitel des Römerbriefs beschrieben hat.

DER GROSSE VERSÖHNUNGSTAG

Kap. 16,1–34

(16,1) Und der Herr redete zu Mose nach dem Tod der beiden Söhne Aarons, die sterben mußten, als sie vor den Herrn getreten waren[1]. (2) Und der Herr sprach zu Mose: Rede zu deinem Bruder Aaron, daß er nicht zu jeder Zeit in das Heiligtum hinter dem Vorhang hineingehen darf vor die Deckplatte[2], die auf der Lade ist, damit er nicht sterbe! Denn Ich erscheine in der Wolke über der Deckplatte. (3) Nur so darf Aaron in das Heiligtum hineingehen: Mit einem jungen Stier zum Sündopfer und einem Widder zum Brandopfer. (4) Einen heiligen, linnenen Leibrock muß er anhaben, linnene Beinkleider müssen seine Blöße bedecken, mit einem linnenen Gürtel muß er sich gürten und einen linnenen Kopfbund umbinden. Heilige Kleider sind dies; er soll sie anlegen, nachdem er seinen Leib gebadet hat. (5) Von der Gemeinde der Israeliten soll er zwei Ziegenböcke zum Sündopfer und einen Widder zum Brandopfer nehmen. (6) Und Aaron soll einen Jungstier als sein eigenes Sündopfer darbringen und so für sich und sein Haus Sühne schaffen. (7) Dann soll er zwei Böcke nehmen und sie vor den Herrn stellen am Eingang des Offenbarungszelts (8) und soll über die beiden Böcke das Los werfen, ein Los für den Herrn und ein Los für Asasel (9) und den Bock, auf welchen das Los für den Herrn fällt, darbringen und mit ihm ein Sündopfer vollziehen. (10) Der Bock aber, auf den das Los für Asasel gefallen ist, soll lebendig vor den Herrn gestellt werden, damit man ihn zwecks Sühne für Asasel in die Wüste schicke. (16,11) Und Aaron soll den für ihn bestimmten Sündopferstier herzubringen und für sich und sein Haus Sühne leisten. Er soll ihn schlachten (12) und soll eine Pfanne voll glühender Kohlen von dem Altar, der vor dem Herrn steht[3], nehmen und zwei Hände voll feingestoßenes, wohlriechendes Räucherwerk, und soll es hinein hinter den Vorhang bringen (13) und das Räucherwerk vor dem Herrn auf das Feuer tun, damit die Wolke von dem Räucherwerk die Deckplatte, die über (der Lade mit) dem Gesetz ist, verhülle und er nicht sterben müsse. (14) Und er soll etwas von dem Blut des Stiers nehmen und es mit seinem Finger auf die Deckplatte sprengen und zwar auf die Vorderseite; vor der Deckplatte aber soll er siebenmal mit seinem Finger von dem Blut

---

[1] vgl. Kap. 10,1 ff.
[2] den »Gnadenthron« (Luther).
[3] der Brandopferaltar.

versprengen. (15) Danach soll er den Sündopferbock des Volkes schlachten und dessen Blut hinein hinter den Vorhang bringen und so mit seinem Blut verfahren, wie er mit dem Blut des Stiers verfuhr, und es auf die Deckplatte und vor die Deckplatte sprengen. (16) So soll er das Heiligtum entsühnen von den Verunreinigungen der Israeliten und den Übertretungen, mit denen sie sich versündigt haben. Ebenso soll er mit dem Offenbarungszelt verfahren, das bei ihnen ist inmitten ihrer Verunreinigungen. (17) Kein Mensch soll in dem Offenbarungszelt zugegen sein, wenn er hineingeht, um im Heiligtum die Sühne zu vollziehen, bis er wieder herauskommt; so soll er Sühne leisten für sich und sein Haus und für die ganze Gemeinde Israels. (18) Alsdann soll er heraustreten an den Altar, der vor dem Herrn steht, und ihn entsühnen; und zwar soll er von dem Blut des Stiers und dem Blut des Bocks nehmen und ringsum an die Hörner des Altars streichen (19) und mit seinem Finger siebenmal etwas von dem Blut auf ihn sprengen und ihn reinigen und heiligen von den Verunreinigungen durch die Israeliten. (20) Und wenn er mit der Entsühnung des Heiligtums und des Offenbarungszelts und des Altars fertig ist, dann soll er den lebendigen Bock herzubringen. (21) Und Aaron soll seine beiden Hände auf den Kopf des lebendigen Bocks stemmen und über ihm alle Verschuldungen der Israeliten bekennen und alle Übertretungen, die sie irgend begangen haben, und er soll sie auf den Kopf des Bocks legen und diesen durch einen Mann, der bereitsteht, in die Wüste hinausschicken. (22) So soll der Bock alle ihre Verschuldungen auf sich nehmen und in die Wildnis tragen und man soll ihn erst in der Wüste loslassen[4].
(23) Und Aaron soll in das Offenbarungszelt hineingehen und die linnenen Kleider ausziehen, die er anzog, als er ins Heiligtum ging, und sie dort niederlegen. (24) Dann soll er seinen Leib an heiliger Stätte mit Wasser abwaschen und seine eigenen Kleider anziehen und hinausgehen und sein Brandopfer und das Brandopfer des Volkes darbringen und für sich und für das Volk Sühne schaffen. (25) Das Fett des Sündopfers aber soll er auf dem Altar in Rauch aufgehen lassen. (26) Der Mann aber, der den Bock zu Asasel hinausgeschafft hat, soll seine Kleider waschen und seinen Leib baden; erst dann darf er ins Lager zurückkommen. (27) Den Sündopferstier und den Sündopferbock, deren Blut zur Entsühnung in das Heiligtum gebracht wurde, soll man aus dem Lager hinausschaffen, und man soll ihr Fell und ihr Fleisch und ihren Mist verbrennen. (28) Und der sie verbrannt hat, soll seine Kleider waschen und seinen Leib baden; dann erst darf er wieder ins Lager kommen.
(16,29) Und dies soll euch als Satzung für alle Zeiten gelten:
Im siebten Monat am zehnten Tag des Monats sollt ihr fasten[5] und keinerlei Arbeit tun, sowohl der Einheimische wie der Fremdling, der unter euch zu

---

[4] Später (nach der Ansiedlung in Kanaan) wurde der Bock südöstlich in die Wüste von Juda geführt und dort rückwärts über einen Felsen hinabgestürzt.

[5] wörtlich: eure Seelen demütigen. Der große Versöhnungstag ist der einzige Fasttag, den das Gesetz vorschreibt.

Gast ist. (30) Denn an diesem Tag geschieht eure Entsühnung, daß ihr gereinigt werdet; von allen euren Sünden werden ihr gereinigt vor dem Herrn. (31) Ein hochheiliger Tag der Ruhe soll es für euch sein; da sollt ihr fasten. Eine für alle Zeiten gültige Ordnung soll dies sein. (32) Der Priester, den man salben und dem man die Hand füllen wird, daß er an Stelle seines Vaters Priesterdienst tue, soll die Sühnebräuche vollziehen. Er soll die linnenen, die heiligen Kleider anlegen (33) und das Allerheiligste entsühnen. Das Offenbarungszelt und den Altar soll er entsühnen und den Priestern und allem Volk der Gemeinde Sühne schaffen. (34) Dies soll euch als eine Ordnung für alle Zeiten gelten: Einmal im Jahr soll man für die Israeliten wegen all ihrer Sünden Sühne schaffen.
Und er (Aaron) tat, wie der Herr Mose geboten hatte.

Einmal im Jahr – so erfahren wir in diesem Kapitel – soll, jeweils am zehnten Tag des siebten Monats, der »Sühnungstag« (jom hak-kippurim), der sogenannte »*große Versöhnungstag*« in Israel begangen werden. Dies soll auf Grund göttlicher Weisung geschehen, die Mose zur Weitergabe an Aaron, seinen Bruder empfangen hat. Das Ritual dieses großen Versöhnungstags, an dem bis heute in Israel alle Arbeit ruht[6], wird in diesem 16. Kapitel des 3. Mose-Buchs genau beschrieben und festgelegt. Während die regelmäßig stattfindenden Opfer auf dem Brandopferaltar *vor* dem »Heiligtum« dargebracht wurden, soll Aaron an diesem Tag das »Heiligtum« betreten, genauer gesagt, in den innersten, durch einen Vorhang abgetrennten Raum eintreten, in dem sich die Bundeslade mit den beiden Tafeln der Zehn Gebote befand[7]. Er, nur er allein, hat als Hohepriester zu diesem »Allerheiligsten« Zutritt, auch er nur einmal im Jahr. Mit Androhung des Todes wird ihm dies eingeschärft (V. 2). Zuvor soll er seinen Leib baden und sich ganz in reines Linnen hüllen, daß jede Blöße bedeckt sei vom Kopf bis zu den Füßen (V. 4). Alsdann soll er einen Jungstier und einen Widder als Brandopfer darbringen, um für jede etwaige Verunreinigung, deren er sich bewußt oder unbewußt schuldig machte, Sühne zu schaffen. Daß dieser Jungstier und der Widder vor dem Betreten des »Allerheiligsten« geopfert werden sollen, geht aus V. 11 hervor. Dieses Sündopfer soll er zugleich für »sein Haus« (d. h. die gesamte Priesterschaft) darbringen (V. 11). Zwischen V. 4 und V. 11 ist als Zwischenstück eine Bestimmung eingeflochten, die die kultische Sühne betrifft, deren das

---

[6] Daß die ägyptischen Truppen bei der letzten bewaffneten Auseinandersetzung zwischen den beiden Staaten ausgerechnet an diesem »Jom hak-kippurim« den Angriff eröffneten, geschah mit infamer Berechnung und wurde mit besonderer Erbitterung registriert.
[7] Nur die Lade, keine Statue der Gottheit(!).

ganze Volk bedarf. Aaron soll zwei Böcke nehmen und über sie am Eingang des Offenbarungszelts das Los werfen – wie dies praktisch gehandhabt werden sollte, wird leider verschwiegen – und den einen Bock, den das Los für den Herrn bestimmte, als Sündopfer darbringen. Der andre Bock, den das Los für »Asasel« bestimmte, soll lebendig vor den Herrn gestellt, sodann als »Sündenbock«, beladen mit der Schuld Israels, zu Asasel in die Wüste gejagt werden. Wer mit »Asasel« gemeint ist, bleibt rätselhaft. Man kann nur vermuten, daß es sich dabei um einen »Wüsten-Dämon« gehandelt hat. Wer schon erlebt hat, wie unheimlich bei Nacht die Wüste ist, wird sich nicht wundern, wenn man im alten Israel dort Dämonen witterte. Hier in diesem Sündopfer-Ritual wurde ihnen freilich kein Respekt gezollt. Den mit der Schuld beladenen Bock in Empfang zu nehmen, dazu war »Asasel« gerade gut genug! So seltsam dieser Ritus den heutigen Leser anmutet, so eindrucksvoll ist und bleibt es doch, wie ernst man es in Israel mit Schuld und Sühne nahm. Wie groß ist die Zahl derer, auch innerhalb der Christenheit, die ihre Schuld verdrängen, sofern sie dieselbe überhaupt erkennen und sich daraus ein Gewissen machen! Daß Schuld nach Sühne ruft, daß sie bekannt, gesühnt, abgeladen, weggetragen werden muß, wird durch diesen seltsamen Ritus plastisch verdeutlicht.

Diese Auslosung des »Sündenbocks«, dem die Schuld Israels aufgeladen wurde, ging offensichtlich der Sühnehandlung voran, die Aaron für sich selbst und sein Haus an diesem großen Versöhnungstag vollziehen sollte. Im Einzelnen ist folgendes dabei geboten: Der Sündopferstier soll geschlachtet werden, eine Pfanne voll glühender Kohlen und erlesenes Räucherwerk soll bereitgestellt werden. Damit soll Aaron das Allerheiligste betreten, in dem sich die Lade mit den Gesetzestafeln befand. Das Räuchern soll dazu dienen, den heiligen Schrein (die sog. Bundeslade), in dem die Gebotstafeln vom Sinai aufbewahrt waren, zu verhüllen, damit Aaron nicht sterbe(!). Darauf soll Aaron die eigentliche Sühnehandlung durch eine Blutsprengung vollziehen. Bei den sonst üblichen Sündopfern wurde das Opferblut an die Hörner des Brandopferaltars bzw. bei dem großen Blutritus an den Vorhang *vor* dem Allerheiligsten und an die Hörner des davorstehenden Räucheraltars gesprengt. An diesem großen Versöhnungstag, an dem der Hohepriester – einmal im Jahr – das Allerheiligste betritt, soll das Opferblut an die *Lade* gesprengt werden, über welcher der Herr der Heerscharen als der unsichtbar Thronende gegenwärtig ist. Genauer gesagt ist es das Sühnmal (»kapporet«), das besprengt werden soll: eine Platte aus reinem Gold, den Maßen der Lade entsprechend, auf der, als Träger des unsichtbaren Gottesthrons, zwei Cheruben angebracht waren[8]. Sie erinnerte an die Offenbarung Gottes am Sinai, wie sie die siebzig Ältesten Israels erlebten: »Sie sahen den Gott Israels, und unter seinen Füßen war wie ein Gebilde von Saphirplatten, wie der Himmel (das Firmament) so glänzend hell« (2. Mose 24,10).

Hier also soll Aaron, nachdem er in seiner Funktion als Hohepriester dieses eine Mal im Jahr hinter den Vorhang ins Allerheiligste getreten ist, die Sühne vollziehen, indem er von dem Blut des Sühnopfers an das Sühnmal sprengt[9]. Dabei soll eine Wolke von Weihrauch das Sühnmal verhüllen, damit er nicht sterbe, geblendet vom Glanz, von der Herrlichkeit des Herrn. Die Blutsprengung soll zweimal vollzogen werden: Zuerst soll Aaron sich selbst und sein Haus entsühnen, indem er mit dem Blut des Stiers, den er zum Sündopfer darbrachte, das Sühnmal besprengt. Darnach soll er für das Volk Sühne schaffen und zu diesem Zweck das Blut des Bocks, den er als Sündopfer des Volkes geschlachtet hat, an das Sühnmal sprengen. Der Sinn dieser Blutsprengung wäre mißverstanden, wenn man in ihr nur ein Akt der Buße oder ein Mittel zur Reinigung von sündhafter Befleckung sehen wollte. »Unter stellvertretender Lebenshingabe (des Opfertiers) wird Israel in den Kontakt mit Gott selbst gebracht. In einer Zeremonie, die das Nahekommen zu Gott bis zur letzten materiellen Berührung verdichtet und doch die äußerste Sublimität der Berührung in der Sprengung eines Tropfens wahrt, wird das Urphänomen der heiligenden Gottesbegegnung vollzogen, der Kontakt des sich offenbarenden Gottes und des sich ganz und gar hingebenden Menschen. Es ist ein Zu-Gott-Kommen durch das Todesgericht hindurch« (H. Gese)[10].

Nach diesem Sühneakt im Allerheiligsten soll Aaron eine entsprechende Sühnehandlung im Offenbarungszelt (V. 16 und 17) und am Brandopferaltar (V. 18) vollziehen. Durch siebenmaliges Besprengen mit dem Blut der Opfertiere (dem Jungstier bzw. dem Sündopferbock) sollen sie von den Verunreinigungen durch die Israeliten gereinigt werden. Nach Vollzug all dieser Sühnehandlungen soll Aaron seine linnenen Kleider in denen er das Allerheiligste betrat, ausziehen und sie dort niederlegen und nachdem er seinen Leib an einem reinen Ort mit Wasser gewaschen hat, am Brandopferaltar sein eigenes Brandopfer und das Brandopfer des Volkes darbringen. Zusätzlich wird vermerkt, daß auch der Mann, der den mit der Sünde des Volks beladenen Bock in die Wüste hinausjagte,

---

[8] vgl. 2. Mose 25,22.
[9] Daß er dies siebenmal auch in dem Raum davor tun sollte, ist wohl ein späterer Zusatz.
[10] H. Gese, Zur biblischen Theologie S. 104.

erst nach sorgfältiger Reinigung wieder das Lager des Volkes betreten darf. Die dargebrachten Opfertiere, deren Blut zur Sühnehandlung im Heiligtum gedient hat, sollen außerhalb des Lagers verbrannt werden[11]. Auch der Mann, der sie verbrannt hat, soll erst nach sorgfältiger Waschung das Lager wieder betreten (V. 23–28). Im Schlußabschnitt ist der Zeitpunkt festgelegt, zu dem dieser große Versöhnungstag alljährlich begangen werden soll. Es ist dies der zehnte Tag im siebten Monat des Jahres. Besonders bemerkenswert ist, daß hier (an dieser einzigen Stelle im Alten Testament) vom »Allerheiligsten« die Rede ist.

In eindringlicher Weise stellt dieses Ritual des großen Versöhnungstags vor Augen, wie tief in Israel das Bewußtsein verankert war, daß Schuld nach Sühne ruft, und mit welch heiligem Ernst und Eifer im Gottesvolk des Alten Bundes diese von dem Herrn selbst erteilten Weisungen bedacht und befolgt wurden. Freilich, nur der Hohepriester betrat das Allerheiligste, mit der Schale voll Opferblut, um für sich und das Volk die göttliche Vergebung zu erlangen, auch er nur ein einziges Mal im ganzen Jahr. Dem Volk blieb das Allerheiligste verschlossen. Die Opfer stellten die kultische Reinheit wieder her. Sie brachten kein gereinigtes Gewissen hervor. Die innere Unreinheit der Sünde überwanden und beseitigten diese Opfer nicht. Im 9. Kapitel des Hebräerbriefs, das auf dieses Ritual des großen Versöhnungstags ausführlich Bezug nimmt, stellt der uns unbekannte Verfasser vor Augen, wie unvergleichlich und wie vollgültig die Versöhnung ist, die durch Jesus, der kein Geringerer als der Israel verheißene Christus (Messias) war und ist, und durch seinen Sühnetod am Kreuz geschehen ist. »Christus, der als Hohepriester der zukünftigen Güter kam, ging durch das größere und vollkommenere Zelt, das nicht mit Händen gemacht, nicht von dieser Schöpfung ist, auch nicht durch das Blut von Böcken und Rindern, sondern durch das eigene Blut einmal in das Heiligtum hinein und hat eine ewige Erlösung erlangt« (Hebr. 9,11 f). Wie sehr wir eines solchen Hohepriesters bedurften, welch unvergleichliche Heilsbedeutung sein Opfertod am Kreuz hat, mit dem er Sühne schuf – dafür freilich kann dieser priesterliche Bericht über den großen Versöhnungstag im Alten Bund wie kaum ein anderer Text der Bibel dem Leser die Augen öffnen.

---

[11] vgl. Hebr. 13,11 f.

DAS HEILIGKEITSGESETZ

Kap. 17,1–26,46

Auf die Bestimmungen, die man als das »Ritual des großen Versöhnungstags« zu bezeichnen pflegt, folgt in Kap. 17–25 eine Sammlung von gesetzlichen Bestimmungen, die mit einer ausführlichen Segensverheißung und Fluchandrohung in Kap. 26 schließt. So verschieden diese Bestimmungen im einzelnen sind, sollen sie doch alle dazu dienen, daß Israel, das Gottesvolk, seiner hohen Bestimmung gerecht werde, ein »Königreich von Priestern, ein heiliges Volk« (2. Mose 19,6) zu sein. Der Kernsatz »Ihr sollt heilig sein, denn Ich bin heilig«, der mehrfach wiederkehrt (Kap. 19,2; 20,26; 22,32) hat thematisches Gewicht. Mit gutem Grund hat sich deshalb die Bezeichnung »Heiligkeitsgesetz«[1] für Kap. 17–26 durchgesetzt. Den Abschluß bildet eine ausführliche Segensverheißung und Fluchandrohung, wie wir sie auch im 5. Buch Mose (Kap. 28,1–68) finden. Sehr wahrscheinlich haben diese 10 Kapitel ursprünglich ein selbständiges »Rechtsbuch« gebildet. Seine Gültigkeit wird jeweils durch die Vorbemerkung unterstrichen, daß diese Bestimmungen als göttliche Anweisungen an Mose ergangen sind, die dieser an Aaron und dessen Söhne und an das Volk weitergeben sollte. Aus welcher Zeit dieses Rechtsbuch stammt, läßt sich nicht mehr mit Sicherheit sagen. Vermutlich wurde dieses Heiligkeitsgesetz »zwischen der letzten Zeit und dem Ende des vorexilischen Kults und der Neuentfaltung des Kults im nachexilischen Jerusalemer Heiligtum zusammengestellt« (M. Noth). Es mag genügen, wenn wir diese Kapitel in der Form eines Überblicks behandeln.
In Kap. 17,1–16 sind Bestimmungen über das *Schlachten von Tieren und den Verzehr von Fleisch* vorgelegt und eingeschärft. Das Schlachten eines reinen (zum Verzehr erlaubten) Tiers soll jeweils als ein »Schlachtopfer« durchgeführt werden. Wer anders verfährt, dem wird dies als eine »Blutschuld« angerechnet. Die Schlachtung auf freiem Feld wird strikt verboten. Dies setzt freilich voraus, daß das Volk noch auf engem Raum im »Lager« beisammen war. Es war allenfalls durchführbar zu der Zeit, da es

---

[1] Gemäß dem Vorschlag von August Klostermann.

noch – wie zur Zeit Elis – verschiedene Heiligtümer im Lande gab. Nachdem der Kultus unter dem König Josia im Tempel auf dem Zion zentralisiert worden war, wurde die profane Schlachtung freigegeben (vgl. 5. Mose 12,15 f). Ausdrücklich verboten wird in V. 7, den Feldgeistern (wörtlich den »Behaarten«[2]) Opfer darzubringen (vgl. 2. Kön. 23,8). Was für das Schlachtopfer gilt, soll genauso für das Brandopfer gelten; unter Androhung der Todesstrafe wird dies dem ganzen Volk, auch denen, die keinen eigenen Grund und Boden besitzen, sondern nur ein Gastrecht im Lande haben, eingeschärft (V. 8 f). Verboten bei Todesstrafe ist jeglicher Blutgenuß (V. 10–14) und zwar mit der Begründung, daß »das Leben des Fleisches im Blut sitzt« (bei Mensch und Tier). Dieses »Leben« gehört Gott, es ist Seine Leihgabe. Nur als Mittel der Sühne darf das Blut bei der Opferhandlung Verwendung finden. Wird ein Tier bei der Jagd erlegt, soll sein Blut auf die Erde gegossen werden. »Was das Leben allen Fleisches betrifft, so gilt sein Blut als sein Leben. Alle, die es genießen, soll man ausrotten« (V. 14). Abschließend wird der Fall ins Auge gefaßt, daß ein Einheimischer oder auch ein Gast Fleisch eines verendeten oder von einem Raubtier zerrissenen Haus- oder Herdentiers gegessen hat. In diesem Fall ist er kultisch unrein geworden bis zum Abend des Tages. Eine sorgfältige Waschung seiner Glieder und Kleider ist in diesem Fall geboten. Wer dies unterläßt, muß seine Schuld tragen, d. h. dafür büßen. – Daß bei diesen Vorschriften das kultische Interesse dominiert, ist deutlich. Es geht hier nicht um prophylaktische Maßnahmen aus hygienischen Gründen. Aber die erstaunliche, unvergeßliche Lebenskraft, mit der sich das Volk Israel durch alle Epochen seiner ebenso dramatischen wie leidvollen Geschichte behauptet hat, ist auch und nicht zuletzt darin begründet, daß solche Verbote erlassen und befolgt wurden.

Daß die Befolgung der Satzungen und Rechte des Herrn eine heilsame, Leben erhaltende Wirkung hat, wird im folgenden Kapitel, in dem Vorschriften, die den *geschlechtlichen Verkehr* betreffen, erlassen sind (18,1–30), eindringlich betont: »Ihr sollt meine Rechtssätze ausführen und sollt meine Satzungen so beachten, daß ihr darnach wandelt; Ich bin der Herr, euer Gott. Ihr sollt meine Satzungen und Rechtssätze beachten, von denen gilt, daß der Mensch, der sie ausführt, durch sie lebt; Ich bin der Herr« (V. 4 f). Die Wiederholung dieser Vermahnung ist nicht zufällig. Rächt sich doch die schamlose Verwilderung der Sitten auf diesem Gebiet ganz besonders! Verboten werden alle geschlechtlichen Beziehungen zwi-

---

[2] Die Bezeichnung »Behaarte« weist darauf hin, daß dabei an Dämonen in Gestalt von Böcken gedacht ist.

schen Blutsverwandten. Dabei steht die Großfamilie im Blickfeld, in der das Zusammenleben mit Brüdern des Vaters (V. 14) oder den eigenen schon verheirateten Brüdern bzw. den eigenen schon verheirateten Söhnen (V. 15) vorausgesetzt ist. Die bestehenden Eheverhältnisse sollen respektiert werden (die »Blöße« einer Frau gehört ihrem Mann). Die im Schutz der Großfamilie lebenden unverheirateten Mädchen dürfen nicht »berührt« werden. Eine gleichzeitige eheliche Verbindung mit einer Frau, mit deren Tochter, mit ihrer Enkelin oder ihrer Schwester, fällt ebenfalls unter das strikte Verbot. Erst recht sind widernatürliche geschlechtliche Beziehungen (unter Männern oder zu einem Tier) unter Verbot gestellt. Daß sich die heidnischen Bewohner des gelobten Landes solcher Greuel schuldig machten, wird mit warnendem Ernst in Erinnerung gebracht. Was war die Folge? Das Land hat sie ausgespieen! So würde es auch Israel ergehen, wenn in seiner Mitte solche Greuel begangen oder geduldet würden. Wer dergleichen Greuel tut, soll deshalb, wenn seine Schandtat ans Licht kommt, ausgerottet werden (V. 29). Er hat kein Lebensrecht in Gottes heiligem Volk.

Das folgende *19. Kapitel* verdient besondere Beachtung, weil in ihm eine – freilich durch Zusätze mannigfacher Art erweiterte – Fassung des Dekalogs[3] vorliegt. Es gebührt sich, daß wir den Text in seinem ungekürzten Wortlaut vor Augen stellen.

(19,1) Und der Herr redete zu Mose und sprach: (2) Rede zu der ganzen Gemeinde der Israeliten und sprich zu ihnen: Ihr sollt heilig sein, denn Ich bin heilig, der Herr, euer Gott. (3) Ein jeglicher von euch soll seinen Vater und seine Mutter fürchten und meine Ruhetage sollt ihr beobachten: Ich bin der Herr, euer Gott[4]. (4) Ihr sollt euch nicht den Götzen zuwenden und ihr sollt auch keine gegossenen Götter(bilder) machen; Ich bin der Herr, euer Gott. (5) Wenn ihr dem Herrn ein Schlachtopfer darbringt, sollt ihr es so opfern, daß es euch (Gott) wohlgefällig macht. (6) An dem Tag, an dem ihr es opfert und Tags darauf soll es gegessen werden; was aber bis zum dritten Tag übrig geblieben ist, soll verbrannt werden. (7) Wird aber am dritten Tag davon gegessen, so ist es ein Greuel und wird nicht wohlgefällig sein (8) und wer davon ißt, muß seine Schuld tragen, denn er hat das, was dem Herrn heilig ist, entweiht und ein solcher soll aus seinem Volk ausgetilgt werden. (9) Wenn ihr euer Land abherntet, sollst du dein Feld nicht bis an den Rand abernten und nicht Nachlese halten nach deiner Ernte. (10) Auch in deinem Weinberg sollst du keine Nachlese halten und die abgefallenen Beeren nicht aufsam-

---

[3] Die Zehn Gebote, das »Grundgesetz« Israels, mitgeteilt in der einzigartigen Theophanie (Gottesoffenbarung) am Sinai (vgl. 2. Mose 19 f).
[4] Ergänze: »Der euch solches gebietet«.

meln. Dem Armen und dem Fremdling sollst du sie überlassen; Ich bin der Herr, euer Gott. (11) Ihr sollt nicht stehlen, nicht lügen und nicht einer den andern betrügen. (12) Ihr sollt bei meinem Namen nicht falsch schwören und auf diese Weise den Namen Gottes entweihen; ich bin der Herr[5]. (13) **Du sollst deinen Nächsten nicht übervorteilen und du sollst ihn nicht berauben; der Lohn deines Taglöhners soll nicht über Nacht bis zum Morgen bei dir Bleiben.** (14) **Du sollst einem Tauben nicht fluchen und einem Blinden kein Hindernis in den Weg legen; du sollst dich fürchten vor deinem Gott, denn Ich bin der Herr.** (15) Ihr sollt nicht Unrecht tun im Gericht[6]; du sollst für einen Geringen nicht Partei ergreifen und einen Vornehmen nicht begünstigen, sondern sollst deinen Nächsten mit Gerechtigkeit richten. (16) Du sollst nicht als Verleumder unter deinen Volksgenossen umhergehen; du sollst nicht gegen das Blut deines Nächsten auftreten[7]. (17) Du sollst deinen Bruder in deinem Herzen nicht hassen; du sollst ihn freimütig zur Rede stellen und ihm eine Verfehlung nicht nachtragen. (18) Du sollst gegen deine Volksgenossen nicht rachsüchtig und nachtragend sein, sondern sollst deinen Nächsten lieben wie dich selbst; Ich bin der Herr.

(19) Meine Satzungen sollt ihr beachten. Dein Vieh sollst du nicht mit zweierlei Arten sich begatten lassen; dein Feld sollst du nicht mit zweierlei Arten besäen; ein Kleid, das aus zweierlei Fäden gewoben ist, soll nicht auf deinen Leib kommen[8]. (20) Wenn ein Mann einer Frau beiwohnt, die eine von einem (andern) Mann beanspruchte Sklavin ist, ohne daß sie losgekauft oder freigelassen war, so muß er Schadenersatz leisten. Sie sollen jedoch nicht mit dem Tod bestraft werden, denn sie war nicht freigelassen. (21) Er soll aber als seine Buße dem Herrn einen Widder zum Schuldopfer an die Türe des Offenbarungszelts bringen (22) und der Priester soll für ihn mit dem Schuldopfer-Widder vor dem Herrn Sühne schaffen wegen der Sünde, die er begangen hat; so wird ihm dann wegen der Sünde, die er begangen hat, vergeben werden. (23) Wenn ihr in das Land kommt und allerlei Bäume mit eßbaren Früchten pflanzt, so sollt ihr deren Früchte als ihre Vorhaut stehen lassen; drei Jahre sollen sie euch als nicht zu beschneiden gelten; es darf nichts davon gegessen werden. (24) Und im vierten Jahr sollen alle ihre Früchte als heilige Jubelgabe dem Herrn gehören. (25) Erst im fünften Jahr dürft ihr ihre Früchte essen, damit euch um so reicherer Ertrag zuteil werde; Ich bin der Herr, euer Gott.

(26) Ihr dürft nichts samt dem Blut essen; ihr sollt nicht Wahrsagerei und Zauberei treiben. (27) Ihr sollt den Rand eures Hauptes nicht kreisförmig ab-

---

[5] Wörtlich: Ich bin Jahwe (der Offenbarungsname Gottes wird zur Begründung des Verbots in Erinnerung gebracht).
[6] bei einer Gerichtsverhandlung.
[7] D. h. du sollst nicht darauf ausgehen, ein Todesurteil herbeizuführen (vgl. 1. Kön. 21).
[8] Vgl. 5. Mose 22,9–11.

scheren; du sollst den Rand deines Bartes nicht verunstalten. (28) Ihr dürft euch nicht wegen eines Toten Einschnitte an eurem Leib machen und dürft keine tätowierten Schriftzeichen an euch anbringen; Ich bin der Herr. (29) **Du sollst deine Tochter nicht entweihen**[9], indem du sie zum Huren anhältst, daß nicht das Land voll Hurerei und voll schändlicher Unzucht werde. (30) **Meine Sabbate sollt ihr einhalten und euch vor meinem Heiligtum scheuen; ich bin der Herr.** (31) Ihr sollt euch nicht an die Totengeister wenden und die Wahrsager[10] nicht befragen und euch so durch sie verunreinigen; Ich bin der Herr, euer Gott. (32) **Vor einem grauen Haupt sollst du aufstehen und die Person eines Alten ehren und dich fürchten vor deinem Gott; Ich bin der Herr.** (33) Wenn ein Fremder in eurem Lande zu Gast ist, sollt ihr ihn nicht bedrücken. (34) **Eben soviel wie ein Einheimischer unter euch soll euch der Gast gelten, der sich bei euch aufhält, und du sollst ihn lieben wie dich selbst; denn ihr seid selbst Fremdlinge gewesen in Ägypten; Ich bin der Herr, euer Gott.** (35) Ihr sollt nicht Unrecht tun, wo es aufs Recht ankommt, nicht mit dem Längenmaß, Gewicht und Hohlmaß. (36) **Richtige Waage, richtige (Gewicht-) Steine, richtiges Epha**[11] **und richtiges Hin**[12] **sollt ihr haben; Ich bin der Herr, euer Gott, der euch aus Ägypten herausgeführt hat.** (37) So sollt ihr denn alle meine Satzungen und alle meine Rechte beobachten und darnach tun; Ich bin der Herr!

Eine Fülle von Weisungen und Rechtssätzen sehr verschiedenen Inhalts und Gewichts ist – in loser Anlehnung an das »göttliche Grundgesetz«, den Dekalog (2. Mose 20,1 ff) – in diesem Kapitel zusammengestellt. Die Präambel (»Der Herr redete zu Mose«) unterstreicht die Verbindlichkeit der hier vorgelegten Gebote und Verbote. Sie haben freilich ein unterschiedliches Gewicht. Ein klar durchdachter Aufbau läßt sich nicht erkennen. Die verschiedensten Lebensbereiche sind ins Auge gefaßt. So haben denn auch die Versuche, aus diesem Kapitel einen apodiktisch verfaßten »Dekalog« (bzw. »Dodekalog«[13]) als ursprünglichen Grundbestand herauszuschälen, zu keinem überzeugenden Resultat geführt. Eindeutig ist, daß der als *Überschrift* vorangestellte Kernsatz: »*Ihr sollt heilig sein, denn Ich bin heilig*« das ganze Kapitel regiert und zusammenhält, so

---

[9] Was hier verboten wird, ist die kultische Prostitution im Dienst einer Gottheit. Diese hat in alter Zeit außerhalb Israels eine große Rolle gespielt. So berichtet der Geschichtsschreiber Strabo, daß sich am Heiligtum der Aphrodite mehr als tausend Hierodulen (Tempeldirnen) zur Ehre der Göttin feilboten.
[10] wörtlich »die Wissenden«.
[11] Hohlmaß (nahezu $36\frac{1}{2}$ Liter).
[12] Hohlmaß (wenig über 6 Liter).
[13] »Zwölf Gebote«.

verschieden die Verhältnisse und Lebensbereiche sind, die angesprochen werden, so unterschiedlich das Gewicht der einzelnen Gebote bzw. Verbote ist, so häufig auch die Form der Anrede, die bald an den Einzelnen, bald an das Volk als ganzes geht, jeweils wechselt. In der Heiligkeit Gottes ist es zutiefst und mit letztem Ernst begründet, daß sich das Volk als ganzes wie jeder einzelne in seinem alltäglichen Handel und Wandel an die hier lose aufgereihten Bestimmungen halten soll. Eine Unterscheidung zwischen solchen Geboten (bzw. Verboten), die vordringlich und solchen, die zweitrangig sind, kommt – eben deshalb – nicht in Frage. Es tut auch nicht not, zwischen den Übersetzungen: »Ihr *seid* heilig, denn Ich bin heilig« und Ihr *sollt* heilig sein, denn Ich bin heilig« eine Wahl zu treffen. Der Imperativ ist auf jeden Fall im Indikativ begründet. Hier gilt die Regel: Seid, was ihr seid, und ihr werdet sein, was ihr seid!

Als erstes Gebot wird eingeschärft, daß ein jeder *Vater und Mutter fürchten* soll (V. 3). In ihrem Stand ist »eine Majestät verborgen« (Luther). Ihrer hat sich der Schöpfer als Werkzeuge bedient, als er einen Jeglichen ins Leben rief. Es folgt das Gebot, die vom Herrn befohlenen *»Sabbate«* einzuhalten. Die Begründung mit dem Verweis darauf, daß Gott selbst am siebten Tag von allen seinen Werken ruhte (2. Mose 19,8), wird als bekannt vorausgesetzt. In V. 4 ist das 1. und 2. Verbot des mosaischen Dekalogs zusammengefaßt. Weder die *Hinwendung zu anderen Göttern* noch die *Abbildung* Gottes in einem Gußbild duldet Seine Herrlichkeit. Eine Vorschrift, die das Schlachtopfer betrifft, schließt sich an, genauer gesagt, eine Anweisung über den *Verzehr des Schlachtopfers;* er ist noch am selben oder darauf folgenden Tag allein statthaft (vgl. 7,16 ff). Die folgenden Gebote und Verbote befassen sich mit dem, was Jedermann in Israel seinem *Nächsten* schuldig ist. Beim Abernten der Felder und Weinberge soll man darauf bedacht sein, daß für die Armen und die Fremdlinge eine *Nachlese* übrig bleibt (V. 9 f). *Diebstahl, Lug* und *Trug,* Entweihung des heiligen Gottesnamens durch *Meineid* werden in V. 11 f unter striktes Verbot gestellt. Das Verhalten zum *Nächsten* steht auch in V. 13–18 im Vordergrund. Dessen Besitz und Eigentum wird gegen Erpressung und Beraubung geschützt (V. 13). Dem *Tagelöhner,* der von der Hand in den Mund lebt, wie man im Volksmund sagt, soll man seinen Lohn noch am Abend des Tages auszahlen. Die Furcht Gottes soll es jedermann in Israel verbieten, einem *Tauben* zu fluchen oder einem *Blinden* ein Hindernis in den Weg zu legen. Dabei ist vorausgesetzt, daß solch ein Fluch eine schlimme Wirkung hat, auch wenn ihn der Ertaubte nicht hören kann. In den folgenden Versen (V. 15–18) wird die Praxis der *Rechtsprechung* ins Auge gefaßt. Der Gott Israels ist daran, daß Niemands Recht verkürzt werde, ganz besonders interessiert (vgl. Jes. 1,17; Amos 5,15). Jede Parteilichkeit, sei es aus Angst vor einem Großen oder auch aus Mitleid mit einem Geringen, wird strikt untersagt. »Mit Gerechtigkeit sollst du deinen Nächsten richten«. Die gültige Sitte, daß die Ältesten im Tor – zur Rechtsprechung bevollmächtigt und verpflichtet – zusammentreten, ist dabei vorausgesetzt. Nicht nur die groben Rechtsverletzungen, auch vorsätzliche böse Absichten gegenüber einem Andern, irgendwelche *Verleumdungen* sowie das Nachtragen und Austragen früherer Zwistigkeiten beim Rechtsspruch werden unter Verbot gestellt (V. 17). Daß man »im Reich dieses Königs das *Recht* lieb hat« (Ps. 99,4) – dies gilt es beim Rechtsprechen im Tor zu praktizieren! Auch im täglichen Umgang soll sich niemand in seinem Verhalten von Rachsucht, die erlittenes Unrecht nachträgt und nicht verzeihen will, bestimmen lassen. Im Gegenteil: *Lieben sollst du deinen Nächsten wie dich selbst* (V. 18).

Daß mit diesem positiven Gebot – nach der langen Liste der Verbote – alles bisher Gesagte umschlossen, auf den denkbar kürzesten Begriff gebracht ist, ist offenkundig. Mit gutem Grund hat Jesus, der Christus Israels und Mittler des Neuen Bundes, dieses Gebot herausgegriffen, als ihm die Frage nach dem vornehmsten Gebot vorgelegt wurde. »Dies ist das vornehmste von allen Geboten: Höre, Israel, der Herr unser Gott, ist ein einziger Gott und du sollst Gott, deinen Herr lieben von ganzem Herzen, von ganzer Seele, von ganzem Gemüte und mit allen deinen Kräften. Das ist das vornehmste Gebot. Und das andere ist ihm gleich: *Du sollst deinen Nächsten lieben wie dich selbst*. Es ist kein andres Gebot größer denn diese« (Mark. 12,29–31). Mit diesem »wie dich selbst« soll und will nicht gesagt sein, daß ein gewisses Maß von Selbstliebe Voraussetzung für die Praktizierung der Nächstenliebe sein und deren Maß bestimmen soll. »Wie dich selbst den Nächsten lieben« – das heißt sich so zu ihm verhalten, als ob du an seiner Stelle wärest. Wer sich mit dem Nächsten identifiziert, der weiß, welches Maß an Liebe er ihm schuldig ist und wie diese Liebe praktiziert sein will. »Dies ›wie dich selbst‹ läßt sich nicht drehen noch deuten; mit der Schärfe der Ewigkeit richtend dringt es in den innersten Schlupfwinkel ein, wo ein Mensch sich selbst liebt; es läßt der Selbstliebe nicht die leiseste Entschuldigung übrig, nicht die mindeste Ausflucht offen. Wie wunderbar! Man könnte ja lange und scharfsinnige Reden darüber halten, wie ein Mensch seinen Nächsten lieben solle; und immer würde die Selbstliebe noch Entschuldigungen und Ausflüchte vorzubringen wissen, weil die Sache doch nicht ganz erschöpft, ein Fall übergangen, ein Punkt nicht genau oder bindend genug ausgedrückt und beschrieben wäre. Aber dieses »wie dich selbst« ja, kein Ringer kann seinen Gegner so

fest, so unentrinnbar umklammern, wie dies Gebot die Selbstliebe umklammert« (Sören Kierkegaard[14]).
Mit dem knappen, markanten Schlußsatz »Ich bin der Herr« (V. 18) wird diese Reihe der Verbote und Gebote abgeschlossen. Ihm steht es zu, zu gebieten und Er gebietet nichts, was nicht recht und heilsam ist. »Das Gesetz dieses Herrn ist vollkommen und macht die Unverständigen weise. Die Befehle des Herrn sind richtig und erfreuen das Herz. Die Rechte des Herrn sind wahrhaftig allesamt gerecht« (Ps. 19,8 ff).
In V. 19 ff sind in loser Folge weitere *Gebote und Verbote* aneinandergereiht, die bestimmte Fälle und Situationen im alltäglichen Leben ins Auge fassen. Verboten wird das Paaren verschiedener Tiere, das ungleiche Besäen ein- und desselben Ackers sowie das Herstellen von Kleiderstoffen aus verschiedenartigen Fäden (Wollfäden und Leinenfäden). Die Verbote werden nicht im einzelnen begründet. Offenbar wurde dergleichen als respektwidriger Eingriff in die Ordnungen des Schöpfers empfunden und deshalb unter Verbot gestellt. In V. 20–22 geht es um einen Sonderfall aus dem Eherecht. Wer geschlechtlichen Verkehr mit einer Sklavin gehabt hat, die ein Anderer zur Frau nehmen wollte, mit der dieser aber die Ehe noch nicht vollzog, weil dieselbe noch nicht losgekauft bzw. von ihrem bisherigen Herrn noch nicht freigelassen worden war, der muß dafür einen Schadenersatz leisten, außerdem durch Darbringung eines Widders seine Verfehlung sühnen. Eine Bestimmung, wie man mit neu gepflanzten Fruchtbäumen verfahren soll, wenn sie erstmals Früchte tragen, schließt sich in V. 23–25 an. Drei Jahre lang sollen sie nicht »beschnitten« d. h. abgeerntet werden. Im vierten Jahr sollen ihre Früchte beim »Jubelfest« (vgl. Richt. 9,27) dem Herrn dargebracht werden. Erst dann ist es zulässig, die Früchte für den eigenen Verzehr zu ernten. Daß die Erde des Herrn ist und was darinnen ist (Ps. 24,1), wurde durch diese Bestimmung eindringlich in Erinnerung gebracht[15]. Weitere Bestimmungen, die darauf hinzielen, daß sich Gottes Volk in seiner heidnischen Umgebung behauptet, seiner »Heiligkeit« bewußt bleiben soll, schließen sich in loser Folge an (V. 26–31). Verboten werden Blutgenuß, Wahrsagen und Zauberei, sowie allerlei Totenbräuche (V. 27 f), das Stutzen von Haupt- und Barthaar, die Tätowierung des Leibes und die Freigabe einer Tochter zur kultischen Prostitution, wie sie bei den kanaanäischen Urbewohnern des

---

[14] S. Kierkegaard, Leben und Walten der Liebe (Erbauliche Reden, Band 3, S. 19 f Übersetzt von A. Dorner und Chr. Schrempf, 1924).
[15] Wie selbstherrlich geht unser heutiges Geschlecht mit den Früchten und den Schätzen der Erde um!

Landes üblich war. Auch der Verkehr mit den Totengeistern mit Hilfe der »Wissenden« (vgl. den Besuch Sauls bei der Totenbeschwörerin von Endor, von dem 1. Sam. 28,1 ff berichtet) wird untersagt. Alle diese Verbote werden dazu erlassen, daß das Volk Gottes inmitten einer heidnischen Umwelt seinen heiligen Adel bewahre. Wo dies geschieht, ist jedermanns Recht wohl aufgehoben, auch das Recht und die Würde derer, die alt und grau geworden sind, und der Fremdlinge, die nur ein Gastrecht im Lande genießen. »Vor einem grauen Haupt sollst du aufstehen und die Alten ehren« (V. 32). Den, der nur Gastrecht im Lande hat, sollst du nicht bedrücken, vielmehr auch ihn lieben wie dich selbst (V. 33). Jedermanns Recht nimmt der Heilige Israels unter seinen Schutz. Im Handel und Wandel soll sein heiliger Wille die oberste Richtschnur sein. Ehrlichkeit bei Kauf und Verkauf, Korrektheit im Geschäftsgebaren. Verwendung richtiger Maße und Gewichte (V. 35) – da ist nichts, was in diesem »Heiligkeitsgesetz« nicht mitbedacht wäre! Der Verfasser des 1. Petrusbriefs wußte wohl, warum er den Heidenchristen, an die sein Brief gerichtet ist, dieses 19. Kapitel aus dem 3. Buch Mose so eindringlich vor Augen rückte. »Seid auch ihr heilig in allem eurem Wandel. Denn es steht geschrieben: Ihr sollt heilig sein, denn Ich bin heilig« (1. Petr. 1,16)! An dieser Lektion lernt keiner aus.

Die folgenden Kapitel (20,1–22,33) sind ein eindrucksvoller Beleg dafür, wie streng man es in Israel mit der Befolgung des göttlichen Gebots »Ihr sollt heilig sein« genommen hat. Wir begnügen uns mit einem *Überblick,* nicht ohne zu erläutern, was der Erklärung bedarf.

In Kap. 20,1–27 ist eine *Liste von Verfehlungen* (insbesondre auf geschlechtlichem Gebiet) zusammengestellt, die man mit dem *Tod bestrafen* soll. Die »Adresse« ist nicht der Missetäter, der sich vergeht und sein Lebensrecht in Gottes heiligem Volk verwirkt, vielmehr die Gemeinschaft, in deren Mitte er sich vergangen hat und des Todes schuldig wurde. Als todeswürdige Verfehlung wird an erster Stelle der Fall angeführt, daß ein Mann aus Israel oder einer, der in Gottes Volk Gastrecht hat, »von seinem Samen etwas dem Moloch gibt«. Was damit gemeint ist, geht aus verwandten Bibelstellen (2. Kön. 23,10; Jer. 7,31; 32,35) hervor, in denen davon die Rede ist, daß man dem Moloch[16] Kinderopfer darbrachte. Wer sich in Israel dieses Vergehens schuldig macht, soll gesteinigt werden. Unterbleibt diese Bestrafung, so wird der Herr selbst den Missetäter samt seiner Sippe ausrotten. Eine Strafandrohung, die denen gilt, die die Toten befragen (vgl. Kap. 19,31), ist angefügt. In den folgenden Ver-

---

[16] Das Wort »Moloch« ist eine sprachliche Variante zu »melech« (König).

sen (9–21) ist eine Liste von Verfehlungen auf geschlechtlichem Gebiet vorgelegt, die mit dem Tod bestraft werden sollen. Mochten solche schlimmen Verirrungen bei den Ureinwohnern Kanaans üblich oder doch geduldet sein – der Gott Israels ist ein heiliger Gott, der sie verabscheut (V. 23). Das Volk, das Er erwählt, zu seinem Dienst ausgesondert hat, ist dazu bestimmt, ein heiliges Volk darzustellen (V. 26). Nur wenn es solche schlimmen Verirrungen unter Todesstrafe stellt, wird es seiner Bestimmung gerecht. Andernfalls wird es das Land ausspeien (V. 22)! Der Kernsatz des »Heiligkeitsgesetzes« (Ihr sollt mir heilig sein, denn Ich, der Herr, bin heilig) wird am Schluß des Kapitels (V. 26) noch einmal feierlich rezitiert. Als Nachtrag ist eine Warnung vor Beschwörung und Befragung der »Totengeister« (vgl. 19,31) angefügt.

In Kap. 21,1–24 ist ausführlich von der besonderen *Heiligkeit der Priester* die Rede, die ihren Dienst am Heiligtum verrichten. Das deutlich gegliederte Kapitel hat zwei Teile: In V. 1–15 sind Verbote zusammengestellt, die den Priester in seinem persönlichen Lebensbereich, in Haus und Familie, vor ritueller Verunreinigung schützen sollen. In V. 16–23 ist eine Liste von körperlicher Gebrechen zusammengestellt, die von der Ausübung des Priesteramts ausschließen. – Die *Liste der Verbote* (V. 1–15) beginnt mit der Bestimmung, daß sich die Priester, die Söhne Aarons nicht dadurch verunreinigen dürfen, daß sie eine Leiche berühren[17]. Eine Ausnahme von dieser Regel ist allerdings dann zulässig, wenn es sich bei dem Verstorbenen um einen der nächsten Anverwandten handelt (Mutter, Vater, Sohn, Tochter, Schwester[18]). Verboten ist dem Priester jede Beteiligung an den Trauerbräuchen (Abscheren von Haupt- und Barthaaren, Einritzungen an der Haut)[19], die, trotz Verbot, offensichtlich in Israel Eingang gefunden hatten. Die Priester sollen ihrem Gott heilig sein und den Namen ihres Gottes nicht entweihen, denn sie bringen die Feueropfer des Herrn, die Speise[20] ihres Gottes dar (V. 6). Die Heirat ist den Priestern erlaubt, aber sie dürfen nur ein unberührtes Mädchen zur Frau nehmen, von einer Verstoßenen oder Geschwächten oder Dirne ganz zu schweigen (V. 7). Hat der Priester eine mißratene Tochter, die Hurerei treibt und damit ihren Vater entweiht, soll diese im Feuer verbrannt werden (V. 9). Noch strengere Bestimmungen gelten für den Hohepriester.

---

[17] wörtlich ist die Verunreinigung mit einer »Seele« untersagt. Dahinter steht die Vorstellung, daß die Seele nach dem Tod noch in der Nähe des Verstorbenen sich aufhält.
[18] sofern dieselbe noch nicht verheiratet und damit aus der Gemeinschaft der Familie ausgeschieden ist.
[19] In Kap. 19,27 f sind diese heidnischen Trauerbräuche *allen* Israeliten verboten.
[20] Die altertümliche Bezeichnung des Opfers als »Speise« Gottes ist auffällig.

Er muß sich aller üblichen Trauerbräuche strikt enthalten, darf sein Haar nicht wild flattern lassen und seine Kleider nicht zerreissen. Ihm ist auch die Ehe mit einer Witwe verboten. Er darf, nachdem er zum Hohepriester geweiht ist, das Heiligtum nicht mehr verlassen, damit er auf keinen Fall mit »Unreinem« in Berührung komme. Innerhalb des heiligen Bezirks ist ihm seine Wohnung – so muß man annehmen – zugewiesen. Eine Liste der körperlichen Gebrechen, die von der Ausübung des Priesteramts ausschließen, ist in V. 16–24 beigefügt.

In Kap. 22,1–33 ist ausgeführt, wie man es mit den »*heiligen Gaben*« der Israeliten halten soll. Es genügt, wenn wir das Wichtigste und das Erklärung Bedürftige herausgreifen. Zunächst wird festgelegt, unter welchen Umständen die Priester von den im Heiligtum dargebrachten Opfergaben essen oder nicht essen dürfen. Grundsätzlich gilt, daß diese Gaben nur im Zustand kultischer Reinheit gegessen werden dürfen. In V. 4–7 werden verschiedene Möglichkeiten kultischer Verunreinigung in Betracht gezogen, durch welche die Priester am Verzehr der ihnen zustehenden Opferanteile gehindert werden. Hinweise, wie sie ihre kultische Reinheit wieder erlangen können, sind eingestreut. Lose angefügt ist in V. 8 die Bestimmung, daß der Priester nichts von einem verendeten oder durch ein Raubtier zerrissenes Tier essen darf. Der Ernst, mit dem das Einhalten dieser Bestimmungen eingeschärft wird, ist besonders eindrucksvoll. Wer dieselben nicht einhält, lädt sich Sünde auf wie eine schwere Last und muß den Tod erleiden (V. 9). Jedem Unbefugten ist das Essen von den heiligen Gaben strikt verboten (V. 10). Wer befugt und nicht befugt ist, wird genau festgelegt (V. 10–14). Wenn ein Nichtbefugter versehentlich vom »Heiligen« ißt, muß er eine Bußleistung erbringen (V. 14). Falls die Priester diese Vorschriften über den Verzehr der heiligen Gaben nicht beachten, wird das ganze Volk in Schuld verstrickt.

Eine Belehrung über die Fehlerlosigkeit der Opfertiere bildet den Abschluß (V. 17–25). Diese Fehlerlosigkeit ist die Voraussetzung dafür, daß die Opfer wohlgefällig sind. Das Kapitel schließt mit einer Vermahnung, in welcher der Herr das ganze Volk dazu aufruft, nach Seinem Willen zu handeln: »So beobachtet denn meine Gebote und tut darnach. Ich bin der Herr. Und entweiht nicht meinen heiligen Namen, damit Ich geheiligt werde inmitten der Israeliten. Ich bin's, der euch heiligt, der euch weggeführt hat aus Ägypten, um euer Gott zu sein, Ich, der Herr«. So gewiß dieser Gott Schöpfer und Erhalter, Gebieter und Richter aller Völker ist, soll ihm doch dieses Volk Israel in besonderer Weise zur Verfügung stehen. Der Vergleich mit der »Leibgarde«, die ein Herrscher seiner persönlichen Befehlsgewalt unterstellt, legt sich nahe, um deutlich zu machen, was es

mit all diesen Bestimmungen für eine Bewandtnis hat, die – jede auf ihre Weise – unterstreichen: »Ihr sollt heilig sein, denn Ich bin heilig«.
In Kap. 23,1–44 ist von den »*Festen des Herrn*« die Rede, die als »heilige Ausrufungen« – jeweils zur für sie bestimmten Zeit – angekündigt und mit heiliger Freude gefeiert werden sollen[21]. Sie werden auf eine Anweisung des Herrn an Mose zurückgeführt, sollen also in dem Bewußtsein begangen werden, daß sie nicht menschliche Erfindung sind. Seiner Erwählung und Bestimmung, ein »heiliges Volk, ein Königreich von Priestern« (2. Mose 19,6) zu sein, soll sich Israel an diesen »Festen Jahwes« bewußt werden. Auf die Überschrift folgt in V. 3 ein Hinweis auf das Sabbatgebot, der als eine spätere Zutat anmutet. Die ursprüngliche Überschrift des folgenden Festkalenders dürfte in V. 4 zu finden sein: »Dies sind die Festzeiten des Herrn mit Versammlungen am Heiligtum, die ihr zu ihrer festgesetzten Zeit auszurufen habt«. Das hebräische Wort für »Fest« (mo'ed) hat die Grundbedeutung »verabredete Zeit« (Termin). Auffällig ist, daß hier erstmals von einer »heiligen Ausrufung« (so wörtlich) die Rede ist. Man darf daraus schließen, daß die Tage, an denen die Arbeit ruhen sollte, jeweils durch eine öffentliche Ausrufung angekündigt wurden, damit jedermann wisse, daß an dem betreffenden Tag alle Arbeit ruhen sollte. An erster Stelle wird das *Passah* genannt, das im 1. Monat am 14. Tag zur Zeit der Abenddämmerung begangen werden soll (in Erinnerung an die Nacht des Auszugs aus Ägypten). Ihm folgt am 15. Tag desselben Monats das *Fest der ungesäuerten Brote*. Sieben Tage lang sollen nur ungesäuerte Brote (Mazzen) verzehrt werden; jede werktägliche Arbeit soll am ersten und siebten Tag, an dem sich das Volk vor dem Heiligtum versammeln soll, unterbleiben. Ein tägliches Feueropfer soll in dieser Woche dem Herrn dargebracht werden. Es folgt eine Bestimmung über das Darbringen von Erntegaben, die das im 2. Mosebuch angeordnete *Erntefest* (2. Mose 23,16) bzw. *Wochenfest* (2. Mose 34,22) wieder in den Festkalender einführt. An diesem Fest soll die erste Garbe der neuen Ernte »zum Priester« (d. h. ins Heiligtum) gebracht werden, der mit ihr eine »Schwingung vor dem Herrn« vollziehen soll. Ein Brandopfer, ein Speisopfer sowie ein Trankopfer (Wein) wird vorgeschrieben. Erst nach Erfüllung dieser kultischen Pflicht darf von dem Ertrag der neuen Ernte etwas verzehrt werden. Daß der lebendige Gott der »Brotgeber« für alles Volk im Lande ist, wurde durch diese Darbringung der Erntegaben aner-

---

[21] Ein Gegenstück zu diesem »Festkalender« liegt im 3. Buch Mose (Kap. 16) vor. Näheres über das komplizierte Verhältnis von Übereinstimmung und Nichtübereinstimmung zwischen diesen beiden Festkalendern bei M. Noth (ATD 6) S. 144 f.

kannt und fest im Bewußtsein des ganzen Volks verankert. Sieben Wochen später, nach Abschluß der Getreideernte, ist eine kultische Darbringung des Ernte-Ertrags angeordnet: Alle, die einen Acker bestellt haben, sollen zwei (diesmal mit Sauerteig gebackene) Brote zum Heiligtum bringen. Eine gemeinsame Opferhandlung, bestehend aus Brandopfer, Speisopfer und Trankopfer (V. 18), verbunden mit Sündopfer und mit Schlachtopfer (V. 19) wird vorgeschrieben. Als kultische Abgabe, die dem Priester zukommen soll, sind zwei Schafe vorgesehen (V. 20).

Im siebten Monat des Jahres soll der erste Tag als Ruhetag begangen werden (V. 23). Ursprünglich galt dieser Tag in Israel als *Neujahrstag;* das herbstliche Lesefest wurde zur Zeit der Jahreswende gefeiert (vgl. 2. Mose 23,16; 34,22). An diesem Tag soll ein »Gedenken durch Lärmblasen« stattfinden, wobei nicht deutlich ist, ob durch dieses »Lärmblasen« (mit Posaunen) das Volk an die Wohltaten des Herrn erinnert werden soll oder ob das Lärmblasen bewirken soll, daß der Herr gnädig seines Volkes gedenkt. Am zehnten Tag des siebten Monats soll der »*Versöhnungstag*« (jom hak-kippurim) begangen werden, dessen Ritual in Kap. 16 festgeschrieben ist. An diesem Tag soll sich das ganze Volk nach Darbringung eines Feueropfers vor dem Herrn demütigen[22]. Bei Androhung der Todesstrafe ist jegliche Arbeit an diesem Tag verboten. »Von Abend zu Abend« (vgl. 2. Mose 12,18) soll dieser Tag – wie jeder Sabbat – im ganzen Land ein Tag unbedingter Ruhe sein.

Am 15. Tag des 7. Monats soll das *Laubhüttenfest* gefeiert werden in Erinnerung an die Wanderjahre, in denen Israel in Hütten und Zelten wohnte. Die Einzelheiten der Begehung dieses Festes werden als bekannt vorausgesetzt, allerdings wird ein weiterer, 8. Festtag hinzugefügt. Mit V. 27 f (»Das sind die Festzeiten des Herrn, an welchen ihr Versammlungen am Heiligtum ausrufen sollt, daß man dem Herrn ein Feueropfer darbringe, Brandopfer und Speisopfer, Schlachtopfer und Trankopfer, wie es der betreffende Tag jeweils erfordert, abgesehen von den Sabbaten des Herrn und von euren sonstigen Gaben, von euren Gelübdeopfern und freiwilligen Spenden, die ihr dem Herrn geben wollt«) hat dieser Festkalender ursprünglich geschlossen. Als Nachtrag sind in V. 39–43 Bestimmungen über das besonders fröhlich gefeierte Laubhüttenfest angefügt, an dem man mit Früchten und Zweigen in den Händen das Heiligtum umschreiten und sich vor dem Herrn freuen soll. In Erinnerung an die Zeit des Wüstenzugs, da Israel in Zelten wohnte, soll man inmitten der Gärten und Weinberge *Hütten* aufschlagen und sich so die Wüsten-Situation vergegenwärtigen.

[22] Wörtlich: seine Seele (sich) ducken.

Mit heiliger Furcht und hoher Freude hat man in Israel all diese Feste gefeiert. Welch eine eindringliche Erinnerung an die Auszeichnung, die ihm durch die Erwählung widerfahren war, und an die Verpflichtung, die darin beschlossen war, waren sie für das ganze Volk: »Ihr sollt heilig sein, denn Ich bin heilig!«
In losem Anschluß an die Bestimmungen des Heiligkeits-Gesetzes folgt in Kap. 24,1–9 eine Anweisung, die den *Leuchter* und die *Schaubrote* im Offenbarungszelt betrifft.

> **(24,1) Und der Herr redete zu Mose und sprach: (2) Gebiete den Israeliten, daß sie dir reines Öl aus zerstoßenen Oliven für den Leuchter beibringen, daß man beständig Lampen aufstecken kann. (3) Außerhalb des Vorhangs, vor dem Gesetz im Offenbarungszelt, soll Aaron ihn herrichten, daß er beständig vor dem Herrn leuchte vom Abend bis zum Morgen. Dies ist eine Satzung, die für alle Zeiten, von Geschlecht zu Geschlecht, gelten soll. (4) Auf dem Leuchter von gediegenem Gold soll er die Lampen herrichten, daß sie beständig vor dem Herrn leuchten. (5) Und du sollst Feinmehl nehmen und daraus zwölf Brotkuchen backen – zwei Zehntel soll auf jeden Brotkuchen kommen – und sollst sie in zwei Reihen, je sechs in einer Reihe, auf dem Tisch aus gediegenem Gold vor dem Herrn auflegen. (7) Und du sollst auf jede Reihe reinen Weihrauch tun als Anzeige[23] dafür, daß sie als Feueropfer für den Herrn bestimmt sind. (8) An jedem Sabbat-Tag soll er sie herrichten vor dem Herrn; für die Israeliten soll dies eine beständig gültige Verpflichtung sein. (9) Es soll Aaron und seinen Söhnen zufallen, und die sollen es an heiliger Stätte verzehren; denn es ist etwas Hochheiliges, das ihm von den Feueropfern für den Herrn gehört kraft eines für alle Zeiten gültigen Rechts.**

Vor dem Vorhang, der das Heiligtum vom Allerheiligsten trennt, soll der siebenarmige *Leuchter* (Menora) die Nacht hindurch brennen (vgl. 2. Mose 27,20 f). Dem Volk wird zur Pflicht gemacht, das hierzu nötige Olivenöl beizusteuern. Aarons (bzw. seiner Nachfolger im Hohepriesteramt) Pflicht ist es, dafür Sorge zu tragen, daß das Heiligtum auf diese Weise jede Nacht hindurch erleuchtet ist, doch wohl zum Zeichen dafür, daß hier der Hüter Israels sich offenbart, von dem der Psalmist bezeugt, daß Er nicht schläft und schlummert (Ps. 121,4). Eine Anweisung, die die »*Schaubrote*« betrifft (vgl. 2. Mose 25,30), ist hinzugefügt, genauer gesagt, wie man sie herstellen und auf dem aus gediegenem Gold gefertigten Tisch auflegen soll. Von den zwölf Broten, die an Zwölfzahl der Stämme Israels erinnern, sollen je sechs aufeinander geschichtet werden. Über jeder der beiden Schichten soll Weihrauch entzündet werden und so

---

[23] Das hebräische Wort »azkara« läßt sich nicht mit Sicherheit deuten.

dem Herrn ein »Feueropfer« dargebracht werden. Der Verzehr der Brote, dieser »hochheiligen Speise«, steht den Priestern zu (vgl. Matth. 12,4). Der (heidnische) Gedanke einer Speisung der Gottheit ist somit völlig verlassen. Diese Auflegung der Schaubrote ist ein Akt der Dankbarkeit. Man wußte und bezeugte in Israel, daß das Brot, das die Erde hervorbringt, eine kostbare Gabe Gottes ist.

Daß der *Name* Gottes heilig ist, so heilig, daß seine *Verfluchung* todeswürdiges Verbrechen ist, wird in Kap. 24,10–23 eingeschärft, wobei ein bestimmter Vorfall als Beispiel dient.

(24,10) Und der Sohn einer israelitischen Frau und eines ägyptischen Mannes[24] ging mitten unter die Israeliten, und der Sohn der Israelitin und ein israelitischer Mann gerieten miteinander in Streit. (11) Dabei lästerte der Sohn der Israelitin den Namen[25] und fluchte. Darauf brachte man ihn zu Mose. Seine Mutter hieß Selomith, die Tochter Dibris vom Stamm Dan. (12) Und sie legten ihn in Gewahrsam, bis ihnen eine Weisung zuteil würde auf Grund eines Ausspruchs des Herrn. (13) Und der Herr redete zu Mose und sprach: Führe den Flucher hinaus vor das Lager, und alle, die es gehört haben, sollen ihre Hände auf seinen Kopf stemmen, dann soll ihn die ganze Gemeinde steinigen. (15) Zu den Israeliten aber sollst du sagen: Ein jeder, der seinen Gott flucht, der muß seine Schuld tragen. (16) Wer den Namen des Herrn lästert, der muß mit dem Tod bestraft werden; die ganze Gemeinde soll ihn steinigen. Ob es ein Fremder oder ein Einheimischer ist – wer den Namen lästert, soll mit dem Tod bestraft werden.

(24,17) Wer irgend einen Menschen erschlägt, soll mit dem Tod bestraft werden. (18) Wer ein Stück Vieh erschlägt, muß es ersetzen – Leben um Leben. (19) Wenn jemand seinem Nächsten einen Schaden antut, dem soll man tun, wie er getan hat: (20) Bruch für Bruch, Auge für Auge, Zahn für Zahn; derselbe Schaden, den er einem Menschen zugefügt hat, soll ihm zugefügt werden. (21) Wer ein Stück Vieh erschlägt, der soll's erstatten; wer aber einen Menschen erschlägt, der soll getötet werden. (22) Einerlei Recht soll unter euch gelten, für den Fremden wie für den Einheimischen; Ich bin der Herr, euer Gott.

(23) Und Mose redete zu den Israeliten; da führten sie den Flucher aus dem Lager hinaus und steinigten ihn. So taten die Israeliten, wie der Herr Mose befohlen hatte.

---

[24] Nach 2. Mose 12,38 zog auch »viel fremdes Volk« beim Auszug der Israeliten aus Ägypten mit.
[25] Den Gottes-Namen »Jahwe« (vgl. 5. Mose 28,58). Statt von »Jahwe« nur vom »*Namen*« zu sprechen, um sich an Seinem hochheiligen Namen nicht zu versündigen, wie dies in nachexilischer Zeit üblich wurde, ist hier erstmals belegt.

In formaler Hinsicht sind diese Verse etwas Besonderes im »Heiligkeitsgesetz«. Von einem bestimmten *Vorfall* wird berichtet. Ein Mann, der aus einer Mischehe zwischen einem Ägypter und einer Frau aus Israel stammte, geriet mit einem Israeliter in Streit. Worüber sich die beiden gestritten haben, wird nicht gesagt. Das eigentlich Schlimme, was dabei geschah, war dies, daß dieser Mann den »Namen« Gottes lästerte, und verfluchte und damit gegen das dritte Gebot des Dekalogs (nach biblischer Zählung) sich versündigte: »Du sollst den Namen des Herrn, deines Gottes, nicht mißbrauchen«. Da dies offensichtlich in Anwesenheit von Zeugen geschah, wurde der Flucher bei seinem Vergehen behaftet und Mose vorgeführt. Da der Gottesname Israel so heilig war, daß man ihn nicht auszusprechen wagte[26], lag ein Fall vor, für den es keinen Vorgang gab. Ein Entscheid des Herrn, dessen Name geschändet worden war, wurde abgewartet. Wurden dem Lästerer mildernde Umstände zugebilligt, weil er ein »Mischling« war? Keineswegs! Der Entscheid des Herrn lautete: Der Flucher soll gesteinigt werden. Nicht genug damit; alle, die den Fluch mitangehört haben, sollen ihre Hände auf den Kopf des Übeltäters stemmen, um die »Schuld«, in die sie schon durch das Mitanhören mitverstrickt sind, auf ihn zu übertragen. Daß die Todesstrafe an dem Flucher vollstreckt wurde, wird in V. 23 berichtet. Der Bericht über diesen Vorfall ist in das Heiligkeitsgesetz aufgenommen, weil es sich offensichtlich um einen »Präzedenzfall« gehandelt hat, nach dessen Vorgang man in solchen Fällen in Israel verfahren sollte. Verfluchung des göttlichen Namens soll in jedem Fall, auch wenn sich ein Fremder dessen schuldig macht, als todeswürdiges Vergehen geahndet werden. Anhangsweise werden in V. 17–21 weitere Rechtssätze in Erinnerung gebracht, die in Israel gültig sind (vgl. 2. Mose 21,12; 2. Mose 21,23–25; 5. Mose 19,21) mit dem ausdrücklichen Vermerk, daß dieselben auch für die Nicht-Israeliten (die »Fremden«), die im Lande wohnen, gültig sein sollen. In all diesen Fällen soll nach dem »jus talionis«, demzufolge das Strafmaß dem Verbrechen entspricht, verfahren werden: Der falschen Nachsicht, wie auch der hemmungslosen Rachgier, ist damit vorgebeugt. Der Schlußvers (23) greift auf den geschilderten Vorfall zurück: Draußen vor dem Lager wurde der Verflucher des göttlichen Namens gemäß dem Befehl des Herrn an Mose zu Tode gesteinigt.

Im folgenden Kapitel (25,1–26,2) wird mitgeteilt und festgelegt, wie man in Israel das *Sabbatjahr und Halljahr* einhalten und begehen soll. Diese

---

[26] Er wurde bei der Lesung heiliger Schriften durch das Wort »adonaj« ersetzt (zu deutsch »Herr«). Die Verfluchung des göttlichen Namens galt als todeswürdiges Verbrechen.

Bestimmungen, für die es in der Kultur- und Sittengeschichte der Völkerwelt keine Parallele gibt, sind es wert, daß wir sie ungekürzt, in ihrem biblischen Wortlaut, vor Augen stellen.

(25,1) **Und der Herr redete zu Mose auf dem Berg Sinai und sprach:** (2) **Rede zu den Israeliten und sprich zu ihnen: Wenn ihr in das Land kommt, das Ich euch geben werde, dann soll das Land für den Herrn einen Sabbat halten.** (3) **Sechs Jahre lang sollst du dein Feld besäen und sechs Jahre lang deinen Weinberg beschneiden und den Ertrag einsammeln,** (4) **aber im siebten Jahr soll das Land strikte Ruhe haben, einen Sabbat für den Herrn. Da darfst du dein Feld nicht besäen und deinen Weinberg nicht beschneiden;** (5) **den Nachwuchs deiner Ernte darfst du nicht abernten und die Trauben deines unbeschnittenen Weinstocks nicht ablesen; ein Sabbatjahr für das Land soll dies sein.** (6) **Was das Land in der Ruhezeit von selbst trägt, soll euch zur Nahrung dienen, dir und deinem Knecht und deiner Magd, deinem Tagelöhner und deinem Beisassen, die sich als Gäste bei dir aufhalten,** (7) **sowie deinem Vieh und dem Wild im Lande soll sein Ertrag zur Nahrung dienen.**

Die Bestimmungen über das »*Sabbatjahr*« sind kurz gefaßt. Bereits im sog. Bundesbuch ist angeordnet, daß jedes siebte Jahr als ein Sabbatjahr begangen werden soll, in dem der Ertrag des Landes, das der Gott Israels seinem auserwählten Volk übereignet hat, nicht abgeerntet werden darf (vgl. 2. Mose 23,10 f). Der Ausdruck »Sabbatjahr« ist allerdings erst in dem vorliegenden Text aus dem 3. Mosebuch gebraucht. Bemerkenswert ist, daß zu Beginn ausdrücklich betont wird, daß dieses Sabbatjahr keine menschliche Erfindung ist, vielmehr gemäß einem Befehl des Herrn, den Mose am Sinai empfing, begangen werden soll. In jedem siebten Jahr soll das Land weder eingesät noch abgeerntet werden. Dies gilt für alles Akkerland wie für alle Weingärten. Auch der Nachwuchs auf den Äckern und den Weingärten fällt unter das strikte Verbot. Die Begründung dieser Anordnung geht aus V. 2 hervor: Das Land soll für den Herrn einen »Sabbat« halten, damit deutlich werde, daß Er der Eigentümer des Landes ist. Israels Land ist Gottes Land! An zweiter Stelle steht der Gesichtspunkt, daß das, was auf den Feldern und in den Weingärten in diesem Jahr wild wächst, den Armen, die keinen eigenen Grund und Boden haben, und den wilden Tieren, die ja auch Gottes Geschöpfe sind, zur Verfügung stehen soll[27]. – Daß ein solches »Sabbatjahr« in unsrem heutigen Wirtschaftsleben weder denkbar noch durchführbar ist, liegt auf der Hand. Dennoch gibt diese Anordnung, die in Israel gelten sollte, viel zu denken.

---

[27] Diese »soziale« Begründung ist in 2. Mose 23,10 ausgesprochen.

Wie maßlos, und ohne Rücksicht auf die nachfolgenden Geschlechter, plündern wir die Bodenschätze der Erde aus, wie wenig wird bei der Planung der Produktionsziele bedacht, daß wir auf dieser Erde bei ihrem Schöpfer und Erhalter nur »in Miete sind« – nicht Eigentümer, nur Verwalter! »Die Erde ist des Herrn und was drinnen ist, der Erdkreis und die darauf wohnen« (Ps. 24,1). Dies wußte man in Israel, und das Gebot des Sabbatjahrs sorgte dafür, daß man dies nicht vergaß. – In großer Ausführlichkeit wird nach dieser das Sabbatjahr betreffenden göttlichen Anordnung in den folgenden Versen des Kapitels mitgeteilt, was jedermann in Israel über das gleichfalls vom Herrn gebotene »*Halljahr*« *(Jobeljahr)* wissen muß und befolgen soll.

(25,8) **Und du sollst sieben Sabbatjahre, siebenmal sieben Jahre abzählen, so daß die Zeit der sieben Sabbatjahre neunundvierzig Jahre beträgt.** (9) **Dann sollst du im siebten Monat, am zehnten des Monats, die Lärmposaune erschallen lassen (am Versöhnungstag sollt ihr überall im Land die Posaune erschallten lassen)**[28]; (10) **und ihr sollt das** *fünfzigste Jahr* **für heilig erklären und im Land eine Freilassung ausrufen für alle, die darin wohnen. Als ein Halljahr soll es euch gelten; da soll ein jeder wieder zu seinem Besitz und jeder wieder zu seiner Sippe kommen.** (11) **Als ein** *Halljahr* **soll es euch gelten, das fünfzigste Jahr; da dürft ihr nicht säen und, was von selbst wächst, nicht ernten und die Weinstöcke, die unbeschnittenen, nicht ablesen.** (12) **Denn ein Halljahr ist es, das euch als heilig gelten soll; vom Feld weg dürft ihr essen, was es trägt.** (25,13) **In diesem Halljahr soll jeder von euch wieder zu seinem Besitz kommen.** (14) **Wenn du deinem Nächsten etwas verkaufst oder ihm etwas abkaufst, sollt ihr einander nicht übervorteilen.** (15) **Gemäß der Zahl der Jahre seit dem Halljahr sollst du deinem Nächsten abkaufen, gemäß der Zahl der Ertragsjahre soll er dir verkaufen.** (16) **Ist's eine Vielzahl von Jahren, darfst du den Kaufpreis entsprechend höher ansetzen, ist's eine geringere Zahl von Jahren, entsprechend niedriger; denn die Zahl der Ernten verkauft er dir.** (17) **Ihr sollt euch nicht untereinander übervorteilen; fürchte dich vielmehr vor deinem Gott; denn ich bin der Herr, euer Gott.** (18) **Darum tut nach meinen Satzungen, haltet meine Rechte und führt sie durch, dann werdet ihr sicher im Lande wohnen,** (19) **und das Land wird seine Frucht geben, daß ihr satt werdet und sicher darin wohnet.** (20) **Wenn ihr aber fragt: Was sollen wir essen im siebten Jahr, wenn wir nicht säen und den Ertrag nicht einsammeln dürfen?** (21) **Ich werde im sechsten Jahr meinen Segen über euch aufbieten, daß es den Ertrag für drei Jahre hervorbringt.** (22) **Ihr werdet zwar erst im achten Jahr wieder säen, aber von dem (früheren) Ertrag noch genug zu essen haben bis zum neunten Jahr, so daß ihr vom alten essen könnt, bis wieder neues Getreide kommt.** (23) **Grund und Boden darf nicht endgültig verkauft**

---

[28] Glosse im Hinblick auf Kap. 16,29.

werden, denn mein ist das Land, so gewiß ihr nur Gäste und Beisassen bei mir seid. (24) Deshalb sollt ihr in dem Land, das ihr zu eigen habt, überall für den Grund und Boden einen Loskauf zulassen. (25) Wenn dein Bruder verarmt und etwas von seinem Grundbesitz verkaufen muß, dann soll sein nächster Verwandter als Löser eintreten und das, was sein Bruder verkauft, loskaufen. (26) Wenn jemand keinen Löser hat, aber soviel aufbringen kann, wie zum Rückkauf nötig ist, (27) soll er die Jahre seit dem Verkauf in Anrechnung bringen, und was darüber ist, dem Mann, an den er verkauft hat, zurückerstatten und so wieder zu seinem Besitztum kommen. (28) Falls er aber nicht aufbringen kann, wieviel zum Rückkauf nötig ist, so soll, was er verkauft hat, in der Hand des Käufers bleiben bis zum Halljahr; im Halljahr aber soll es frei werden und er soll wieder zu seinem Grundbesitz kommen.

(25,29) Wenn jemand ein Wohnhaus in einer ummauerten Stadt verkauft, soll er das Recht haben, es bis zum Ablauf eines vollen Jahrs nach dem Verkauf zurückzukaufen; nur eine Zeitlang besteht das Recht zum Rückkauf. (30) Wenn es bis zum Ablauf eines vollen Jahres nicht eingelöst wird, soll das Haus, das in einer ummauerten Stadt liegt, endgültig dem Käufer und seinen Nachkommen gehören; es wird im Halljahr nicht frei. (31) Anders die Häuser in den Dörfern, die keine Mauer ringsum haben, sie sind zum Feldbesitz im Land zu rechnen; für sie gilt das Rückkaufsrecht, solch ein Haus wird im Halljahr frei. (32) Was aber die Städte der Leviten betrifft, die Häuser in den Städten, die ihr Eigentum sind, so gilt, daß die Leviten ein Loskaufrecht haben, das nicht befristet ist. (33) Wenn einer von den Leviten das verkaufte Haus nicht zurückkauft, so wird das verkaufte Haus in einer Stadt, die zu ihrem Erbbesitz gehört, im Halljahr frei; denn die Häuser in den Städten der Leviten sind ihr Erbbesitz inmitten der Israeliten. (34) Das Weideland aber, das zu ihren Städten gehört, darf nicht veräußert werden; denn es gehört ihnen als Erbbesitz für alle Zeiten.

(25,35) Wenn dein Bruder verarmt und neben dir um sein Vermögen kommt, so sollst du ihm unter die Arme greifen[29], sei er Gast oder Beisasse, daß er neben dir leben kann. (36) Du darfst nicht Zins und Wucher von ihm nehmen; du sollst dich fürchten vor deinem Gott und dein Bruder soll neben dir sein Auskommen haben[30].

(37) Dein Geld sollst du ihm nicht gegen Zins geben und für die Nahrung (die du ihm gibst) keinen Zuschlag verlangen. (38) Ich bin der Herr, euer Gott, der euch aus Ägypten herausgeführt hat, um euch das Land Kanaan zu geben, um euer Gott zu sein. (39) Wenn dein Bruder neben dir verarmt und sich dir verkauft, soll er dir nicht wie ein Sklave dienen müssen. (40) Als ein Lohnarbeiter, als ein Beisasse, soll er bei dir sein; bis zum Halljahr soll er bei dir dienen. (41) Dann soll er frei von dir ausgehen samt seinen Kindern und zu seiner Sippe zurückkehren und wieder zu seinem väterlichem Besitz kom-

---

[29] Wörtlich: aufrecht halten.
[30] Wörtlich: leben können.

men. (42) Denn meine Knechte sind sie, die Ich aus Ägyptenland herausgeführt habe; sie dürfen nicht verkauft werden, wie man Sklaven verkauft. (43) **Du sollst nicht mit Härte über ihn herrschen, sondern dich vor deinem Gott fürchten.** (44) Was aber den Sklaven oder die Sklavin betrifft, die dir gehören sollen – aus den Völkern, die rings um euch sind, mögt ihr Sklaven und Sklavinnen kaufen. (45) Auch von den Kindern der Beisassen, die sich bei euch aufhalten, mögt ihr sie kaufen und aus ihren Nachkommen, die sich bei euch aufhalten, die sie in eurem Land gezeugt haben – die können euer Eigentum werden, (46) und ihr mögt sie auf eure Nachkommen vererben zum eigenen Besitz, daß sie sich ihrer für dauernd bedienen. Aber eure Brüder, die Israeliten, über sie darfst du nicht, einer über den andern, harten Zwang ausüben. (47) Und wenn ein Fremdling oder Beisasse bei dir vermögend wird, dagegen dein Bruder neben ihm verarmt und sich einem Fremdling oder Beisasse oder einem Abkömmling von der Sippschaft eines Fremdlings verkauft, (48) so soll, nachdem er sich verkauft hat, das Recht bestehen, ihn loszukaufen; einer von seinen Brüdern soll ihn loskaufen (49) oder sein Oheim oder der Sohn seines Oheims soll ihn loskaufen oder sonst einer aus seiner Blutverwandtschaft, aus seiner Sippe, oder er soll, wenn er selbst vermag, sich selbst loskaufen. (50) Und zwar soll er mit dem, der ihn gekauft hat, rechnen von dem Jahr an, in dem er sich an ihn verkauft hat, bis zum Halljahr und der Preis, den der Verkauf betrug, soll mit der Zahl der Jahre verrechnet werden; wie die Zeit eines Lohnarbeiters soll die Zeit, die er bei ihm verbracht hat, gelten. (51) Sind noch viele Jahre bis zum Halljahr, soll er entsprechend mehr von dem Geld erstatten, um das er gekauft wurde. (52) Sind aber nur noch wenige Jahre übrig bis zum Halljahr, so soll er sie berechnen und entsprechend weniger als Lösegeld erstatten. (53) Wie ein Lohnarbeiter soll er Jahr um Jahr bei ihm sein; du darfst nicht mitansehen, daß er mit Härte über ihn herrscht. (54) Falls er aber nicht auf diese Weise ausgelöst wird, so soll er im Halljahr frei werden samt seinen Kindern. (55) Denn mir gehören die Israeliten als Knechte; meine Knechte sind sie, der ich sie aus Ägypten herausgeführt habe – Ich, der Herr, ihr Gott!
(26,1) **Ihr dürft euch keine Götzen machen und euch nicht Schnitzbilder und Malsteine aufstellen, auch keinen Stein mit bildlicher Darstellung in eurem Lande setzen, um euch davor niederzuwerfen; denn Ich bin der Herr, euer Gott. (2) Meine Ruhetage sollt ihr halten und mein Heiligtum fürchten; Ich bin der Herr**[31].

Mit diesem 25. Kapitel des dritten Buchs Mose hat es insofern eine besondere Bewandtnis, als wir hier von einer Rechtsvorschrift Kunde erhalten, für die es im Alten Testament, geschweige in den Rechtsordnungen und

---

[31] Dieses Verbot des Götzendienstes und der Götzenbilder und die Einschärfung des Sabbatgebots ist ein Einschub, das mit dem vorhergehenden und Folgenden in keinem Zusammenhang steht.

Gesetzbüchern anderer Völker, keine Parallele gibt. Es handelt sich um die von dem Gott Israels angeordnete Bestimmung, daß jedes 50. Jahr als ein »*Halljahr*« begangen werden soll, in dem die ursprünglichen Besitzverhältnisse wiederhergestellt werden sollen[32]. Dieses Jahr, auch »Jobel-Jahr« genannt, trägt seinen Namen, weil sein Beginn mit feierlichem, lauten Hornblasen angekündigt werden sollte[33]. Jedes siebte Sabbatjahr, also jedes 50. Jahr, sollte als Halljahr gelten und entsprechend begangen werden.

In diesem heiligen, durch göttliche Weisung besonders ausgezeichneten Jahr sollte eine allgemeine »*Freilassung*« für alle Bewohner des Landes stattfinden, eine »Lastenbefreiung«, wie es wörtlich heißt (V. 10). Sie sollten ihren Besitz (an Grund und Boden wie auch an Menschen) kostenlos zurückerhalten, von dem sie sich in der zurückliegenden Zeit, ob verschuldet oder unverschuldet, hatten trennen müssen. Da jedes Halljahr zugleich ein Sabbatjahr war, werden in V. 11 f zunächst die Bestimmungen, die dafür gelten, in Erinnerung gebracht und auch für das Halljahr für gültig erklärt. Säen und Ernten ist im Halljahr, in dem das (dem Herrn gehörige) Land ruhen soll, verboten.

Beim Kauf bzw. Verkauf der Früchte, die das Land getragen hat, ist jede Übervorteilung des Nächsten untersagt. Mit der dem Gott Israels gegenüber gebotenen Furcht wird dieses Verbot feierlich begründet (V. 17 f). Er nimmt seinem Volk die Sorge ab, wovon es leben und sich ernähren soll, wenn – wie im Sabbatjahr – das Land nicht besät und nicht abgeerntet werden darf. Im sechsten Jahr wird Er jeweils seinen Segen aufbieten, daß sein Volk bis zur Ernte des achten Jahres keinen Mangel hat (V. 20–22). Da nur jedes 50. Jahr ein »Halljahr« ist, in dem die »Bewohner« des Landes, genauer gesagt, die Häupter der einzelnen Familien, den Anteil am Lande Gottes zurückerhalten sollen, der ihnen ursprünglich zugestanden hatte, wird im Folgenden festgelegt, wie man in der Zwischenzeit verfahren soll. Grundsätzlich gilt: Grund und Boden darf nicht endgültig verkauft werden, das Rückkaufsrecht soll gesichert sein (V. 23). Dies wird damit begründet, daß der Herr selbst der eigentliche Besitzer ist: »*Mein* ist das Land, ihr seid nur Fremdlinge und Beisassen bei mir« (V. 23). Jedem habgierigen, ichsüchtigen Erwerb von Grund und Boden ist damit ein Riegel vorgeschoben. Als der eigentliche Grundherr nimmt der Gott Israels sein Einspruchsrecht wahr. Er bestimmt, was geschehen soll, wenn ein »Bruder« (Verwandter, Volksgenosse) verarmt und zum Verkauf des

---

[32] Nur einmal (4. Mose 36,4) wird das »Halljahr« sonst kurz erwähnt.
[33] Das Wort »Jobel« bedeutet »Widder«, dann auch das Widderhorn (Blasinstrument), so 2. Mose 19,13; Jos. 6,4.

ihm gehörigen Landanteils gezwungen ist. In diesem Fall soll ein naher Verwandter als »Löser« (hebräisch go'el) sich einschalten und durch Rückzahlung des Kaufbetrags den Land-Anteil zurückkaufen und so seinem verarmten Bruder wieder zu »seinem« Land verhelfen. Hat der Verarmte keinen Löser, bringt er jedoch selbst im Lauf der Zeit soviel auf, daß er den Rückkauf seines Land-Anteils betreiben kann, so darf er dabei den Gewinn in Rechnung stellen, den der Käufer in der zurückliegenden Zeit aus dem Land, das er dem Verarmten abkaufte, gezogen hat. Vermag er dies nicht, fällt das Land auf jeden Fall im Halljahr an seinen ursprünglichen Eigentümer zurück.

Einige *Sonderbestimmungen,* die sich auf den Haus- und Grundbesitz in ummauerten Städten beziehen, sind in V. 29–34 angefügt. Nur für Häuser in offenen Einfriedungen soll das Loskaufrecht und die Bestimmung des Halljahrs gelten, derzufolge das verkaufte Haus in den Besitz dessen, der zum Verkauf sich gezwungen sah, zurückkehren soll. Für Häuser in ummauerten Städten dagegen soll dieses Rückkaufsrecht auf ein Jahr befristet sein; auch im Halljahr darf der Käufer sein Besitz-Recht behalten. Eine Ausnahme ist den Leviten zugebilligt, die keinen Anteil an Grund und Boden im Lande hatten; ihnen wird die Möglichkeit des Loskaufs unbefristet eingeräumt.

Weitere Bestimmungen, die eigentlich mit dem »Halljahr« nur am Rande etwas zu tun haben, sind in V. 35–46 beigefügt. Sie geben Antwort auf die Frage: Was sollst du tun, wenn dein Bruder neben dir verarmt? Mit der Bezeichnung »Bruder« ist auch der nicht am Grundbesitz beteiligte »Gast und Beisasse« mit ins Auge gefaßt (V. 35). Von dem Verarmten darfst du für irgendwelche Leihgaben keinen Zins fordern. Handelt es sich bei dem »verarmten Bruder« um einen eigenen Volksgenossen, der sich – verschuldet wie er war – selbst als Sklave verkaufen mußte, so soll er doch keinesfalls wie ein Sklave behandelt werden. Die Rechte eines Lohnarbeiters sollen ihm vielmehr zustehen, dementsprechend soll er behandelt werden. Braucht er Geld, soll's ihm ohne Zins und Zuschlag geliehen werden. Bricht das Halljahr an, so soll er aus seinem Dienstverhältnis entlassen werden[34], zu seiner Verwandtschaft zurückkehren und den Besitz seiner Väter wiederbekommen. Die Begründung dieser Vorschrift verdient besondre Beachtung: »Meine Knechte sind sie, die Ich aus Ägyptenland herausgeführt habe; sie dürfen nicht verkauft werden, wie man Sklaven verkauft« (V. 42). Der Herr, der Gott Israels, hat das erste Eigentums-

---

[34] In den »Sklavengesetzen« von 2. Mose 21,1–11 und 5. Mose 15,12–18 ist allerdings angeordnet, daß ein hebräischer Sklave nach jeweils sechs Dienstjahren (nicht erst im Halljahr) wieder freigelassen werden muß.

recht an alle, ob reich, ob arm, die zu seinem Volk gehören. Er stellt die Verarmten unter seinen besonderen Schutz und seine Fürsorge. Als Regel soll gelten, Sklaven und Sklavinnen von den umliegenden heidnischen Völkern zu kaufen, allenfalls auch von den »Beisassen«, die in Gottes Volk ein Gastrecht genießen. Diese Sklaven dürfen auch an die eigenen Söhne vererbt werden.

Ausführlich bedacht und geregelt ist auch die Frage, was geschehen soll, wenn ein verarmter Israelit sich als Sklave an einen in Israel wohnhaften Fremdling verkauft. In diesem Fall werden seine Verwandten aufgefordert, seinen Loskauf zu betreiben. Wenn es nicht dazu kommt, soll ein solcher hebräischer Sklave auf jeden Fall im Halljahr seine Freiheit wieder erlangen. Der Preis, der für den Loskauf zu entrichten ist, soll sich nach der Zahl der Jahre richten, in denen er bis zu seiner Freilassung noch zum Sklavendienst verpflichtet war; der Wert seiner Arbeit soll an der üblichen Bezahlung eines Lohnarbeiters bemessen werden. Im übrigen soll er auch als »Sklave« menschlich behandelt werden. Niederträchtige Quälerei, Unterdrückung durch Zwangsarbeit, die die Kräfte eines solchen Sklaven überfordert, wird – so steht es deutlich zwischen den Zeilen – der Heilige Israels, dessen Leibeigene die Israeliten sind, nicht ungestraft lassen. Er besteht darauf, daß Er das erste Anrecht auf sein Volk hat: »Mir gehören die Israeliten als Sklaven; meine Sklaven sind sie, die Ich aus dem Land Ägypten herausgeführt habe« (V. 55).

Auch unter veränderten Arbeitsbedingungen und Wirtschaftsverhältnissen kann man aus diesem Kapitel Wichtiges und Gültiges entnehmen, selbst wenn der Gedanke einer Wiedereinführung des »Halljahrs« zu schön ist, um dieser Weltzeit, sei es im Staat Israel oder in der Christenheit, buchstäblich realisiert zu werden.

Den Abschluß des »Heiligkeitsgesetzes« bildet Kap. 26, das im fünften Buch Mose (Kap. 28) eine Parallele hat. Eindringlich wird das ganze Volk vor *die Wahl zwischen Segen und Fluch* gestellt.

> **(26,3) Wenn ihr in meinen Satzungen wandeln und meine Gebote beachten und darnach tun werdet, (4) werde ich euch zur rechten Zeit Regen geben, daß der Boden seinen Ertrag gebe und die Bäume des Feldes ihre Früchte bringen. (5) Da soll bei euch das Dreschen bis zur Weinlese dauern und die Weinlese bis zur Aussaat, und ihr sollt Brot in Fülle zu essen haben und sicher in eurem Lande wohnen. (6) Und ich werde Frieden im Lande gewähren, so daß ihr euch schlafen legen könnt, ohne daß euch jemand aufschreckt; die reißenden Tiere werde ich aus dem Land vertreiben und kein Schwert wird durch euer Land gehen. (7) Ihr werdet eure Feinde in die Flucht schlagen und sie werden vor euch dem Schwert verfallen. (8) Fünf von euch werden hun-**

dert in die Flucht schlagen, und hundert von euch werden zehntausend in die Flucht schlagen; so werden eure Feinde vor euch dem Schwert verfallen. (9) Und Ich werde mich euch zuwenden und euch mehren und euch zahlreich machen und meinen Bund mit euch in Kraft setzen. (10) Ihr werdet altes, abgelagertes Getreide zu essen haben und das alles hinausschaffen müssen, um für das neue Platz zu schaffen. (11) Und Ich werde meine Wohnung in eurer Mitte aufschlagen und keinen Widerwillen gegen euch hegen, (12) sondern mitten unter euch wandeln, und will euer Gott sein, und ihr sollt mein Volk sein. (13) Ich bin der Herr, euer Gott, der euch aus Ägyptenland herausgeführt hat, daß ihr nicht mehr ihre Sklaven sein mußtet, der die Stangen eures Jochs zerbrochen hat, daß ihr aufrecht einhergehen könnt.
(26,14) Wenn ihr mir aber nicht gehorcht und nicht nach all diesen Geboten handelt, (15) wenn ihr meine Satzungen verachtet und gegen meine Rechte Widerwillen hegt, so daß ihr meinen Geboten zuwiderhandelt und so den Bund mit mir brechet, (16) dann werde auch Ich demgemäß mit euch verfahren; Schreckliches werde ich über euch verhängen, Schwindsucht und Fieber, davon die Augen erlöschen und das Leben dahinschwindet. Umsonst werdet ihr euren Samen ausstreuen, eure Feinde werden den Ertrag verzehren. (17) Und ich werde mein Angesicht wider euch kehren, daß ihr geschlagen werdet von euren Feinden, und eure Widersacher werden euch unterjochen, und ihr werdet fliehen, auch wenn euch niemand verfolgt. (18) Wenn ihr mir dann immer noch nicht gehorchen wollt, werde ich euch noch weiter züchtigen wegen eurer Sünden und zwar siebenfach. (19) Ich werde eure stolze Hoffart brechen und den Himmel über euch wie Eisen machen und euren Boden wie Erz, (20) so daß ihr eure Kraft nutzlos verbraucht und euer Land keinen Ertrag bringt und die Bäume des Feldes keine Früchte tragen. (21) Und wenn ihr (nach wie vor) mir zuwiderhandelt und mir nicht gehorchen wollt, so werde ich euch weiter schlagen siebenfach, wie es eure Sünden verdienen. (22) Ich werde die wilden Tiere gegen euch loslassen, daß sie euch eurer Kinder berauben und euer Vieh verschlingen und eure Zahl gering machen, so daß eure Straßen veröden. (23) Und wenn ihr euch dadurch nicht von mir warnen laßt, sondern nach wie vor mir zuwider handelt, (24) so werde auch Ich euch zuwider handeln und euch meinerseits schlagen und zwar siebenfach wegen eurer Sünden. (25) Ich werde das Schwert über euch kommen lassen, das Rache nehmen soll für den Bundesbruch, und wenn ihr euch in eure Städte flüchtet, so werde ich die Pest unter euch senden, und ihr sollt in Feindeshand gegeben werden. (26) Wenn ich euch den Stab des Brotes zerbreche, dann werden zehn Frauen in einem einzigen Backofen euer Brot backen und euch das Brot genau abgewogen zurückbringen, und ihr werdet essen, ohne satt zu werden. (27) Wenn ihr dann immer noch nicht mir gehorchen werdet und mir zuwider handelt, (28) so will auch Ich im Grimm euch zuwider handeln und euch siebenfach züchtigen wegen eurer Sünden. (29) Ihr werdet das Fleisch eurer Söhne essen und das Fleisch eurer Töchter verzehren (30) und ich werde eure Höhen zerstören und eure Räucheraltäre zerschlagen

und eure Leichen zu den Leichen eurer Götzen werfen und werde Abscheu vor euch empfinden. (31) Eure Städte will ich in Trümmer legen und eure Heiligtümer verwüsten und euren Opferduft nicht mehr riechen. (32) Ich selbst werde das Land verwüsten, so daß eure Feinde, die es besetzen wollen, sich entsetzen werden. (33) Euch aber werde ich unter die Völker zerstreuen und noch hinter euch her das Schwert zücken, euer Land wird zur Wüste werden und eure Städte zu Trümmerhaufen. (34) Da wird dann das Land seine Ruhezeit ersetzt bekommen die ganze Zeit hindurch, da es wüst liegt, während ihr im Land eurer Feinde seid; da wird dann das Land ruhen und seine Sabbate ersetzt bekommen. (35) Die ganze Zeit hindurch, in der es wüst liegt, wird es die Ruhe haben, die es nicht gehabt hat an euren Sabbaten, als ihr noch darin wohntet.

(26,36) Was aber diejenigen betrifft, die von euch übrig geblieben sind, in deren Herz will ich Verzagtheit bringen in den Ländern ihrer Feinde, daß sie das Rauschen eines fallenden Blattes in die Flucht jagen soll und sie fliehen, wie man vor dem Schwert flieht, und hinstürzen, obschon sie niemand verfolgt. (37) Sie werden übereinander zu Fall kommen wie (bei einer Flucht) vor dem Schwert, ohne daß sie jemand verfolgte. Und ihr werdet euch nicht behaupten können gegen eure Feinde, (38) vielmehr werdet ihr unter den Völkern zugrunde gehen, und das Land eurer Feinde wird euch fressen. (39) Die von euch übrig geblieben sein werden, werden in den Ländern eurer Feinde wegen ihrer Sündenschuld dahinschwinden; auch wegen der Schuld ihrer Väter werden sie wie diese zugrunde gehen.

(26,40) Wenn sie alsdann ihre Schuld und die Schuld ihrer Väter bekennen, ihre Untreue, die sie gegen mich begangen haben und wie sie mir zuwider gewandelt sind, (41) weshalb auch Ich ihnen zuwider handelte und sie in das Land ihrer Feinde brachte, und sich alsdann ihr unbeschnittenes Herz beugt und sie ihre Sündenschuld bereuen, (42) dann will ich an meinen Bund mit Jakob gedenken und meinen Bund mit Isaak sowie an meinen Bund mit Abraham, und des Landes werde ich gedenken. (43) Wohl muß das Land von ihnen verlassen bleiben, damit es seine Ruhezeiten[33] dadurch ersetzt bekommt, daß es wüst liegt und sie weg sind; und sie müssen ihre Schuld bezahlen, weil sie meine Rechte verworfen haben und gegen meine Satzungen widerwillig waren. (44) Aber selbst dann, wenn sie im Land ihrer Feinde sind, verwerfe ich sie nicht und verabscheue sie nicht, so daß ich sie austilgen und so meinen Bund mit ihnen brechen sollte. Denn Ich bin der Herr, ihr Gott. (45) Ich werde zu ihren Gunsten des Bundes mit den Früheren gedenken, die ich vor den Augen der Völker aus Ägypten herausgeführt habe, um ihr Gott zu sein – Ich, der Herr!

(26,46) Dies sind die Satzungen und Rechte und Weisungen, die der Herr auf dem Berg Sinai durch Mose zwischen sich und den Israeliten aufgestellt hat.

---

[35] Wörtlich: seine Sabatte

Mit Kap. 26 hat, wie bereits vermerkt wurde, das 3. Buch Mose urprünglich geschlossen. Was in Kap. 27 noch folgt, ist eine Anweisung über freiwillig dargebrachte Gaben, die später hinzugefügt wurde. Noch einmal stellt der Herr seinem Volk vor Augen, mit welchem Ernst Er auf seiner Forderung besteht: Ihr sollt heilig sein, denn Ich bin heilig« (19,2). Daran, daß Israel seinem Willen gehorcht, entscheidet sich *Lohn und Strafe, Segen und Fluch.*

Diese Erwählung war ja keine parteiische Begünstigung, vielmehr eine Beschlagnahme, in der die Verpflichtung zum *Gehorsam* gegen den Herrn beschlossen war. Schon auf den ersten Blick fällt auf, daß die Strafankündigung sehr viel umfangreicher ist als die Segensverheißung, als ob der Herr vorausgesehen hätte, daß sein Volk ein Herz hat, daß immer den Irrweg will (Ps. 95,10). Dieser Unterschied ist nicht zufällig. Er hat vielmehr darin seinen Grund, daß die Fülle des Segens, die der Herr seinem Volk zugedacht hat, ein Geschenk war, das nicht erst verdient werden mußte. Aus freier Gnade war ihm die Erwählung zuteil geworden. Da bedurfte es keiner Anweisungen, wie sich Israel das Wohlgefallen seines Gottes erst verdienen müßte. Auch das Land, in dem Israel wohnen durfte, war Gottes Gabe. Das Wissen um seinen heiligen Willen, um Recht und Unrecht, war sein Geschenk. Was dagegen nicht vergessen werden durfte, war die Verpflichtung, sich dieser Auszeichnung würdig zu erweisen. Mit unüberbietbarem Ernst wird in diesem Kapitel deshalb dem Gottesvolk vor Augen gestellt, welcher Art die Strafen sein werden, die es im Fall des Ungehorsams zu befürchten und zu erwarten hat.

Die *Lohnverheißung* (V. 4–13) faßt keinen »geistlichen Segen in himmlischen Gütern« (Eph. 1,3) ins Auge. Man spürt hier besonders deutlich den »kräftigen Erdgeruch« des Alten Testaments. Den im Orient so kostbaren Regen verspricht der Herr zur rechten Zeit zu geben, so daß die Ackerfelder und Obstbäume reiche Frucht bringen. So reich soll der Ertrag sein, daß man noch mit dem Dreschen der Garben zu tun hat, wenn bereits die Weinlese beginnt, und diese wird so viel Zeit in Anspruch nehmen, daß man schon wieder an die Aussaat denken muß, wenn man noch mit der Weinlese (bzw. dem Keltern der Trauben) beschäftigt ist (V. 3 f). Sicherheit (Schutz vor Feinden jeglicher Art) und Frieden wird der Herr seinem Volk geben. Weder vor wilden Tieren noch vor dem Schwert feindlicher Eroberer wird es sich fürchten müssen. Falls solche Feinde es je wagen sollten, Israel anzugreifen, ins Land einzufallen, werden sie selbst dem Schwert verfallen. Ihre zahlenmäßige Überlegenheit wird sich in Ohnmacht verkehren. »Fünf von euch werden hundert, hundert von euch zehntausend verfolgen (V. 5)[36]. Mit der Fülle seiner Macht und seines Segens wird sich der Herr seinem Volk, wenn's ihm gehorcht, zuwenden und seinen »Bund«[37] kraftvoll bestätigen. Im Überfluß soll ihm zuteil werden, was es zu seiner Nahrung und Notdurft bedarf (V. 10). Nicht genug damit, der Herr selbst will inmitten seines Volkes Wohnung machen (V. 12). Die Rückerinnerung an die machtvolle Befreiung aus der Versklavung in Ägypten (V. 13) soll dem Volk vor Augen stellen, welch ein herrlicher, gewaltiger Gott sich mit ihm verbündet hat. Daß dieser Gott »Jochstangen« zerbrechen kann, ist – auch heute – erfahrbar (vgl. Ps. 116,16). Nicht nur irdischen, auch »geistlichen Segen«, »Güter des Himmels« teilt Er aus (vgl. Eph. 1,3). Jeder, der sich auf Ihn verläßt und seinen Bund bewahrt, darf die Erfahrung machen: »Heilsöl weiß Er auszuteilen, Reichtum schenkt Er nach dem Tod« (Fr. Hiller).

Die *Strafandrohung* (V. 14–39), die in Kraft treten wird, wenn Israel die Gebote des Herrn mißachtet, einen Widerwillen gegen sie hegt und ihnen zuwider handelt, steht schon dem Umfang nach in keinem ausgewogenen Verhältnis zu der Segensverheißung. Sie hat ein erschreckendes Übergewicht. Schreckliches wird der Herr über sein Volk hereinbrechen lassen, wenn es seine Gebote mißachtet und – aus einem inneren Widerwillen heraus – dagegen handelt. Furchtbare Seuchen werden das Volk dezimieren. Feinde werden ins Land fallen und den Ernteertrag an sich reißen (V. 16). Verlust der Freiheit nach verlorener Schlacht, Unterjochung durch grausame Bedrücker wird die Folge sein. Angst wird alle Bewohner des Landes ergreifen, so daß sie fliehen, selbst wenn sie niemand verfolgt (V. 17). Verharrt das Volk in seinem Ungehorsam, so wird ihm siebenfache Züchtigung angedroht[38]. Den Himmel wird der Herr verschließen, daß weder Tau noch Regen fällt und kein Ernteertrag mehr von dem verdorrten Land zu erhoffen ist. Die wilden Tiere wird er auf sein Volk loslassen, daß sie die Kinder rauben und den Viehbestand vernichten (V. 22). Der Herr selbst wird sich dem Volk, das sich mit Ihm verfeindet hat, als sein Feind entgegenstellen (V. 23 f) und seine Missetaten siebenfach vergelten. Zur Rache für den Bruch des Bundes wird Er sein Volk dem Schwert seiner Feinde und der Pest preisgeben (V. 24 f). Eine Hungersnot wird ausbrechen, die besonders drastisch geschildert ist (V. 26): Zehn Frauen werden in einem einzigen Backofen, der an sich zu jedem Haus gehörte, Brot backen; so wird der Herr den »Stab des Brotes[39] zerbrechen«

---

[36] Das klingt zwar phantastisch, hat sich aber in dem berühmt gewordenen »Sechstage-Krieg« in unsrer Zeit erfüllt.

[37] Es fällt auf, daß das Wort »Bund« (berit) nur hier in Kap. 26, V. 9,42,44,45 vorkommt.

[38] Die Siebenzahl ist Ausdruck für das Umfassende und Vollständige der göttlichen Züchtigungen (M. Noth).

(V. 26). Nicht genug damit, wenn das so gezüchtigte Volk sich gegen seinen Gott im Ungehorsam verhärtet, wird ihm der Herr seinen Trotz siebenfach vergelten. So groß wird die Hungersnot sein, daß sie das Fleisch ihrer eigenen Kinder verzehren werden (29). Die Höhen und Altäre, auf denen fremden Göttern geopfert wurde, wird er niederreißen und die Leichen der Anbeter zu den »Leichen ihrer Götzen werfen« (V. 30). Die Städte werden dem Erdboden gleichgemacht, die Heiligtümer zerstört, das Land, in dem Milch und Honig floß, wird zur Einöde werden, nachdem das Volk selbst vertrieben, unter die heidnischen Völker zerstreut worden ist (31–33). Mit bitterer Ironie wird vermerkt, daß auf diese schreckliche Weise das Land seine (ihm vorenthaltenen) »Sabbatjahre« bekommen wird (V. 34 f). Denjenigen, die – in fremde Länder deportiert – die Katastrophe überlebt haben, wird die Angst verfolgen, so sehr, daß sie ein fallendes Blatt erschreckt. Überall, auch wenn sie kein Feind verfolgt, wird ihnen die Todesangst im Nacken sitzen (V. 36 f). In feindliches Land deportiert, werden sie dort elend zugrundegehen[40] (V. 38 f). Nach alledem sieht es so aus, als würde das abtrünnige Volk als ganzes und für immer ausgelöscht.

In V. 40 ff leuchtet jedoch wie ein einsamer Stern am sonst völlig verdüsterten Firmament die Hoffnung auf, daß doch noch ein *Rest* des Volkes dieses vernichtende Gericht überleben wird. Sie werden die Schuld ihrer Väter, die auch ihre eigene Schuld ist, erkennen und bekennen, sich vor dem Herrn demütigen und auf diese Weise ihre »Schuld« bezahlen, indem sie tun, was man Gott – diesem Herrn und Gott – schuldig ist. Ihrer wird sich der Herr annehmen, und zwar in der Weise, daß er »des Bundes gedenkt«, den Er mit den Erzvätern, Abraham, Isaak und Jakob geschlossen hat. Zwar dürfen sie nicht in das Land zurückkehren. Es muß verlassen bleiben, mit der Begründung, daß es auf diese Weise die nicht eingehaltenen Sabbate (Ruhejahre) zurückbekommen soll. Sie müssen in der Fremde für die Schuld des Volkes, die auch ihre Schuld ist, büßen. Aber auch im Land ihrer Feinde, in das sie verschleppt sind, sollen sie wissen und erfahren, daß sie der Herr, der Gott Abrahams, Isaaks und Jakobs, nicht abgeschrieben hat. Er wird sie auch in der Verbannung nicht aus den Augen lassen, vielmehr zu ihren Gunsten des Bundes mit ihren Vätern gedenken. Ob sie – und wenn ja – wann sie wieder in das Land ihrer Väter zurückkehren dürfen, wird nicht gesagt. Die Einlösung dieses Versprechens, ihr Wann und Wie, bleibt der Zukunft vorbehalten.

[39] Dieser bildhafte Ausdruck vergleicht das Brot mit einem Wanderstab, auf den man sich stützt, um sicher gehen zu können (vgl. Hes. 4,16; 5,16; 14,13; Ps. 105,6).
[40] Wörtlich: sie werden verfaulen.

Mit kaum überbietbarer Eindringlichkeit wird in diesem 26. Kapitel Israel vor die Wahl zwischen Segen und Fluch gestellt. Dem war an sich nichts hinzuzufügen. Das folgende Kapitel (27,1–34) ist ohne Zweifel ein Nachtrag. Die hier vorgelegten Bestimmungen über »*Weihegaben*«, die nicht aus der Zeit Mose stammen, sondern die Seßhaftigkeit Israels im gelobten Land voraussetzen, wurden später hinzugefügt. Bei diesen »Weihegaben« handelt es sich um freiwillig dargebrachte Gaben, die – sei es in Erfüllung eines früheren Gelübdes oder spontan – »dem Priester«, der im Heiligtum seines Amtes waltete, übergeben wurden. Im Zuge der wirtschaftlichen Entwicklung konnten diese »Weihegaben« auch in der Form dargebracht werden, daß man ihren Geldwert abschätzte und den errechneten Betrag dem Priester übergab. An erster Stelle wird der Fall ins Auge gefaßt, daß eine *Person* auf Grund eines Gelübdes dem Herrn und seinem Dienst geweiht wurde, wie beispielsweise Hanna, die Mutter Samuels, ihren Sohn als »Weihegabe« zu dem Priester Eli nach Siloh brachte (1. Sam. 1,11). Ein solches Gelübde konnte auch in der Form eingelöst werden, daß der Geldwert der betreffenden Person erstattet wurde. Je nach dem Alter und der Arbeitskraft des dem Dienst am Heiligtum Geweihten soll dessen »Wert« berechnet werden. Häufiger trat wohl der Fall ein, daß ein Tier – zum Zeichen der Dankbarkeit – als Weihegabe ins Heiligtum gebracht wurde. War es ein »unreines Tier«, das nicht zum Opfer auf dem Altar des Herrn taugte, so sollte die Weihegabe in Form einer Geldzahlung vollzogen werden, wobei dem Priester vorbehalten war, den Geldwert abzuschätzen. War es ein reines Tier, so ging es in den Besitz des Heiligtums über. Ein Rückkauf sollte nur möglich sein, wenn der Spender einen Zuschlag zu dem geschätzten Geldwert des Tieres bezahlte (V. 9–13). Es überrascht, daß auch Häuser und Äcker dem Heiligtum als Weihegaben vermacht werden konnten. Ihr Geldwert soll vom Priester geschätzt werden für den Fall, daß ein späterer Loskauf in Frage kam. Es leuchtet ein, daß bei der Festsetzung des Geldwerts die Zahl der Jahre bis zum nächsten Halljahr berücksichtigt werden sollte. In diesem Jahr fiel ja das Haus bzw. der Acker ohnehin an den ursprünglichen Besitzer zurück. Ausdrücklich vermerkt wird schließlich, was nicht als »Weihegabe« in Frage kam (V. 26–33), weil es ohnehin dem Herrn gehörte: alle Erstgeburten der Haustiere und Herdentiere, alles »Banngut«, das im heiligen Krieg erbeutet war (vgl. 1. Sam 15,1 ff), sowie der »Zehnte«, der ohnehin dem Herrn zustand (auch jedes Zehnte von den Haustieren und den Herdentieren). Ausdrücklich verboten wird, ein bereits für den »Zehnten« bestimmtes Tier nachträglich auszutauschen. Für den Herrn ist das Beste, was einer darbringen kann, gerade gut genug.

DAS VIERTE BUCH MOSE

EINFÜHRUNG

Das vierte Buch Mose erschließt sich dem heutigen Leser leichter als das dritte, in welchem die Opfergesetze einen solch breiten Raum einnehmen. Wir erfahren, wie das Volk Israel vom Sinai aufbricht und nach harten Kämpfen und Proben im Ostjordanland Fuß faßt, mit der Landnahme beginnt. Die Bezeichnung (4. Buch Mose) macht darauf aufmerksam, daß Mose in dieser Zeit als Mittler zwischen Gott und dem Volk wirkte. Als Verfasser kommt er freilich so wenig wie bei den übrigen Schriften des »Pentateuch«[1] in Frage. Dies zeigt sich schon darin, daß dieses »vierte Buch Mose« in der Überlieferung der Synagoge einen andern Namen trägt: »In der Wüste« (hebräisch »bamidbar«) wird es nach seinem ersten wichtigen Wort benannt. In der griechischen Übersetzung des Alten Testaments, der sog. »Septuaginta«, lautet die Überschrift des Buches »Arithmoi« (Zahlen). Dies ist darin begründet, daß das Buch viele Zahlen und Listen enthält[2]. Im Anschluß an diese Bezeichnung wird in der wissenschaftlichen Sprache dieses »vierte Buch Mose« mit dem lateinischen Wort »Numeri« zitiert. Wer es zusammenstellte, wissen wir nicht. Die alten Quellen des Pentateuch (Jahwist, Elohist) melden sich erst von Kap. 10,1 ff an zu Wort. Sie sind in der Geschichte von Balak und Bileam (Kap. 22–24) besonders deutlich erkennbar.

Am Anfang des Buchs befindet sich Israel in der Sinai-Wüste (1,1). In Kap. 10,11 ff wird über den Aufbruch vom Sinai berichtet. Das Ziel ist das »gelobte Land«, in dem das aus dem »Sklavenhaus« (Ägypten) vom Herrn herausgeführte Volk eine Ruhestatt, eine bleibende Heimat finden soll. Am Ende des Buchs befindet sich Israel im Süden des Ostjordanlandes. In Kap. 27,12–23 wird der bevorstehende Tod Moses, der selbst das Land nicht betreten darf, angekündigt. In diesem erzählenden Rahmen sind – eingeleitet mit der Formel »Der Herr sprach zu Mose« – gesetzliche Bestimmungen in großer Zahl und von sehr verschiedenem Gewicht eingefügt. Wir hören so gleich zu Beginn von einer Volkszählung, es folgt

---

[1] Pentateuch ist die Bezeichnung für die »5 Bücher Mose«, die seit Tertullian und Origenes üblich ist.
[2] Vgl. Kap. 1,20–46; 3,14–51; 7,10–83; 26,5–51; 28,1–29,38; 31,32–52.

eine Lagerordnung, die Zahl und die Geschäfte der Leviten werden genannt, Bestimmungen über das Verfahren beim Ehebruch betreffs der Nasiräer (Gottgeweihten) werden mitgeteilt. Auch im zweiten Hauptteil des Buchs (10,11–20,13) finden sich Texte, zu denen der heutige Leser nur schwer einen Zugang findet: Opfergesetze (Kap. 15), Bestimmungen über das Amt und den Unterhalt der Priester (26–33), wo von einer (zweiten) Volkszählung, von weiteren Opfergesetzen, von der Gültigkeit von Gelübden, von den verschiedenen Lagerstätten Israels, von der Landverteilung, den Levitenstädten und Freistädten und (als Nachtrag) von dem Gesetz, das für die Erbtöchter gelten soll, die Rede ist. Es bedarf kaum einer besonderen Rechtfertigung, daß wir diese Kapitel nur in Form eines Überblicks behandeln.

Um so lehrreicher, ja geradezu spannend ist die Erzählung vom Aufbruch der Stämme Israels vom Sinai und der Bericht über die weiteren Ereignisse des Wüstenzugs bis zum Beginn der Landnahme (10,11–21,30). Hier melden sich zum erstenmal auch die alten Quellen des Pentateuch zu Wort, die seit 2. Mose 32–34 nicht mehr gesprochen haben. Wir hören von der Aussendung und Rückkehr der Kundschafter (Kap. 13 und 14), die besonders eindringlich vor Augen stellt, was es mit jenem Verhalten für eine Bewandtnis hat, das die Hl. Schrift »glauben« nennt. Bileam, der heidnische Seher, von Balak, dem König der Moabiter zu Hilfe gerufen, tut in geheimnisvoller Weise, vom Geist Gottes inspiriert, seine Segenssprüche kund, obwohl er Israel fluchen sollte. Der Tod Moses wird angekündigt (27,12 ff), Josua wird zu seinem Nachfolger bestimmt und eingesetzt (27,15 ff). Mit der Besetzung des Ostjordanlandes beginnt dann die Landnahme. Das Wanderziel, dem Israel 40 Jahre durch Sonnenglut und Wüstensand entgegenzog, ist – jedenfalls im Ansatz – erreicht.

Aufs Ganze gesehen, sind die Texte, denen wir in diesem 4. Buch Mose begegnen, sehr verschiedenartig nach Stil und Inhalt. Die »verworrene Unordnung des Inhalts« (M. Noth) ist auf eine wahrscheinlich lange und komplizierte Entstehungsgeschichte dieses Buches zurückzuführen. Eine Aufteilung des Buchs auf die drei Hauptquellen des Pentateuch (Jahwist, Elohist, Priesterschrift) will nicht gelingen. Zwar schließt Kap. 1–4 an die Anordnungen betreffs des Heiligtums (Stiftshütte) in 2. Mose 25 ff an. Aber in Kap. 5,1–9,14 sind Texte eingefügt, die aus keiner der drei Quellenschriften des Pentateuch stammen und nicht datierbar sind. Erst von Kap. 10,11 an, wo der Aufbruch vom Sinai berichtet wird, sind diese Quellenschriften wieder deutlich zu erkennen. Die Ankündigung von Moses Tod (27,12 ff) stammt aus der Priesterschrift. Der Bericht über das Eindringen Israels ins Ostjordanland, der Beginn der Landnahme, die

Bileamsgeschichte (Kap. 22–24), gehen im Wesentlichen auf die alten Quellen (Jahwist und Elohist) zurück. Die letzten elf Kapitel des 4. Mosebuchs wurden später hinzugefügt.

Mancher Leser mag sich vielleicht an solch einer quellenkritischen Betrachtung der Texte stoßen, weil sie sich mit seiner Auffassung von der wörtlichen Inspiration der Hl. Schrift nicht zusammenreimt. Aber gilt nicht von allem Lebendigen, daß es wachstümlich entstanden ist? Es bricht dem Wert und Wahrheitsgehalt der biblischen Texte nichts ab, wenn wir ihnen dies zugestehen.

DER HEERBANN UND DIE LAGERORDNUNG ISRAELS

Kap. 1,1 – 9,14

Mit einer Orts- und Zeitangabe beginnt unser »viertes Buch Mose«: »Der Herr redete zu Mose in der Wüste am Sinai, im Offenbarungszelt, am ersten Tag des zweiten Monats im zweiten Jahr nach ihrem Auszug aus dem Land Ägypten« (1,1). Mehr als ein Jahr ist vergangen, daß Israel die rettende Macht des lebendigen Gottes erfuhr, der es herausführte aus dem »Sklavenhause« (Ägypten), der ihm einen Weg bahnte durchs Schilfmeer und die Verfolger, Rosse und Reiter, ins Meer stürzte (2. Mose 15,21). Unvergeßliches hat dieses Volk inzwischen mit seinem Gott erlebt. Er schloß mit ihm den Bund am Sinai, der diesem Volk bis heute nicht aufgekündigt ist, und gab ihm durch Mose, seinen Knecht, sein Gesetz, damit es wisse, wie es vor Gott wandeln und handeln soll. »Er hat seine Wege Mose wissen lassen, die Kinder Israel sein Tun« (Ps. 103,7). Aber das Ziel, im Kulturland eine eigene Heimat zu bekommen, ist noch nicht erreicht. Naturgewalten und Feindmächte versperren den Weg. Das Lager Israels ist kein »Camping-Platz«, wo man sicher und sorglos kampieren kann. Überall lauert und droht Gefahr, von allen Seiten ist ein Überfall zu befürchten. Wie notwendig ist es für ein Volk in solcher Lage, sich zu einer festgeschlossenen Kampfgemeinschaft zu formieren!

Daß dies in Israel geschah, ist uns im 1. und 2. Kapitel berichtet. Es geschah auf göttlichen Befehl. »Der Herr sprach zu Mose in der Steppe am Sinai, im Offenbarungszelt, am ersten Tag des zweiten Monats im zweiten Jahr nach ihrem Auszug aus dem Land Ägypten und gebot: Nehmt die Gesamtzahl der ganzen Gemeinde der Israeliten auf, Geschlecht für Geschlecht, Familie für Familie, in namentlicher Zählung, alles, was männlich ist, Kopf für Kopf. Alles, was kriegstüchtig ist in Israel, von zwanzig Jahren an und darüber, sollt ihr mustern, Schar für Schar« (1,2 ff). Mit Hilfe je eines Stammoberhaupts führt Mose diesen Befehl aus. Das Resultat der *Musterung* ist eine Gesamtzahl von 603 550 streitbaren Männern[1].

---

[1] Schon 2. Mose 12,37 werden 600 000 Mann Fußvolks erwähnt; bei der zweiten Volkszählung (4. Mose 24) 601 730 Mann.

Eine Sonderregelung wird dabei für den Stamm Levi angeordnet. Dieser soll nicht mitgemustert, sondern ganz für den Dienst am Heiligtum freigestellt bleiben. Wenn Israel aufbricht, sollen sie die »Wohnung« (des Herrn) abbauen; wenn Israel sich lagert, ist es der Leviten Aufgabe, sie wieder aufzurichten (1,48 ff). Besonders bemerkenswert ist auch, daß für jeden der zwölf Stämme, die nach den Namen der zwölf Söhne Jakobs (vgl. 1. Mose 35,22 ff) benannt sind, ein eigener »Sprecher« bestimmt wird. Es handelt sich dabei nicht nur um (zum Zweck der Volkszählung einberufene) Helfer. Jeder der zwölf Stämme hatte offenbar einen bevollmächtigten, repräsentativen Vertreter. Das Resultat der Volkszählung überrascht und entfernt sich weit vom historischen Tatbestand[2]. Sollten diese Zahlenangaben frei erfunden sein? Dies ist deshalb nicht wahrscheinlich, weil sie doch sehr speziell auf jeden einzelnen der zwölf Stämme gemünzt sind. Erfundene Zahlen sehen anders aus! Die einleuchtendste Erklärung ist, daß das hebräische Wort für »tausend«[3] ursprünglich so viel wie »Schar« bedeutet hat und erst später zum Zahlwort (tausend) geworden ist. Trifft diese Annahme zu, so wurde also für jeden Stamm zuerst die Anzahl der »Scharen« angegeben und dann die (aufgerundete) Zahl der wehrfähigen Männer festgestellt (Beispiel: Ruben: sechsundvierzig Scharen, fünfhundert Mann). So gerechnet ergibt sich als Gesamtsumme die Zahl von 598 »Scharen« und 5550 Wehrfähigen, so daß im Durchschnitt eine »Schar« 9–10 Mann umfaßte.

Auf die Musterung der wehrfähigen Männer folgt in Kap. 2,1 ff die Anweisung für die *Lager- und Marschordnung* Israels. Die zwölf Stämme werden in vier Lager (bzw. Marschgruppen) aufgeteilt. Jeder dieser vier Einheiten, die sich aus je drei Stämmen rekrutieren, wird eine Seite des Offenbarungszelts zugewiesen. Diese Anordnung bringt zum Ausdruck und macht es dem ganzen Volk bewußt, daß Israel das Aufgebot des Herrn (Jahwes) ist, der als der Heilige Israels in seiner Mitte zeltet und selbst, wo es not ist, für dieses sein Volk streitet (vgl. 2. Mose 14,14). Anführer der ersten Einheit ist Juda (an der Ostseite des Lagers), Anführer der zweiten Einheit ist Ruben (an der Südseite), Anführer der dritten Einheit ist Ephraim (an der Westseite), Anführer der vierten Einheit ist Dan (an der Nordseite). Bemerkenswert ist, daß diese Platzanweisung keineswegs mit der geographischen Lage der einzelnen Stämme nach der Ansiedlung im Lande Kanaan übereinstimmt. Es handelt sich also um

---

[2] Die Sinai-Halbinsel konnte auch damals höchstens 5–6000 Menschen mit Herden ernähren. – Vgl. auch Richter 5,8 (die Gesamtzahl der waffenfähigen Männer in Israel ist hier auf 40000 veranschlagt).
[3] Hebräisch: äläp.

keine nachträglich erdachte Konstruktion. Nicht von ungefähr wird die von Juda angeführte Marsch (bzw. Lager)-Einheit an erster Stelle genannt. Man bedenke dabei, daß nach dem Untergang des Nordreichs (722) und der Deportation der zehn Stämme durch die Assyrer diesem Stamm die geschichtliche Aufgabe zufiel, das Gottesvolk »Israel« darzustellen. Aus diesem Stamm ging der »Heerführer« hervor, dem das Land der Böhmischen Brüder ein Denkmal setzte:

> Der du uns Heerführer bist
> o Herr Jesus Christ,
> der du überwunden hast
> uns zum Heil und Trost,
> hilf auch uns in diesem Krieg
> durch des Glaubens Sieg,
> gib zuletzt vor deinem Thron
> aller Freuden Kron!

Nach einem Rückblick auf die Nachkommen Aarons, Nadab, Abihu, Eleasar und Ithamar, von denen die beiden Erstgenannten eines plötzlichen Todes starben, weil sie »fremdes Feuer« vor dem Herrn darbrachten (vgl. 3. Mose 10,1 ff), folgt in Kap. 3,1–4,49 ein ausführlicher Bericht über die *Musterung sowie die Lager- und Dienstordnung der Leviten,* die in besonderer Weise für den Dienst am Heiligtum, dem Offenbarungszelt, freigestellt werden sollen. Begründet wird ihre Freistellung für den Dienst an der »Wohnung« des Herrn mit seinem Rechtsanspruch auf alle Erstgeburt in Israel[4]; stellvertretend sollen sie das ganze Volk daran erinnern (V. 11 ff). Als »Söhne Levis« werden Gerson, Kahath und Merari namentlich vorgestellt, deren Söhne, insgesamt acht, den verschiedenen »Sippen« zur Bezeichnung und Unterscheidung dienten. Die Namen der »Sprecher« der Sippen und die zahlenmäßige Stärke derselben werden mitgeteilt[5]. Im Vergleich zu den Zahlen, die für die andern Stämme in Kap. 1,20–43 angegeben sind, ist die Gesamtzahl der Leviten relativ gering, trotzdem dürfte sie »das geschichtlich Annehmbare erheblich übersteigen« (M. Noth). Innerhalb der Lagerordnung sollen die Leviten ihren Platz in unmittelbarer Nähe des Heiligtums haben und auf diese Weise einen inneren Ring bilden, eine Art schützender Mauer zwischen dem Heiligtum und dem Volk, dem es nicht möglich war, in seiner alltäglichen Arbeit die in der Nähe des Heiligtums erforderliche kultische Reinheit zu

---

[4] Daß jede (männliche) Erstgeburt (bei Mensch und Vieh) dem Herrn zu »geben« sei, wird in 2. Mose 13,2; 22,28 f grundsätzlich gefordert.
[5] In Kap. 26,58 findet sich eine teils übereinstimmende, teils abweichende Gliederung in fünf »Leviten-Sippen«.

wahren. Aufgabe der Leviten ist das Bewachen, Tragen, Auf- und Abbauen des Offenbarungszelts. Am Vollzug der kultischen Handlungen sind sie nicht beteiligt.

Den *Gersoniten* wird die Sorge für den äußeren Zeltbau anvertraut, die *Kahathiten* haben für das Inventar des Heiligtums Sorge zu tragen (Lade, Schaubrottisch, Leuchter, Altäre, Vorhang), die *Merariten* sollen für das Gestänge, die Pflöcke und Seile (vgl. 2. Mose 26,15 ff) verantwortlich sein. In Kap. 4,34–49 wird das Ereignis der in Kap. 4,2 f angeordneten Zählung der dreißig- bis fünfzigjährigen Leviten mitgeteilt. Die Höhe der Zahlen[6], die genannt werden, befremdet, besonders wenn man die in Esra 2,40 ff genannten Zahlen für das niedere Tempelpersonal damit vergleicht.

In Kap. 5 werden drei verschiedenartige Gesetzesbestimmungen eingeschärft, die jedoch dies gemeinsam haben, daß es dabei um die *Reinhaltung des Lagers* geht. Sie ist deshalb besonders streng zu überwachen, weil der Herr selbst seine Wohnung inmitten des Volkes genommen hat (V. 3).

An erster Stelle wird der *Ausschluß leiblich Unreiner* angeordnet, sei es, daß sie mit Aussatz behaftet, durch einen Ausfluß verunreinigt oder mit einer Leiche in Berührung gekommen sind. Die Betroffenen werden aus dem Lager ausgewiesen, sie müssen »draußen« ihr Dasein fristen.

An zweiter Stelle ist der Fall ins Auge gefaßt, daß jemand durch *Veruntreuung* sich an einem Menschen versündigt (vgl. 3. Mose 5,20–26). Er ist verpflichtet, den Betrag, um den er den Volksgenossen geschädigt hat, mit einem Zuschlag in Höhe eines Fünftels der veruntreuten Summe zurückzuerstatten (vgl. 3. Mose 5,20–26).

An dritter Stelle wird angeordnet, wie man verfahren soll, wenn ein *Verdacht auf Ehebruch* besteht (V. 11–31). Hier ist die Rechtslage besonders kompliziert; infolgedessen wird dieser Fall besonders ausführlich erörtert und gesetzlich geregelt. Die Unverbrüchlichkeit der Ehe war Israel durch das 7. Gebot (nach biblischer Zählung) eingeschärft. Wenn auch ein Mann mehrere Frauen haben konnte (vgl. 1. Mose 29,30; 1. Sam 1,1 f), war doch die Frau unverbrüchlich und ausschließlich an den Mann gebunden. Was dem Mann verboten war bei Androhung der Todesstrafe, war, mit der Frau eines andern sich einzulassen, in eine bestehende Ehe einzubrechen (3. Mose 20,10).

Hier im 4. Buch Mose ist der Fall ins Auge gefaßt, daß ein Mann *seine Frau* des Ehebruchs verdächtigt und öffentlich verklagt. Besteht seine Anklage zu Recht? Hat die Frau, die ihm gehört, tatsächlich mit einem andern Mann geschlechtlichen Verkehr gehabt oder plagt ihn nur ein

---

[6] Kahathiter 2750, Gersoniter 2630, Merariter 3200, also insgesamt 8580.

Geist der Eifersucht? Wie soll man verfahren, wenn kein Zeuge vorhanden ist, der bestätigen kann, daß die Frau tatsächlich einen Ehebruch begangen hat? In diesem Fall soll die tatsächliche Rechtslage durch ein »*Gottesurteil*« ermittelt werden. Dieser Begriff wird zwar im Text nicht verwandt, aber in der Sache läuft es darauf hinaus. Wie dieses Gottesurteil gefällt und erkannt werden soll, wird exakt geschildert und festgelegt. Der Mann soll seine Frau zu dem »Priester« bringen und – stellvertretend für die Frau – ein Speisopfer darbringen, das aus einer kleinen Menge Gerstenmehl besteht[7]. Dann soll die des Ehebruchs verdächtigte Frau vor den Herrn treten mit aufgelöstem Haar[8] und der Priester soll »heiliges Wasser«[9], mit etwas Erde vom Boden des Heiligtums vermischt, bereitstellen. Es wird als ein »fluchbringendes Bitterwasser« bezeichnet, wobei das Wort »bitter« doch wohl im übertragenen Sinn zu verstehen ist (vgl. 1. Sam. 15,32). Darauf soll die Frau beschwören, daß sie keinen Ehebruch begangen hat, sofern sie tatsächlich zu Unrecht verdächtigt wurde. Doch wehe ihr, wenn es sich anders verhält! Mit drohendem Ernst soll ihr der Priester vor Augen stellen, daß dies durch ein »Gottesurteil« an den Tag kommen wird. Sie muß von dem »fluchbringenden Bitterwasser« trinken. Mit den Worten »so geschehe es« soll die des Ehebruchs verdächtigte Frau einwilligen und damit bestätigen, daß sie sich diesem Gottesurteil stellt. Nicht genug damit, der Priester soll die Worte der Verwünschung auf ein Blatt schreiben und dieses Blatt in das Gefäß mit dem »Bitterwasser« tauchen und darin abwischen. Nach der Darbringung eines Speisopfers, das als ein »Eifersuchts-Speisopfer« bezeichnet wird, soll die des Ehebruchs verdächtigte Frau dieses Bitterwasser trinken. Hat sie Ehebruch begangen, wird ihr Bauch anschwellen und ihre Hüfte schwinden. Ist sie jedoch zu Unrecht verdächtigt worden, wird ihr dieses fluchbringende Bitterwasser nichts antun. Sie bleibt unversehrt und kann Mutter werden. Im andern Fall gilt sie als des Ehebruchs überführt und muß dafür büßen. Sie soll mit dem Tod bestraft, genauer gesagt, öffentlich gesteinigt werden (vgl. 5. Mose 22,21). Hat sie der Mann nur aus Eifersucht verdächtigt, so wird ihm dies nicht zur Last gelegt. Er soll dafür nicht eigens bestraft werden. »Der Mann bleibt frei von Verschuldung; ein solches (ehebrecherisches) Weib aber hat seine Verschuldung zu tragen« (V. 31). Für unser heutiges Rechtsempfinden (Gleichberechtigung von Frau und Mann) erscheint diese Regelung unloyal. Zugleich wird an diesem Ermitt-

---

[7] Ohne die sonst beim Speisopfer üblichen Zutaten von Öl und Weihrauch.
[8] Dieselbe Haartracht war bei der Totenklage üblich.
[9] Der Ausdruck »heiliges Wasser« begegnet nur hier. Vermutlich war im Heiligtum ein Behälter mit Wasser für solche und ähnliche Fälle bereitgestellt.

lungsverfahren sowie an der Härte der Bestrafung deutlich, wie anders Jesus, der Mittler und große Hohepriester des Neuen Bundes, geurteilt und gehandelt hat (vgl. Joh. 8.1–11). Solch ein Gesetzes-Text aus dem Alten Testament macht sehr deutlich, wieviel die Frau dem Evangelium verdankt!

Im folgenden Kapitel (6,1–21) begegnen wir dem Tatbestand, daß es im alten Israel »*Gottgeweihte*« gab, die durch ihre ganze Erscheinung und Lebensweise das Volk daran erinnerten, wem es zu Dienst und Gehorsam verpflichtet war. Das hebräische Wort »nazir«, das in deutscher Sprache allgemein mit »Nasiräer« wiedergegeben wird, bezeichnet ursprünglich einen auf Lebenszeit dem Dienst des Herrn Geweihten. Im Buch des Propheten Amos ist davon die Rede, daß sich Gott selbst solche ganz ihm Geweihten in seinem Bundesvolk erweckte: »Ich habe aus euren Kindern Propheten erweckt und Gottgeweihte aus euren Jünglingen« (Amos 2,11). Solch ein Gottgeweihter war Simson, er war es kraft göttlicher Vorherbestimmung. Durch den Engel des Herrn wurde seine Geburt angekündigt. Dieser sprach zu der Frau des Manoah: »Siehe du wirst schwanger werden und einen Sohn gebären, auf dessen Haupt kein Schermesser kommen soll. Denn der Knabe wird ein Geweihter Gottes sein von Mutterleib an, und er wird anfangen, Israel aus der Hand der Philister zu erlösen« (Richter 13,5). Nicht nur für eine bestimmte Zeitspanne oder für eine besondere Aufgabe war in alter Zeit solch ein »nazir« dem Herrn und seinem Dienst geweiht. Es war eine Weihe auf Lebenszeit. Vom Herrn selbst wurde der Geweihte mit besonderen Gaben ausgestattet. Was Simson betrifft, so wurde er bekanntlich mit ganz besondrer Körperkraft ausgerüstet, die er freilich, hin- und hergerissen zwischen Geist und Fleisch, mit törichtem Übermut vergeudet hat. Die Sonderstellung, die solche »Geweihten« im alten Israel innehatten, zeigte sich darin, daß es ihnen verboten war, ihr Haupthaar zu scheren und berauschendes Getränk zu trinken. Völlig unversehrt und allezeit hellwach sollte ein »Geweihter« dem Herrn, dem Gott Israels, und seinem Dienst für einen besonderen Auftrag zur Verfügung stehen.

Von dieser ursprünglichen, charismatisch begründeten Sonderstellung des »Geweihten« ist die »*Nasiräer-Regel*«, die sich hier im 4. Buch Mose findet, allerdings weit entfernt. Sie geht davon aus, daß sich ein Mann aus eigenem Entschluß für eine gewisse Zeitspanne in besonderer Weise dem Herrn weihen kann. Er verpflichtet sich durch ein feierliches Gelübde, sein Haupthaar nicht abzuscheren, kein berauschendes Getränk zu trinken und sich vor jeder Berührung mit Unreinem zu hüten. Das Letztgenannte wird besonders ausführlich erörtert und eingeschärft (V. 6 ff).

Nicht nur vor dem Genuß unreiner Speisen, sondern auch, ja vor allem vor jeder Verunreinigung durch einen Toten muß sich solch ein »Geweihter« strikt bewahren. Einen Raum, in dem ein Toter aufgebahrt ist, darf er nicht betreten, geschweige einen Leichnam berühren. Tut er dies, bewußt oder ungewollt, so ist seine »Weihung« hinfällig, zunichte gemacht. Nach einer Frist von sieben Tagen (vgl. 19,11), während der er als unrein gilt, soll er sein Haupthaar scheren zum sichtbaren Zeichen dafür, daß er kein »Geweihter« mehr ist. Die rituelle Verunreinigung soll durch ein Opfer von zwei Tauben gesühnt werden[10]. Daraufhin kann sich der Entweihte allerdings von neuem zu solch einer »Weihung« entschließen und in den besonderen Stand eines Nasiräers treten, wobei keine zeitliche Befristung vorgeschrieben ist. Den Abschluß dieser »Weihezeit« bildet eine feierliche Opferhandlung, die genau geregelt ist (V. 13–20). Das frei herabwallende Haupthaar wird abgeschnitten und auf dem Altar verbrannt. Das Verbot, Wein und berauschende Getränke zu trinken, ist aufgehoben.

Diese gesetzliche Regelung einer ursprünglich charismatischen Erscheinung und Begabung stammt offensichtlich aus späterer Zeit. An die Stelle der göttlichen Aussonderung und Geistbegabung trat das selbst auferlegte Gelübde für eine befristete Zeitspanne. In dieser abgewandelten Form war die Nasiräer-Regel bis in die neutestamentliche Zeit gültig und wurde nach dem Bericht des Lukas in der Apostelgeschichte (Kap. 18,18; 21,23 ff) von Paulus und der judenchristlichen Gemeinde in Jerusalem praktiziert.

In losem Anschluß an diese »Nasiräer-Regel« folgt in Kap. 6,22–27 ein Text, der für das Gottesvolk und den Gottesdienst im Alten und im Neuen Bund ganz besondre Bedeutung gewonnen hat. Der *priesterliche Segensspruch,* mit dem Aaron und seine Söhne die Israeliten segnen sollen, wird von dem Herrn, der zu Mose redet, selbst in feierlicher Weise kundgetan.

(22) **Der Herr redete zu Mose und sprach:** (23) **Rede zu Aaron und seinen Söhnen und sprich: So sollt ihr die Israeliten segnen, indem ihr zu ihnen sagt:**
(24) **Der Herr segne dich und behüte dich!**
(25) **Der Herr lasse sein Angesicht auf dich leuchten und sei dir gnädig!**
(26) **Der Herr erhebe sein Angesicht auf dich und schaffe dir Heil!**

Da dieser Segensspruch nicht nur in Israel, sondern auch im Gottesdienst der Christenheit als ein wesentlicher Bestandteil fest verankert ist, geziemt es sich, über den Ursprung, den Inhalt und die Bedeutung dieser

---

[10] Vgl. 3. Mose 12,8; 14,22.30 f; 15,15 f.

dreigliedrigen Spruchreihe genauer nachzudenken. Der Begriff des Segens stammt aus der orientalischen Welt, ja man kann sagen, daß Segen und Fluch Urerfahrungen sind, in denen die ältesten religiösen Vorstellungen ihre Wurzel haben: Über dem Leben der Menschen walten Wesen und Mächte, von denen Gutes, Kraft und Leben ausgeht, wie es auch solche gibt, die Böses verhängen. Auf der Stufe der primitiven Religiosität ist der Segen eine dinghaft wirkende Kraft. Menschen und Dinge, auf die der Segen gelegt ist, sind hinfort mit dieser Kraft geladen. Dies gilt erst recht, wenn der Segen unmittelbar von der Gottheit stammt. Dann ist er eine »übernatürliche, von der Gottheit ausgehende Förderung menschlichen Tuns und Ergehens«[11]. Wohl trägt auch der Mensch in sich eine Segenskraft, die er weitergeben kann (vgl. den Segen Isaaks, den Jakob erschlich, der dann seinerseits Joseph und dessen beide Söhne gesegnet hat[12]). Aber wenn ein Patriarch wie Jakob segnet, so tut er dies in der Form der Bitte an Gott: »Er segne dich mit Segensfülle vom Himmel droben«. *Der eigentliche Träger und Spender des Segens ist der Herr.* Da Er, der allein wahre, lebendige Gott, persönlicher Wille ist, keine unpersönliche Macht, wirkt dieser Segen nicht wie eine dingliche, zauberhafte Kraft, die auf den Gesegneten überströmt. Der Segen ist und bleibt vielmehr eine freie Gnadengabe Gottes. Er besteht darin, daß Er einem Einzelnen bzw. seinem Volk seine Gunst zuwendet, das Werk ihrer Hände gelingen läßt (vgl. 5. Mose 28,12; Ps. 90,17). Wohl waltet der Segen Gottes über seiner ganzen Schöpfung. In dem priesterlichen Schöpfungsbericht (1. Mose 1,1 ff) werden auch die Pflanzen und Tiere, Fische und Vögel gesegnet. Aber in besonderer Weise ist es doch der Mensch, der des göttlichen Segens bedarf. Gott, der den Menschen schuf als Mann und Weib, »segnete sie und sprach zu ihnen: Seid fruchtbar und mehret euch und füllet die Erde und macht sie euch untertan« (1. Mose 1,28). Innerhalb des Menschengeschlechts beginnt dann Er, der allein wahre, lebendige Gott, mit der Berufung Abrahams eine besondere Segens- und Heilsgeschichte. »Der Herr sprach zu Abraham: Ich will dich zum großen Volk machen und will dich segnen und dir einen großen Namen machen, und du sollst ein Segen sein« (1. Mose 12,3). Hebt diese Segensgeschichte auch mit der Berufung eines einzelnen an, so hat sie doch ein universales Ziel: »In dir sollen gesegnet werden alle Geschlechter auf Erden« (1. Mose 12,3). Nach neutestamentlicher Sicht ist diese göttliche Verheißung in Jesus, der als Christus Israels zugleich das Licht und Heil der Welt ist, eingelöst.

---

[11] S. Mowinckel, Psalmenstudien (V), Segen und Fluch in Israels Kult und Psalmendichtung (1923).
[12] 1. Mose 27,1 ff; 1. Mose 48,15; 49,25 f.

»Gelobt sei Gott, der Vater unsres Herrn Jesus Christus, der uns gesegnet hat mit allerlei geistlichem Segen in himmlischen Gütern« (Eph. 1,3)! Hier im 4. Buch Mose ist speziell von dem »*priesterlichen Segen*« die Rede. Daß das Segnen zu den Aufgaben der Priester gehöre, ist im 5. Buch Mose (21,5) bezeugt: »Der Herr, dein Gott hat sie erwählt, daß sie ihm dienen und in seinem Namen segnen«. Auch 4. Mose 6,22 f wird die Wahrnehmung dieser Aufgabe durch Aaron und seine Söhne auf einen ausdrücklichen, durch Mose vermittelten Befehl des Herrn zurückgeführt. Der Wortlaut des Segens ist vorgeschrieben und festgelegt. Der Ort, an dem er gespendet werden soll, ist das Heiligtum. Der »aaronitische Segen« bekommt durch diese göttliche Anweisung seine feierliche, liturgische Gestalt. Er kann denen, die das Heiligtum betraten (vgl. Ps. 118,26), gespendet werden, oder am Schluß der gottesdienstlichen Handlung denen, die daran teilgenommen hatten, mit auf den Weg gegeben werden (vgl. 3. Mose 9,22; 2. Sam. 6,18). Die dreimalige Nennung des göttlichen Namens unterstreicht, wer der eigentliche, wahre, unerschöpfliche Spender des Segens ist. Sie gibt dem kurzen Spruch einen besonders feierlichen Klang. Irgend eine magische Wirkung des Segensspruchs wird keineswegs erwartet. Aber dieser Zuspruch des Segens ist dennoch ungleich mehr als nur ein frommer, wohlmeinender Wunsch. Mit diesem dreimaligen Zuspruch sollen und dürfen die Söhne Aarons ja den Namen (»meinen Namen«!) auf die Israeliten legen, der Gottes Wirklichkeit, Lebendigkeit und verläßliche Treue verbürgt (vgl. 2. Mose 3,14). Worin der »Segen« besteht und sich auswirken soll, wird nicht im einzelnen aufgezählt – der Zuspruch läßt der göttlichen Segensfülle weiten Raum. Und doch ist jede der drei Verszeichen besonders akzentuiert. In V. 24 (Der Herr segne und behüte dich) ist die Behütung vor allem Unfall und Gefahr ins Auge gefaßt. V. 25 (Der Herr lasse sein Angesicht auf dich leuchten) nimmt eine Wendung aus der Gebetssprache der Psalmen auf (vgl. Ps. 31,17; 80,48). Die Zuwendung des göttlichen Wohlwollens, seiner freien Gunst wird mit dem aufstrahlenden Licht verglichen. V. 26 (Der Herr erhebe sein Angesicht auf dich und schaffe dir Heil) wiederholt zunächst noch einmal diese beiden bereits genannten Segenswünsche, allerdings nur dem Sinn, nicht dem Wortlaut nach, und faßt dann das Ganze im Zuspruch des Heils zusammen, (das deutsche Wort »Friede« gibt die Segensfülle, die das hebräische »schalom« in sich schließt, nur unvollkommen wieder). Nicht der innere Seelenfrieden, vielmehr die Fülle der irdischen Gottesgaben wird erbeten und zugesprochen, wie dies der kräftigen Diesseitigkeit des Alten Testaments entspricht. Daß dieser Zuspruch des göttlichen Segens keine magisch wirkende Formel ist, wird darin deutlich, daß dreimal der Gottes-Name (Jahwe) vorangestellt ist, in dem sich der Gott Israels als lebendige, gegenwärtige Wirklichkeit bezeugt. Von einer eigenen priesterlichen Segensvollmacht Aarons und seiner Söhne kann keinesfalls die Rede sein. »Ich will sie segnen« spricht der Herr (V. 27). Die Aufgabe Aarons und seiner Söhne (das sind die Priester Israels insgesamt), besteht darin, den »Namen des Herrn« auf die des Segens Bedürftigen zu legen. Daß dieser Name nicht »Schall und Rauch« ist, daß es der Name des allein wahren, lebendigen Gottes ist, dem alle Macht im Himmel und auf Erden gegeben ist und der ein Füllhorn des Segens bereit hält, darin ist die Kraft und Fülle dieses Segens begründet und verbürgt.

Im folgenden Kapitel (7,1–89), dem längsten Kapitel der Bibel überhaupt, wird über die *Geschenke und Opfergaben der Stammesfürsten* (»Sprecher«) Israels Bericht erstattet, welche diese heranbrachten, nachdem Mose die »Wohnung« des Herrn aufgerichtet, sie gesalbt und geweiht hatte samt all den Geräten, die sich darin befanden, und den Brandopferaltar mit all seinen Geräten aufgestellt, gesalbt und geheiligt hatte. Die Namen der »Sprecher« stimmen mit der Liste in 4. Mose 1,5–15 überein, die Reihenfolge ihrer Aufzählung ist durch die in 4. Mose 2,3–31 geschilderte »Lagerordnung« bestimmt. An erster Stelle werden die mit Rindern bespannten *Lastwagen* genannt, welche zum Transport des Heiligtums von den Stammesfürsten gespendet wurden (V. 1–9). In den folgenden Versen (V. 10–88) ist in breiter Ausführlichkeit von den *Opfergaben* die Rede, die zur Einweihung des Altars gespendet wurden. Für die Leviten, die bei der Wanderung die heiligen Gegenstände zu tragen hatten (4,15.25.31) bedeuteten diese Wagen eine große Erleichterung[13]. Die freiwilligen Gaben, welche die »Sprecher« der zwölf Stämme zur Einweihung des Altars diesem Bericht zufolge darbrachten, werden in V. 10–83 aufgezählt. So reich waren diese Gaben, daß – auf göttlichen Befehl – jeder Stammesfürst für die Ablieferung einer Spende einen besonderen Tag zugewiesen bekam. An erster Stelle wird Nachson, der »Sprecher« des Stamms Juda genannt. Seine Opfergabe war eine silberne Schüssel, 130 Sekel schwer, ein silbernes Becken, 70 Sekel schwer, beide gefüllt mit Feinmehl, das mit Öl angemacht war, zum Speisopfer, eine Schale, zehn Goldsekel schwer, gefüllt mit Räucherwerk, ein junger Stier, ein Widder, ein einjähriges Lamm zum Brandopfer, ein Ziegenbock zum Sündopfer

---

[13] Die den Kahatiten anvertrauten besonders heiligen Gegenstände (vgl. 4,4–15) mußten freilich nach wie vor getragen werden (V. 9).

und zwei Rinder, fünf Widder, fünf Böcke und fünf einjährige männliche Lämmer zum Heilsopfer. Die Sprecher der andern Stämme ließen sich nicht lumpen; jeder brachte dieselben Gaben bei als Spende zur Einweihung des Altars. Es hätte wohl genügt, wenn der Berichterstatter dies vermerkt hätte. Aber in breiter Ausführlichkeit und monotoner Gleichförmigkeit wird in den folgenden Versen dies für jeden der andern elf Stämme eigens vermerkt und aufgezählt. Nicht genug damit, auch das Zusammenzählen all dieser Spenden bleibt dem Leser erspart. Sie ist am Ende des Kapitels (V. 84–88) vorgenommen.

Die Frage, woher die Israeliten in der Wüste all diese kostbaren Gaben hätten nehmen sollen, hat sich der Erzähler nicht gestellt. Daß es sich bei diesem Kapitel um einen später hinzugefügten Nachtrag zu der Erzählung der sog. »Priesterschrift« (P) handelt, ist offensichtlich.

Bemerkenswert und geheimnisvoll ist der Schlußvers des Kapitels: »Als Mose in das Offenbarungszelt hineinging, um mit Ihm zu sprechen, hörte er die Stimme, die zu ihm von der Deckplatte über der Lade des Zeugnisses, von dem Ort zwischen den beiden Cheruben redete, und sie sprach zu ihm« (V. 89). Damit soll doch wohl angedeutet sein, daß – ungeachtet all der Kostbarkeiten, die die Stammesfürsten beibrachten, dies der »wahre Schatz« des Gottesvolks war, daß es nicht stummen Götzen diente, sondern in geheimnisvoller Weise vom Ort der Sühne her den Anruf des lebendigen Gottes vernahm.

In Kap. 8,1–9,14 werden in loser Folge weitere Einzelheiten, die die Ordnung und Praktizierung des Gottesdiensts und der Festfeier betreffen, mitgeteilt, wobei Mose als Empfänger und Vermittler der göttlichen Anweisung fungiert. An erster Stelle ist von dem in 2. Mose 25,31–40 ausführlich beschriebenen *Leuchter* die Rede (V. 1–4). Die sieben Lampen sollen so aufgesetzt werden, daß das Licht in der Richtung der Vorderseite des Leuchters strahlte. An zweiter Stelle kommt die bereits in Kap. 3 und 4 mitgeteilte Sonderstellung der *Leviten* nochmals zur Sprache. Ihre »Hingabe« (V. 16) an den Herrn wird damit begründet, daß Er eigentlich einen Eigentumsanspruch an alle Erstgeburt in Israel hat: »Mir gehört jede Erstgeburt bei den Israeliten, bei Menschen und Vieh« (V. 17). Die völlige Übereignung der »Hingegebenen« an den Herrn und ihre Freistellung für den Dienst an seiner heiligen Wohnung steht nicht nur auf dem Papier. Sie werden dem Befehl des Herrn gemäß Ihm nach sorgfältiger ritueller Reinigung zum *Opfer* dargebracht. Der Ritus des Hand-Aufstemmens, der beim Sündopfer vorgeschrieben war (vgl. 3. Mose 4,15) wird auf sie angewandt, ehe sie selbst ihre Hände auf den Kopf des zu opfernden Jungstiers stemmen. Als ein von dem ganzen Volk dem Herrn dargebrachtes Opfer werden sie vor dem Herrn »geschwungen«[14], Ihm übereignet. Im biblischen Text kommt dies in der Weise zur Sprache, daß auf die göttliche Anordnung (V. 6–19) in V. 20–22 der Vermerk über deren Ausführung erfolgt. Abschließend wird das Eintrittsalter in den Levitendienst und die Amtsdauer geregelt (V. 23–26). Im Unterschied zu Kap. 4,2 ff, wo vermerkt ist, daß ein Levit im Alter von 30 bis 50 Jahren Dienst tun soll, wird hier das Eintrittsalter auf 25 Jahre herabgesetzt. Vom 50. Lebensjahr ab soll er seinen »Brüdern« nur noch aushilfsweise an die Hand gehen. – Eine solche Regelung läßt sich im Blick auf die heutigen »Amtsträger« im Volke Gottes zwar nicht kopieren, aber sie gibt doch zu denken. »Für die heiklen Sonderaufgaben der Leviten erschien nur die reifste und vollste Lebenszeit geeignet« (M. Noth).

An dritter Stelle kommt in Kap. 9,1–14 die Ordnung der *Passa-Feier* zur Sprache, die nach dem Befehl des Herrn im 1. Monat am 14. Tag des Monats zur Zeit der Abenddämmerung stattfinden sollte (vgl. 2. Mose 12,1 ff). Der Sonderfall wird ins Auge gefaßt, daß Männer vorhanden waren, die wegen kultischer Verunreinigung (Berührung einer Leiche) oder wegen Abwesenheit infolge einer weiten Reise an der festgesetzten Passa-Feier nicht teilnehmen konnten[15]. Für diese Fälle wird die Möglichkeit eingeräumt, die Passa-Feier jeweils am 14. Tag des 2. Monats nachzuholen. Eine fahrlässige Unterlassung der Passa-Feier überhaupt soll und darf keinesfalls ungeahndet bleiben; darauf steht die Todesstrafe (V. 12)! Begehrt ein Fremder, der als Gastfreund im Lande wohnt, an der Passa-Feier teilzunehmen, so soll's ihm nicht verwehrt sein.

---

[14] Es versteht sich, daß von dieser »Schwingung« hier in übertragenem Sinn die Rede ist.
[15] Hier sind deutlich bereits nachexilische Verhältnisse vorausgesetzt. Wer hätte auch zur Zeit der Wüstenwanderung in Israel auf Reisen gehen können?!

DER AUFBRUCH VOM SINAI UND DIE EREIGNISSE DES WÜSTENZUGS

Kap. 9,15 – 10,36

(9,15) **Des Tages, da man die Wohnung[1] aufrichtete, bedeckte die Wolke die Wohnung, und am Abend war sie über der Wohnung wie ein feuriger Schein bis zum Morgen. (16) So war es ständig: die Wolke bedeckte sie (bei Tage) und des Nachts ein feuriger Schein. (17) Und sobald sich die Wolke von dem Zelt erhob, brachen die Israeliten jedesmal alsbald auf, und da, wo die Wolke sich niederließ, da lagerten sich die Israeliten jedesmal. (18) Nach dem Befehl des Herrn brachen sie auf und nach dem Befehl des Herrn lagerten sie sich; solang die Wolke über der Wohnung blieb, lagerten sie. (19) Und wenn die Wolke lange Zeit auf der Wohnung verweilte, so fügten sich die Israeliten der Anweisung des Herrn und brachen nicht auf. (20) Es kam aber auch vor, daß die Wolke nur wenige Tage über der Wohnung verharrte. Nach dem Befehl des Herrn lagerten sie und nach dem Befehl des Herrn brachen sie auf. (21) Es kam auch vor, daß die Wolke nur vom Abend bis zum Morgen dablieb und sich am Morgen erhob, so brachen sie auf, oder einen Tag und eine Nacht blieb und dann sich erhob, so brachen sie auf (22) oder daß sie zwei Tage oder einen Monat oder noch längere Zeit über der Wohnung verweilte, dann lagerten die Israeliten und brachen nicht auf, solang sie ruhte. Erst wenn sie sich erhob, brachen sie auf. (23) Nach dem Befehl des Herrn lagerten sie und nach dem Befehl des Herrn brachen sie auf; sie verfuhren nach der Anordnung des Herrn gemäß dem Befehl, der durch Mose an sie ergangen war.**
(10,1) **Und der Herr redete zu Mose und sprach: (2) Mache dir zwei silberne Trompeten; in getriebener Arbeit sollst du sie anfertigen; sie sollen dir dazu dienen, die Gemeinde einzuberufen und das Zeichen zum Aufbruch aus dem Lager zu geben. (3) Wenn man sie bläst, dann soll sich die ganze Gemeinde um dich versammeln am Eingang des Offenbarungszelts. (4) Wenn nur eine geblasen wird, dann sollen sich die Sprecher, die Häupter der Tausendschaften Israels, zu dir versammeln. (5) Wenn ihr Lärm blast, so sollen die nach Osten liegenden Lager aufbrechen. (6) Und wenn ihr zum zweitenmal Lärm blast, so sollen die nach Süden liegenden Lager aufbrechen. Lärm soll man blasen, wenn sie aufbrechen sollen. (7) Wenn es aber gilt, die Gemeinde zu versammeln, dann sollt ihr nicht lärmend in die Trompeten stoßen. (8) Die**

---

[1] Das Offenbarungszelt (Stiftshütte), vgl. 2. Mose 40,1 ff.

Söhne Aarons, die Priester, sollen die Trompeten blasen und ihr Gebrauch soll euch für alle kommenden Geschlechter als Verpflichtung gelten. (9) Wenn ihr in den Krieg zieht in eurem Land gegen einen Feind, der euch bedrängt, und ihr mit den Trompeten Lärm blast, dann wird euer gedacht werden vor dem Herrn, eurem Gott, und ihr werdet von euren Feinden errettet werden. (10) Auch an euren Freudentagen und euren Festen und euren Neumonden sollt ihr die Trompete blasen zu euren Brandopfern und Heilsopfern, daß sie euch ein Gedenken schaffen vor eurem Gott; ich bin der Herr, euer Gott.

(10,11) Im zweiten Jahr, im zweiten Monat, am zwanzigsten (des Monats) erhob sich die Wolke von der Wohnung des Zeugnisses. (12) Da brachen die Israeliten nach der Ordnung ihres Aufbrechens aus der Wüste am Sinai auf, und die Wolke ließ sich nieder in der Steppe Pharan. (13) So brachen sie zum ersten Mal auf, dem Befehl des Herrn gemäß, der durch Mose ergangen war. (14) Und zwar brach zuerst auf das Fähnlein des Lagers Judas, Heerschar für Heerschar; Anführer war Nachson, der Sohn Amminadabs. (15) Den Heerhaufen der Söhne des Stammes Issachar befehligte Nathanael, der Sohn Zuars. (16) Dem Heerhaufen des Stammes der Söhne Sebulons befehligte Eliab, der Sohn Helons. (17) Als die Wohnung abgebrochen war, brachen die Söhne Gersons und die Söhne Meraris auf, die die Wohnung zu tragen hatten. (18) Sodann brach das Fähnlein des Lagers Rubens auf, Heerschar nach Heerschar; Anführer des Heeres war Elizur, der Sohn Sede-Urs. (19) Den Heerhaufen des Stammes der Söhne Simeons befehligte Selumiel, der Sohn des Zuri-Saddai, (20) und dem Heerhaufen des Stammes der Söhne Gads stand vor Eljasaph, der Sohn Deguels. (21) Sodann brachen die Kahathiter auf, die das Heiligtum zu tragen hatten; bis zu ihrer Ankunft hatte man die »Wohnung« bereits aufgerichtet. (22) Sodann brach das Fähnlein des Lagers der Söhne Ephraims auf, Heerschar nach Heerschar; Anführer der zu ihm gehörenden Heerschar war Elisama, der Sohn Ammihuds. (23) Den Heerhaufen des Stammes der Söhne Manasses befehligte Gamliel, der Sohn Pedazurs, (24) den Heerhaufen des Stammes der Söhne Benjamins Abidan, der Sohn Gideonis. (25) Sodann brach das Fähnlein des Lagers der Söhne Dans auf als Nachhut für alle Lager, geordnet nach seinen Heerhaufen. Anführer des zu ihm gehörenden Heerhaufens war Achieser, der Sohn Ammisadais. (26) Den Heerhaufen des Stammes der Söhne Assers befehligte Pagiel, der Sohn Ochrans, (27) den Heerhaufen des Stammes der Söhne Naphtalis Achira, der Sohn Enans. (28) Dies war die Ordnung, in der die Israeliten aufbrachen, nacheinander, Heerschar für Heerschar.

(29) Da sprach Mose zu Hobab, dem Sohn Reguels, des Midianiters, des Schwiegervaters Moses: Wir brechen jetzt auf zu der Stätte, von welcher der Herr gesagt hat: Ich will sie euch geben. Geh mit uns! Wir werden auf dein Bestes bedacht sein, denn der Herr hat Israel Gutes verheißen. (30) Er aber erwiderte ihm: Ich möchte nicht mitgehen, sondern will in meine Heimat und zu meiner Verwandtschaft ziehen. (31) Da bat er: Laß uns doch nicht im

Stich! Gerade du weißt ja doch Bescheid, wo wir in der Wüste lagern können, und sollst uns als Führer dienen[2]. (32) Wenn du mit uns gehst und uns all das Gute zuteil wird, das uns der Herr zukommen lassen wird, so wollen wir dich aufs beste bedenken. (33) So brachen sie auf vom Berg des Herrn, drei Tagesreisen weit, und die Lade des Herrn zog vor ihnen her, um einen Lagerplatz für sie zu erkunden. (34) Und die Wolke des Herrn stand über ihnen am Tag, wenn sie aus dem Lager aufbrachen. (35) Wenn aber die Lade sich in Bewegung setzte, sprach Mose:

> Erhebe dich, Herr,
> daß deine Feinde zerstieben
> und, die dich hassen, vor dir fliehen!

(36) Und wenn sie Halt machte, sprach er:

> Laß dich nieder, Herr,
> (daß du zeltest inmitten)[3]
> der zehntausendmal Tausende Israels!

Nachdem bereits in Kap. 2,1 ff die Lager- und Marschordnung der zwölf Stämme Israels beschrieben wurde, erwartet der Leser des 4. Mosebuchs das Signal zum Aufbruch. Seine Geduld wurde jedoch in den vorhergehenden Kapiteln auf eine ziemlich harte Probe gestellt. Nun aber wird, im Anschluß an 2. Mose 40,34 ff, über diesen *Aufbruch von der Steppe am Sinai* berichtet.[4] »Im zweiten Jahr, im zweiten Monat, am zwanzigsten des Monats erhob sich die Wolke von der Wohnung des Gesetzes. Da brachen die Israeliten nacheinander auf von der Steppe am Sinai, und die Wolke ließ sich nieder in der Steppe Pharan« (10,11). Ausführlich wird festgestellt, daß dieser Aufbruch keineswegs eigenmächtig geschah. »Nach dem Befehl des Herrn brachen sie auf und nach dem Befehl des Herrn lagerten sie sich« (9,18). Wie erging dieser Befehl? Nicht durch das Wort, vielmehr so, daß sich der Herr der Sprache des Zeichens bediente. Die »*Wolke*« – das Zeichen seiner Gegenwart – bestimmte Aufbruch und Rast. In der ausführlichen, wohl nachträglich erweiterten Schilderung spürt man das Erstaunen des Erzählers über dieses feierliche, geheimnisvolle Geleit. Schon beim Auszug aus Ägypten hatte das Volk Ähnliches erlebt: »Der Herr zog vor ihnen her, am Tag in einer Wolkensäule, um sie den Weg zu führen, und bei Nacht in einer Feuersäule, um ihnen zu leuchten, damit sie Tag und Nacht wandern könnten« (2. Mose 13,21). Damals beim Auszug

---

[2] Wörtlich: als Augenpaar dienen.
[3] Der – leider – nur bruchstückhafte überlieferte »Ladespruch« ist sinngemäß ergänzt.
[4] Dabei kommen – nach langer Pause – auch wieder die alten Quellen der Pentateuch-Erzählung (Jahwist, Elohist) zu Wort (10,29–36).

aus dem »Sklavenhause« (Ägypten) wies der Herr den Entronnenen den Weg, den sie gehen sollten. Hier bestimmt die Wolke, die des Nachts wie Feuer leuchtet, Aufbruch und Rast.

Ehe noch der Aufbruch vom Sinai geschildert wird, bekommt Mose vom Herrn den Befehl, zwei silberne *Trompeten* anzufertigen. Mit diesen soll jeweils zum Aufbruch geblasen werden. Zugleich dienen sie der Einberufung der Gemeinde bzw. ihrer »Sprecher«. Wird nur eine Trompete geblasen, sollen sich die Stammesfürsten am Offenbarungszelt versammeln; werden beide geblasen, gilt das Signal dem ganzen Volk. Auch im Kriegsfall und bei der Festfeier soll der durchdringende Ton dieser Trompeten erklingen.[5] Er ist nicht nur für menschliche Ohren bestimmt. Ihr Schall soll das Volk Gottes bei seinem Herrn in Erinnerung bringen. Das ist freilich ein kühner Gedanke, aber wäre es klug, ihn zu belächeln? Der »Gott Abrahams, Isaaks und Jakobs«, der Gott Moses und Aarons, der Gott der Propheten und Psalmisten, der auch der Gott und Vater Jesu Christi ist, hört nicht nur die »Seufzer unsrer Seelen und des Herzens stilles Klagen« (Paul Gerhardt). Ihn darf man auch mit Posaunen und Trompeten preisen und zu Hilfe rufen!

Mit Kap. 10,11 beginnt der eigentliche Bericht über den Aufbruch vom Berg Sinai, an dem das ganze Volk nahezu ein Jahr lang verweilt hatte (vgl. 2. Mose 9,1). Das Zeichen zum Aufbruch gibt die Wolke, die sich von der »Wohnung des Zeugnisses« (dem Offenbarungszelt) erhebt. Wo die »Steppe Pharan« zu lokalisieren ist, in der sie sich niederließ, ist nicht mit Sicherheit auszumachen.[6] Die Marschordnung entspricht der Aufzählung der einzelnen »Lager« mit ihren Anführern, die in Kap. 2,3 ff vorliegt. Die einzige Abweichung betrifft den Platz, der den Leviten in der Marschordnung zugewiesen wird. Während diese nach Kap. 2,17 insgesamt inmitten der übrigen Lager aufbrechen sollen, folgen hier die Gersoniter und Merariter sogleich dem ersten Fähnlein (Ruben, Issachar, Sebulon), während die Kahatiter als die Träger der hochheiligen Geräte erst nach dem zweiten Fähnlein aufbrechen. Der Grund ist unschwer zu erraten: Sie sollten bei ihrer Ankunft im Lager das Offenbarungszelt bereits aufgeschlagen vorfinden.

In dem folgenden Abschnitt (V. 29–36) fällt auf, daß in diesen Versen der Gottesname »Jahwe« gebraucht ist – ein Anzeichen dafür, daß diese Verse dem sog. »Jahwisten« zuzuschreiben sind, der sich als eine der

---

[5] Daß diese Trompeten tatsächlich im Gebrauch waren, bestätigt der Bericht des Geschichtsschreibers Josephus. Auch auf dem Triumphbogen des Kaisers Titus sind sie abgebildet (2 gerade Röhren von zirka zwei Ellen Länge).
[6] Vermutlich im Süden der Sinai-Halbinsel.

Quellenschriften des Pentateuch erstmals in 2. Mose 4b ff zu Wort meldet. Mose richtet an einen Midianiter mit Namen *Hobab* die dringende Bitte, das Volk auf dem Weiterweg zu begleiten, um die geeigneten Lagerplätze ausfindig zu machen, wo Wasser zu finden ist. Dieser Hobab wird als ein Sohn Reguels, des Schwiegervaters Moses (vgl. 2. Mose 2,18), des Priesters in Midian[7], vorgestellt. Ob Hobab sich nach seiner anfänglichen Weigerung zum Mitziehen bewegen ließ, geht aus dem Text nicht hervor, wird aber durch eine Erwähnung des »Geschlechts Hobab« im Buch der Richter (4,11) bestätigt. Eindrücklich stellt diese Bitte Moses an Hobab vor Augen, daß bei allem sich auf die göttliche Führung verlassen doch auch der gute Rat eines erfahrenen Menschen wichtig und hilfreich ist und daß es keine Verleugnung des Glaubens ist, solchen Rats sich zu bedienen (vgl. EKG 383, V. 4). Wie sehr freilich das durch die Wüste wandernde Gottesvolk auf den göttlichen Beistand angewiesen war, wenn es sein Wanderziel wirklich erreichen sollte, unterstreicht der in V. 35 mitgeteilte *Ladespruch*. Eine Kampf-Situation ist hier vorausgesetzt. Die »Lade« ist der Thronsitz, von dem sich der Herr erhebt, daß seine Feinde zerstieben, wie der Sturmwind die Wolken vor sich herjagt; auf den Er sich niederläßt, um nach vollbrachtem Kampf inmitten seines Volkes zu zelten. Diese Vorstellung von der Lade als einem Sitz (Schemel), von dem der Herr aufsteht und sich niederläßt, ist sehr wahrscheinlich das Älteste, was im Alten Testament über die Bedeutung der Lade ausgesagt ist (M. Noth). Der Glaube, daß das Mitführen der Lade als solches dem Volk in jedem Fall den Sieg über seine Feinde garantiert, hat allerdings in der Folgezeit einen kräftigen Stoß erlitten (vgl. 1. Sam 4,1 ff). Der Gott Israels hat selbst gründlich dafür gesorgt, daß aus ihr kein Fetisch wurde!

---

[7] Die Überlieferung ist allerdings nicht einheitlich. An anderer Stelle ist Jethro als Priester von Midian und Schwiegervater Moses genannt (2. Mose 3,1).

DAS MURREN ISRAELS IN DER WÜSTE

Kap. 11,1–35

(11,1) Aber das Volk beklagte sich vor den Ohren des Herrn, daß es ihm schlecht gehe. Als dies der Herr hörte, entbrannte sein Zorn, und das Feuer des Herrn loderte auf wider sie und fraß am Rand des Lagers. (2) Da schrie das Volk zu Mose, und Mose legte Fürbitte ein bei dem Herrn; da erlosch das Feuer. (3) Und man nannte jenen Ort Tabera[1], weil hier das Feuer des Herrn wider sie aufgelodert war.
(11,4) Das Gesindel[2] aber, das unter ihnen war, bekam Gelüste; da fingen auch die Israeliten an zu jammern und sagten: Wer gibt uns Fleisch zu essen? (5) Wir denken an die Fische, die wir in Ägypten umsonst zu essen bekamen, an die Gurken und Melonen, an den Lauch, die Zwiebeln und den Knoblauch. (6) Jetzt aber ist unsre Kehle ausgedörrt; es ist nichts da, nichts kriegen wir zu sehen als das Manna! (7) Das Manna aber war wie Koriandersamen und sah aus wie Bedolachharz. (8) Die Leute streiften umher, lasen es auf und zerrieben es mit der Handmühle oder zerstießen es im Mörser und kochten es im Topf und machten Fladen daraus; es schmeckte dann wie Ölkuchen. (9) Wenn der Tau nachts auf das Lager fiel, fiel auch das Manna darauf herab. (10) Als Mose das Volk (nach seinen Sippen)[3], jeden in der Tür seines Zeltes, weinen hörte, (da entbrannte der Zorn des Herrn heftig)[3] mißfiel es Mose sehr. (11) Und Mose sprach zum Herrn: Warum bringst du deinen Knecht in solche Not und warum gelte ich dir für nichts, daß du die Last dieses ganzen Volkes auf mich legst? (12) Bin ich denn mit diesem ganzen Volk schwanger gegangen oder habe ich es geboren, daß du zu mir sagen könntest: Trage es auf deinen Armen wie die Amme den Säugling (in das Land, das du ihren Vätern geschworen hast)[3] (13) Woher soll ich Fleisch nehmen, um es diesem ganzen Volk auszuteilen? Mir jammern sie ja vor mit ihrem Ruf: Gib uns Fleisch zu essen! (14) Ich allein kann die Last dieses ganzen Volkes nicht tragen; sie ist zu schwer für mich. (15) Wenn du mich doch so behandeln willst, so töte mich lieber ganz, wenn ich etwas bei dir gelte, daß ich mein Elend nicht mehr ansehen muß. (16) Da sprach der Herr zu Mose: Rufe mir siebzig Männer aus den Ältesten Israels zusammen (von denen du weißt, daß sie Älteste und Aufseher des Volkes sind)[3] und bringe sie mit dir zum Offenbarungszelt, daß sie sich dort neben dir aufstellen. (17) Dann will ich herabfahren und dort mit dir reden und etwas von dem Geist, der auf dir ruht, wegnehmen und auf sie kommen lassen, damit sie mit dir an der Last des Volkes tragen, und du sie nicht mehr allein tragen mußt.
(18) Zu dem Volk aber sollst du sagen: Heiligt euch für morgen, da sollt ihr Fleisch zu essen bekommen; denn vor den Ohren des Herrn habt ihr gejam-

---

[1] »Brandstätte«.
[2] Wörtlich: das hergelaufene Volk.
[3] Glosse.

mert und geklagt: Wer gibt uns Fleisch zu essen? Wir hatten es ja in Ägypten besser! So wird euch nun der Herr Fleisch verschaffen, daß ihr zu essen habt. (19) Nicht nur einen oder zwei oder fünf oder zehn oder zwanzig Tage sollt ihr es zu essen haben, sondern einen ganzen Monat lang, bis ihr's nicht mehr riechen könnt und es euch zum Ekel wird. Denn ihr habt den Herrn, der in eurer Mitte ist, mißachtet und habt ihm vorgejammert: Wozu sind wir aus Ägypten ausgezogen? (21) Da sprach Mose: Sechshunderttausend Fußgänger zählt das Volk, unter dem ich lebe, und du sagst: Ich will ihnen Fleisch verschaffen, daß sie einen ganzen Monat davon zu essen haben! (22) Können so viele Schafe und Rinder für sie geschlachtet werden, daß es für sie ausreicht? Oder sollen alle Fische im Meer für sie gefangen werden, daß es für sie ausreicht? (23) Der Herr aber sprach zu Mose: Ist die Hand des Herrn vielleicht zu kurz? Alsbald wirst du erfahren, ob sich dir mein Wort erfüllt oder nicht. (24) Da ging Mose hinaus und berichtete dem Volk die Worte des Herrn.
Und er rief siebzig Männer aus den Ältesten des Volks zusammen und stellte sie rings um das Zelt auf. (25) Da fuhr der Herr in der Wolke herab und redete mit ihm und nahm etwas von dem Geist, der auf ihm ruhte, weg und ließ es auf die siebzig Ältesten kommen. Und als der Geist sich auf sie niederließ, gerieten sie in Verzückung ohne Aufhören. (26) Zwei Männer aber waren im Lager zurückgeblieben; der eine hieß Eldad, der andere Medad. Auch auf sie ließ sich der Geist nieder, denn sie waren auch aufgeschrieben, jedoch nicht zum Zelt hinausgegangen; diese gerieten im Lager in Verzückung. (27) Da lief ein junger Mann hin und teilte es Mose mit und sprach: Eldad und Medad sind im Lager in Verzückung geraten! (28) Da hob Josua, der Sohn Nuns, der Mose diente von seiner Jugend auf, an und sprach: Mein Herr, Mose, wehre es ihnen doch! (29) Mose aber erwiderte ihm: Willst du dich für mich ereifern? Bestünde doch das ganze Volk des Herrn aus Propheten, weil der Herr seinen Geist auf sie hätte kommen lassen! (30) Darauf kehrte Mose mit den Ältesten Israels in das Lager zurück.
(31) Da erhob sich ein Wind, vom Herrn gesandt, und trieb Wachteln vom Meer herbei und ließ sie auf das Lager einfallen, rings um das Lager her nach jeder Richtung eine Tagesreise weit, so daß sie bei zwei Ellen hoch den Boden bedeckten. (32) Da machte sich das Volk jenen ganzen Tag und die ganze Nacht und den ganzen folgenden Tag daran und sammelte Wachteln. Wer nur wenig sammelte, brachte es auf zehn Homer.[4] Und sie breiteten sie rings um das Lager aus.[5] (33) Aber als das Fleisch noch zwischen ihren Zähnen war, noch ehe es vertilgt war, entbrannte der Zorn des Herrn wider das Volk und der Herr schlug das Volk mit einer furchtbaren Heimsuchung. (34) Daher heißt jener Ort Kibroth hattaawa, weil man dort die Leute begraben hat, die lüstern geworden waren.
(35) Von Kibroth hattaawa zog das Volk weiter nach Chazeroth und sie blieben in Chazeroth.

---

[4] 1 Homer = 364 Liter.
[5] Um sie an der Sonne zu dörren.

Im Buch des Propheten Jeremia wird die Zeit, da Israel durch die Wüste zog, als die »Brautzeit Israels« bewertet. »So spricht der Herr: Ich gedenke deiner Liebe, da du jung warst, wie du mich liebtest in deiner Brautzeit, wie du mir folgtest in der Wüste, im saatlosen Lande« (Jer. 2,3). Wie eine Braut den liebt, der sie erkor und liebend seinen Schritten folgt, so war das Volk seinem Gott zugetan (vgl. Hos. 2,17). – Hier liest sich's anders! Vom *Murren* des Volkes ist in schonungsloser Deutlichkeit die Rede. Murren heißt unzufrieden sein mit Gottes Führung und dieser Unzufriedenheit in einem anklagenden, trotzigen Aufbegehren Ausdruck verleihen. Nicht nur das Volk lehnt sich in dieser Weise wider den Herrn, seinen Erretter und Befreier auf. Auch Mose beklagt sich, daß ihm der Herr eine unzumutbare Last aufgebürdet habe (V. 11 ff). So begreiflich dies ist, so sehr muß man sich doch darüber wundern, wie deutlich, wie wahrhaftig, jeder Idealisierung abhold, dieses »Murren« des Volkes und diese Beschwerde Moses über die ihm auferlegte Last geschildert wird. Wer kann sich dafür verbürgen, daß er in ihrer Lage sich anders verhalten hätte? Ein »trotzig und verzagt Ding«, wie Luther frei und doch treffend übersetzt, ist des Menschen Herz (Jer. 17,9). Das verspürt jeder an sich selbst, wenn ihn Gott Wege führt, die ihm nicht gefallen.

Am Anfang des Kapitels steht ein flammendes *Warnsignal* (V. 1–3). Es wird berichtet, daß sich das Volk vor dem Herrn über sein Ergehen beklagt. Der Grund der Beschwerde wird nicht genannt. Es liegt auf der Hand, daß der mühsame Marsch durch Wüstensand und Sonnenbrand Anlaß zum Aufbegehren, zur Selbstbemitleidung, zu vorwurfsvoller Klage bot. An sich ist die Klage den Frommen im Alten Bund nicht verwehrt; ein rundes Drittel der Psalmen sind Klagepsalmen! Aber diese vorwurfsvolle Auflehnung, von der nur ein kleiner Schritt zur Verbitterung ist, tastet des Herrn Ehre an. »Als der Herr dies hörte, entbrannte sein Zorn« und dieses »Entbrennen« war in diesem Fall nicht nur eine bildliche Redensart. Von loderndem Feuer wurde der äußerste Teil des Lagers verzehrt.[6] Wieder einmal war es Mose, der durch seine Fürbitte das Unheil abwandte (vgl. 2. Mose 32,30 ff). Das Feuer erlosch, als er sich, vom Volk dazu gedrängt, ins Mittel legte. Aber der Name »Tabera«, den man der Stätte gab, war dazu bestimmt, mit warnendem Ernst die künftigen Geschlechter an diesen Vorfall zu erinnern.[7]

---

[6] Offensichtlich ging das Feuer von dem außerhalb des Lagers befindlichen Heiligtum aus.
[7] Über die Lage dieser Örtlichkeit läßt sich nichts Gewisses ausmachen. Die – hier vorausgesetzte – Bedeutung »Brandstätte« ist wahrscheinlich sekundär.

Im Anschluß an diesen kurz gefaßten Bericht wird in breiter Ausführlichkeit geschildert, wie das Volk mit Gott hadert und Mose sich über die Last, die ihm auferlegt ist, beklagt. Der Anreiz zu dem Aufbegehren und Jammern ging von dem »Gesindel« aus, das sich beim Auszug der Israeliten aus Ägypten dem Volk an die Fersen geheftet hatte (vgl. 2. Mose 12,38). Des Mannas überdrüssig begehren die Israeliten Fleisch zu essen. Überaus lebendig und anschaulich wird berichtet, wie sie sich über den einförmigen »Speisezettel« beklagen (V. 5 f) und der Zeit gedenken, da ihnen der Tisch ungleich reichlicher gedeckt war. Die Zeit, da sie in Ägypten weilten und von den Fischen und vielerlei Früchten des Landes sich nähren durften, erscheint ihnen in einem verklärten Licht. Die Art und Weise, wie die Israeliten ihre Klage vorbringen und begründen, ist so typisch menschlich, daß sich eigentlich jeder Kommentar dazu erübrigt. Vergessen ist der harte Frondienst, zu dem sie von den Ägyptern gezwungen wurden. Mose, der sich das Jammern und Weinen des Volkes anhören muß, das ja auch ein versteckter Vorwurf gegen ihn, den Anführer beim Auszug aus Ägypten, ist, hat es begreiflicherweise satt, die Klage über sich ergehen zu lassen. Es mißfiel ihm sehr (V. 10)! Muß er doch »den Buckel hinhalten«, wie man im Volksmund sagt. Wie begreiflich, daß er sich mit Erbitterung dagegen wehrt, daß ihm diese »Last des ganzen Volkes« aufgelegt wird! Er hat sich ja wahrhaftig nicht selbst die Rolle des Führers und Befreiers angemaßt. In leidenschaftlichem Aufbegehren hält er dem Herrn vor, daß er es ja nicht ist, der mit diesem Volk schwanger ging und es geboren hat, daß er weder dessen Mutter noch seine Amme ist und also dazu verpflichtet wäre, es zu hegen und zu pflegen und für seine Nahrung zu sorgen. Daß der Herr des Volkes Mutter (bzw. Amme) ist, steht zwar nicht da, ist aber doch vorausgesetzt. Dies ist eine kühne Rede! Aufs Ganze gesehen wird ja im Alten Testament das Verhältnis Jahwes zu Israel als ein Verhältnis von Vater und Sohn, Herr und Knecht beschrieben, der Glaube Israels unterscheidet sich ja auch darin von den heidnischen Kulten, daß er keine weibliche Gottheit kennt. Nur ganz selten wird das Verhältnis des Herrn zu seinem Volk als ein mütterliches Verhältnis beschrieben (vgl. Jes. 49,15; 66,13). Man darf aus diesen Worten also nicht zuviel herauslesen. Was Mose – mit sehr begreiflicher Klage – Gott vorhält, ist dies, daß es Seine Sache ist, für das Volk zu sorgen und sein Murren zu beschämen. Er selbst, Mose, ist am Ende seiner Kraft! Zu schwer wird ihm die Last, die ihm auferlegt ist (vgl. Jer. 20,14 ff). Auch wenn er nicht – wie Jeremia oder Hiob – den Tag seiner Geburt verflucht, so zeigt doch die Bitte »Töte mich lieber«, daß er am Ende seiner Kraft ist, an seinem Auftrag schier zerbricht!

Der Fortgang der Erzählung zeigt, daß der Herr seine Knechte »wohl sinken, aber nicht ertrinken läßt« (Luther). Er weist die Klage Moses nicht als ungebührlich ab. Er hat ein Einsehen und sorgt für Abhilfe. Mose wird zwar seines Auftrags nicht entbunden, aber er soll die Last des Volkes hinfort nicht mehr allein tragen müssen. Mose bekommt vielmehr den Auftrag, siebzig Männer aus den »Ältesten Israels« auszuwählen, wobei wohl an die Häupter der Großfamilien gedacht ist. Auf diese Siebzig verspricht der Herr seinen Geist kommen lassen, damit sie imstande seien, die Last des Volkes mitzutragen. Genauer gesagt: Er will etwas von der Fülle des Geistes, die Mose verliehen war, auf sie kommen lassen. Daß dies nötig ist, wenn anders sie Mose entlasten sollen, ist ebenso bemerkenswert, wie dies, daß auf diese Ältesten etwas von dem Geist, der auf Mose ruhte, kommen sollte. Zeigt dies doch, mit welcher Fülle des Geistes er ausgerüstet war! Zugleich wird deutlich, daß im Volk Gottes einem derartigen Notstand mit organisatorischen Maßnahmen, die auf eine rationelle Arbeitsteilung hinzielen, nicht abzuhelfen ist. Die Ausrüstung mit dem Geist Gottes tut not, wenn diese Siebzig, die hinfort die Last des Volkes mittragen sollen, Mose wirklich entlasten sollen.

Die folgenden Verse (V. 18–24) greifen auf die Beschwerde des Volkes, das des Mannas überdrüssig geworden ist, zurück. Sein Begehren nach fleischlicher Nahrung soll und wird bis zum Überdruß erfüllt werden! Einen ganzen Monat lang sollen die Israeliten Fleisch in Hülle und Fülle aufgetischt bekommen, bis sie es nicht mehr riechen können! So über die Maßen wird der Herr ihr Murren beschämen. Wie diese Unmenge Fleisch herbeigeschafft werden soll, wird Mose vom Herrn nicht mitgeteilt. Es erscheint ihm unmöglich und er spricht dies auch offen aus (V. 21). Die Antwort des Herrn beschreibt und erklärt in keiner Weise, was Er im Schild führt. Er verweist Mose auf seine Allmacht, der kein Ding unmöglich ist: »Ist die Hand des Herrn vielleicht zu kurz?« (V. 23). Steht Seiner Macht nicht das Wunder zu Gebot? (vgl. 1. Mose 18,14; Luk. 1,37). Gott kann zwar nicht alles. Er kann zum Beispiel nicht lügen, Er kann sich selbst nicht untreu werden, sich selbst nicht verleugnen(!) Er kann nur, was Seinem Wesen entspricht. Aber die Macht, Wunder zu wirken, steht Ihm in unbegrenzter Fülle zu Gebot. Er wird Mose und dem ganzen Volk den Erfahrungsbeweis dafür nicht schuldig bleiben.

Ehe die Erfüllung dieser Ankündigung erfolgt, wird in V. 24b ff berichtet, wie Mose »entlastet« wird. Über die siebzig Männer, die er aus den Ältesten des Volks ausgewählt hat, kommt der Geist, der bisher allein auf Mose ruhte. Das sichtbare Anzeichen der Geistmitteilung ist, daß sie in Ekstase geraten (vgl. 1. Sam. 10,5 ff; 19,20 f). Dabei ist stillschweigend vorausgesetzt, daß dieser Geist des Herrn ein »Geist der Weisheit und des Verstandes, des Rats und der Stärke, der Erkenntnis und der Furcht des Herrn« ist (Jes. 11,2). Denn damit, daß diese Siebzig in Verzückung geraten, wäre ja Mose noch nicht entlastet. Genau gezählt waren es, wie in V. 26 berichtet wird, allerdings nur achtundsechzig, die – um das Offenbarungszelt versammelt – den Geist empfingen. Zwei Männer, mit Namen Eldad und Medad, waren im Lager verblieben; warum, wird nicht mitgeteilt. Dessen ungeachtet gerieten sie dort in Verzückung, worüber Josua, der Diener Moses, sich ereifert (V. 28), sei es, daß er für die Autorität Moses fürchtete oder für derlei »Verzückungen« keinerlei Verständnis hatte. Mose freilich weist seinen wohlmeinenden Eifer in die Schranken. Er sieht hier Gott am Werk und wollte nichts lieber als daß das ganze Volk vom Geist Gottes ergriffen würde![8]

Nachdem auf solch wunderbare Weise die Bitte Moses um Entlastung erfüllt worden ist, bleibt dem Erzähler nur noch übrig, darüber zu berichten, wie der Herr das Gelüste der Israeliten nach Fleischnahrung befriedigte (V. 31–34). Ein Wind vom Meer her erhebt sich und schon ist – mitten in der Wüste – dem murrenden Volk der Tisch reich gedeckt! Wachteln treibt der Wind vor sich her in dichten Scharen, die sich in der Wüste niederlassen. Solche Wachtel-Schwärme pflegen im Frühjahr und im Herbst an der Mittelmeerküste der Sinaihalbinsel aufzutauchen und sich dort, vom Flug übers Meer ermattet, niederzulassen. Dem »Wunder« liegt ein durchaus realer Vorgang zugrunde. Durch eine Überfülle an Fleischnahrung[9] wird das Aufbegehren der Israeliten beschämt. Nicht nur, daß sie sich an dem Fleisch der Vögel satt essen und Vorräte von gedörrtem Fleisch aufstapeln können. Der Überfluß wird Vielen zum Verhängnis, doch wohl deshalb, weil sie das Fleisch gierig und maßlos hinunterschlangen. Darin vollzog sich – mitten im Überfluß – ein göttliches Strafgericht. Das Volk wurde vom »Zorn des Herrn« mit einem »sehr großen Schlag« gestraft.

Mit warnendem Ernst verdeutlicht dieser Bericht, daß die Erfahrung der oft überreichen göttlichen Güte und Durchhilfe denen zum Gericht wird, die nicht genug kriegen können. Der Name der Örtlichkeit (Kibroth hattaawa, zu deutsch Lustgräber) ist ein warnendes Signal.

---

[8] Die Aufbietung der Autorität Moses für Eldad und Medad (Namen, die nur an dieser Stelle im AT vorkommen) dürfte Gründe haben, die uns nicht bekannt und einsichtig sind. Handelt es sich um »Propheten« (bzw. prophetische Kreise), die um ihre Anerkennung in Israel zu kämpfen hatten?

[9] Die geringste Menge, die einer einsammelte, betrug 10 Homer (zirka 3600 Liter).

DAS AUFBEGEHREN MIRJAMS UND AARONS

Kap. 12,1–16

(12,1) Mirjam und Aaron aber lehnten sich gegen Mose auf wegen der kuschitischen Frau, die er geheiratet hatte. Er hatte nämlich ein kuschitisches Weib genommen. (2) Und sie sprachen: Hat denn der Herr nur mit Mose geredet? Hat Er nicht auch mit uns geredet? Dies hörte der Herr. (3) Aber Mose war ein sehr demütiger Mensch, mehr als alle Menschen auf Erden. (4) Und sogleich sprach der Herr zu Mose und Aaron und Mirjam: Geht alle drei hinaus zum Offenbarungs-Zelt! Da gingen sie zu dritt hinaus. (5) Da fuhr der Herr herab in einer Wolkensäule und trat unter die Tür des Zeltes und rief Aaron und Mirjam. Da gingen die Beiden hinaus. (6) Er aber sprach: Höret meine Worte! Wenn unter euch ein Prophet ist, so offenbare ich mich ihm durch Gesichte und rede zu ihm durch Träume. (7) Nicht also mein Diener Mose! Der ist mit meinem ganzen Hauswesen betraut. (8) Von Mund zu Mund rede ich mit ihm und nicht in dunklen Worten. Und er darf den Herrn in seiner Gestalt sehen. Warum habt ihr euch nicht gescheut, gegen meinen Knecht Mose euch aufzulehnen? (9) Und der Zorn des Herrn entbrannte über sie, und Er ging hinweg; (10) auch wich die Wolke von dem Zelt. Mirjam aber war plötzlich aussätzig wie Schnee; als Aaron sich zu Mirjam umwandte, sah er, daß sie aussätzig war. (11) Da sprach Aaron zu Mose: Ach Herr, laß uns nicht dafür büßen, daß wir töricht gehandelt und uns vergangen haben! (12) Laß sie doch nicht so werden wie eine Totgeburt, deren Fleisch, wenn sie aus der Mutter Leib herauskommt, schon halb verfault ist! (13) Da schrie Mose zum Herrn und sprach: Nicht doch, laß sie doch wieder heil werden! (14) Da sprach der Herr zu Mose: Wenn ihr Vater ihr ins Gesicht gespuckt hätte, müßte sie dann nicht sieben Tage lang die Schande tragen? Sie soll sieben Tage außerhalb des Lagers eingesperrt werden; danach mag sie wieder aufgenommen werden. (15) So wurde Mirjam sieben Tage aus dem Lager ausgesperrt. Das Volk aber zog nicht weiter, bis Mirjam wieder aufgenommen war. (16) Darnach brach das Volk von Hazeroth auf und lagerte sich in der Wüste Pharan.

Im Anschluß an das Murren des Volks und die Klage Moses über die Zumutung, die Last dieses Volkes tragen zu müssen, wird in diesem 12. Kapitel berichtet, wie Mirjam und Aaron, Moses Geschwister[1], gegen die Sonderstellung Moses als Offenbarungsmittler aufbegehren. Der Vorwurf, daß er eine Kuschitin[2] zur Frau genommen habe, ist offensichtlich nicht der eigentliche Grund ihrer Auflehnung. Was die Beiden in Harnisch bringt, ist dies, daß Mose – nach ihrer Meinung zu Unrecht – als alleiniger Mittler und Empfänger göttlicher Offenbarung auftritt und daraus den Anspruch auf das Monopol des Anführers der Stämme Israels ableitet. In V. 3 wird dies allerdings zurechtgerückt, ja mehr noch, es wird Mose das Zeugnis ausgestellt, daß er ein überaus demütiger Mensch gewesen sei. Aber dieser Vers ist offensichtlich ein späterer Einschub. Er stimmt mit dem Gesamtbild, das in den biblischen Quellen von Mose gezeichnet wird, nicht überein.[3] Dieses Aufbegehren Mirjams und Aarons bleibt dem Herrn nicht verborgen. Er selbst nimmt seinen Knecht Mose in Schutz und zwar so, daß Er alle drei, sozusagen zu einer Privataudienz, in das Offenbarungszelt beordert. In einer Wolke verhüllt fährt Er herab und stellt Mirjam und Aaron zur Rede. Allerdings nicht so, daß Er ihnen Gelegenheit gibt, ihre Beschwerde vorzubringen – das ist bei diesem Verhör nicht nötig! Mit einer Bestimmtheit, die keinen Widerspruch duldet, stellt der Herr fest, daß es mit Mose eine ganz besondere, einzigartige Bewandtnis hat. Er ist kein »Prophet« (nabi), dem er sich durch »Gesichte« und durch »Träume« offenbart (vgl. Jer. 23,28), wie dies auch Mirjam und Aaron erfuhren und von sich behaupten konnten (vgl. 2. Mose 15,20; 2. Mose 4,16). Die Art und Weise, wie der Herr mit Mose geredet hat und auch fernerhin reden will, ist etwas Besondres, ja Einzigartiges. Mit ihm spricht Er unmittelbar, von Mund zu Mund, von Angesicht zu Angesicht (vgl. 2. Mose 33,11; 5. Mose 34,10). Er gibt ihm nicht nur je und dann eine bestimmte Anweisung; ihm ist vielmehr das ganze »Hauswesen« des Herrn übergeben und anvertraut.[4] Diese Sonderstellung, die Mose als der Vertraute des Herrn gegenüber all den Propheten, die Gott in Israel erweckte, einnimmt, ist auch im Neuen Testament vorausgesetzt. Und wenn der Bericht über seinen Tod, der im 5. Buch Mose geschrieben steht (5. Mose 34,1 ff) ihn einen »Propheten« nennt, so wird doch auch hier sein

---

[1] Vgl. 2. Mose 6,20; 15,20; 1. Chron. 5,29.
[2] Luthers Übersetzung »Mohrin« ist nicht zutreffend. Wenn Moses Frau als »Kuschitin« bezeichnet wird, so will damit nicht gesagt sein, daß sie aus »Kusch«, dem weit entfernten südlichen Nachbarland Ägyptens stammte. Ihre Heimat war der in Hab. 3,7 erwähnte Stamm »Kuschan«, der dort neben Midian genannt wird.
[3] Vgl. 2. Mose 32; 4. Mose 11,11 ff.
[4] Daß Mose den Herrn auch in seiner Gestalt sehen durfte (V. 8) – dies ist allerdings ein Zusatz, der zu weit geht und mit 2. Mose 33,18 ff nicht vereinbar ist.

einzigartiger Offenbarungsempfang besonders betont: »Es stand hinfort kein Prophet in Israel auf wie Mose, mit dem der Herr von Angesicht zu Angesicht verkehrt hatte« (V. 10). Die Auflehnung Mirjams und Aarons gegen Mose, die ihm diese Sonderstellung nicht gönnen wollten, sondern sie als ungebührliche Anmaßung auslegten, bleibt nicht ungestraft. Mirjam wird vom Aussatz befallen: urplötzlich ist sie schrecklich entstellt! Offenbar trug sie die Hauptschuld an diesem Aufbegehren. Aaron, der ähnliche Bestrafung fürchten muß, erkennt mit Schrecken, wie töricht sie beide mit ihrer Beschwerde gegen Moses Sonderstellung sich verhalten haben. In seiner Angst ruft er Mose zu Hilfe, gegen dessen Sonderstellung er sich eben noch beklagte (V. 11 f). Und Mose sagt nicht: Ihr geschieht gerade recht! Fürbittend tritt er für die vom Aussatz entstellte Mirjam ein. Im Folgenden ist vorausgesetzt, daß diese Fürbitte nicht vergeblich war. Allerdings muß Mirjam sieben Tage außerhalb des Lagers in Quarantäne verbringen wie ein Mädchen, die etwas so Schandbares getan hat, daß ihr der eigene Vater ins Gesicht spuckte! Offenbar trug Mirjam bei diesem Aufbegehren wider Mose die Hauptschuld, und dieser Ausschluß sollte für das ganze Volk eine Warnung sein. Die Art und Weise, wie Gott selbst seinen »Diener« Mose (vgl. Hebr. 3,5) in Schutz nimmt, muß auch dem heutigen Leser der Bibel zu denken geben. Er, der Mittler des Alten Bundes, ist mehr als alle Priester, Könige und Propheten, die der Gott Israels berief und in seinen Dienst stellte. Dies ist auch im Neuen Testament vorausgesetzt.[5] Damit stimmt zusammen, daß der Herr selbst ihn begrub (5. Mose 34,6).

---

[5] »Sie haben Mose und die Propheten« (Luk. 16,29). Hier wird Mose zwar in einem Atemzug mit den Propheten genannt, aber doch zugleich deutlich von all den andern »Mundboten Gottes«, wie Luther die Propheten nannte, abgehoben. Nur Einer ist »größerer Ehre wert« als dieser »Diener« Gottes – der Sohn.

DIE AUSSENDUNG UND RÜCKKEHR DER KUNDSCHAFTER

Kap. 13,1–14,45

(13,1) Und der Herr redete zu Mose und sprach: (2) Entsende Männer, daß sie das Land, das ich den Israeliten geben will, auskundschaften, je einen aus dem Stamm seiner Väter, lauter Leute, die etwas zu sagen haben.[1] (3) Da entsandte sie Mose aus der Wüste Pharan nach dem Befehl des Herrn, lauter Männer, die Häupter waren unter den Israeliten. (4) Und dies waren ihre Namen: Vom Stamm Ruben Sammua, der Sohn Zakurs (5) vom Stamm Simeon Saphat, der Sohn Choris (6) vom Stamm Juda Kaleb, der Sohn Jephunnes (7) vom Stamm Issachar Jigal, der Sohn Josephs (8) vom Stamm Ephraim Hosea, der Sohn Nuns (9) vom Stamm Benjamin Palti, der Sohn Raphus (10) vom Stamm Sebulon Gaddiel, der Sohn Sodis (11) vom Stamm Manasse Gaddi, der Sohn Susis (12) vom Stamm Dan Ammiel, der Sohn Gemallis (13) vom Stamm Asser Sethur, der Sohn Michaels (14) vom Stamm Naphtali Nachbi, der Sohn Wophsis (15) vom Stamm Gad Geuel, der Sohn Machis. (16) Dies sind die Namen der Männer, die Mose aussandte, daß sie das Land erkunden sollten. Hosea aber, den Sohn Nuns, nannte Mose Josua. (17) Diese sandte Mose aus, daß sie das Land auskundschaften sollten.[2] Und er sprach zu ihnen: Zieht hier hinauf im Südland und steigt hinauf auf das Gebirge (18) und seht das Land an, wie es beschaffen ist, und das Volk, das darin wohnt, ob es stark oder schwach, wenig oder zahlreich ist, (19) und wie das Land beschaffen ist, darin es wohnt, ob's gut oder schlecht ist, und wie die Städte beschaffen sind, in denen es wohnt, ob sie in Zeltdörfern oder befestigten Städten wohnen (20) und wie der Boden beschaffen ist, ob er fett oder mager ist, ob Bäume darauf stehen oder nicht. Seid mutig und bringt etwas von den Früchten des Landes mit. Es war aber gerade um die Zeit der ersten Weintrauben.

(13,21) Da zogen sie hinauf und erkundeten das Land von der Wüste Zin bis nach Rehob am Eingang nach Hamath. (22) Sie stiegen hinauf ins Südland und kamen bis nach Hebron; da lebten Ahiman, Sesai und Talmai,[3] die Nachkommen Enaks. Hebron aber war sieben Jahre vor Zoan in Ägypten erbaut

---

[1] Wörtlich: alles ein Fürst unter ihnen.
[2] Zu der Aufzählung ist zu bemerken, daß V. 10/11 ursprünglich vor V. 8/9 gestanden hat.
[3] Vgl. Jos. 15,14; Richter 1,10.

erbaut worden. (23) Und als sie ins Tal Eskol gekommen waren, schnitten sie dort eine Rebe ab mit einer Weintraube; die trugen sie zu zweit an einer Stange, dazu auch einige Granatäpfel und Feigen. (24) Den Ort nannte man Eskol-Tal[4] nach der Weintraube, welche die Israeliten dort abgeschnitten haben. (25) Nach Verlauf von vierzig Tagen kehrten sie von der Erkundigung des Landes zurück (26) und zogen hin und kamen zu Mose und Aaron und zu der ganzen Gemeinde der Israeliten in die Wüste Pharan nach Kades und sie erstatteten ihnen und der ganzen Gemeinde Bericht und zeigten ihnen die Früchte des Landes. (27) Und sie erzählten ihnen und sagten: Wir sind in das Land gezogen, in das ihr uns ausgesandt habt. (28) Es ist wirklich ein Land, darin Milch und Honig fließt, und dies hier sind seine Früchte. (28) Aber das Volk, das in dem Land wohnt, ist stark, und die Städte sind befestigt und sehr groß, dazu haben wir dort auch die Söhne Enaks[5] erblickt. (29) Die Amalekiter bewohnen das Südland, und die Hethiter und Jebusiter und Amoriter wohnen auf dem Gebirge, und die Kanaaniter wohnen am Meer und am Ufer des Jordan. (30) Kaleb aber beschwichtigte das Volk[6] und rief: Wir wollen dennoch hinaufziehen und das Land einnehmen, denn wir können es sehr wohl in unsre Gewalt bringen. (31) Jedoch die Männer, die mit ihm hinaufgezogen waren, sagten: Wir sind nicht imstande, gegen dieses Volk zu ziehen, denn sie sind uns zu stark. (32) Und sie berichteten den Israeliten schlimme Dinge über das Land, das sie ausgekundschaftet hatten, und sprachen: Das Land, das wir durchzogen haben, um es zu erkunden, ist ein Land, das seine Bewohner frißt, und alles Volk, das wir darin sahen, waren hochgewachsene Leute. (33) Wir haben dort Riesen gesehen, Enaks Söhne aus dem Geschlecht der Riesen, und wir waren in unsren Augen wie Heuschrecken und waren es ebenso in ihren Augen.
(14,1) Da fuhr die ganze Gemeinde auf, sie erhoben ihre Stimme und das Volk weinte die ganze Nacht. (2) Und alle Israeliten murrten wider Mose und Aaron, und die ganze Gemeinde sprach zu ihnen: Ach, wären wir doch in Ägypten gestorben oder wären wir doch hier in der Wüste gestorben! (3) Wozu führt uns der Herr in dieses Land, damit wir durch das Schwert fallen und unsre Frauen und unsre Kinder ein Raub werden? Wäre es nicht besser für uns, wir kehrten nach Ägypten zurück? (4) Und sie sprachen einer zum andern: Laßt uns einen Anführer erwählen und nach Ägypten zurückkehren! (5) Mose aber und Aaron fielen auf ihr Angesicht vor der Versammlung der ganzen Gemeinde der Israeliten. (6) Josua aber, der Sohn Nuns, und Kaleb, der Sohn Jephunnes, die das Land miterkundet hatten, zerrissen ihre Kleider (7) und sprachen zu der ganzen Gemeinde der Israeliten: Das Land, das

---

[4] Trauben-Tal.
[5] Die Enakiter, wörtlich die »Langen«, – ein im Süden wohnendes, von Juda später vertriebenes Volk (vgl. Jos. 15,14; Richter 1,10.20) – hat ihr Name wohl ursprünglich als Herrenvolk gekennzeichnet (vgl. 1. Sam 10,23).
[6] Zusatz: gegenüber Mose.

wir durchzogen haben, um es zu erkunden, ist ein sehr schönes Land. (8) Wenn uns der Herr wohlgesinnt ist, so wird Er uns in dieses Land hineinbringen und es uns geben, ein Land, das von Milch und Honig fließt. (9) Nur dürft ihr euch nicht wider den Herrn empören und dürft euch nicht fürchten vor den Bewohnern dieses Landes, denn wir werden sie wie Brot verzehren.[7] Ihr Schutz ist von ihnen gewichen, mit uns aber ist der Herr. Fürchtet euch nicht vor ihnen! (10) Doch das ganze Volk war entschlossen, sie zu steinigen. Da erschien die Herrlichkeit des Herrn vor allen Israeliten am Offenbarungszelt.

(14,11) Und der Herr sprach zu Mose: Wie lange will mich dieses Volk verhöhnen und wie lange wollen sie mir keinen Glauben schenken trotz all der Zeichen, die Ich unter ihnen getan habe? (12) Ich will sie mit der Pest schlagen und sie ausrotten und will dich zum Stammvater eines Volkes machen, das größer und zahlreicher ist als sie. (13) Mose aber sprach zum Herrn: Die Ägypter werden es erfahren, aus deren Mitte du mit deiner Kraft dieses Volk herausgeführt hast (14) und sie werden es den Bewohnern dieses Landes berichten, was sie gehört haben: Daß du selbst, Herr, inmitten dieses Volkes bist, der du Auge in Auge gesehen wirst, du Herr, dessen Wolke über ihnen steht, und der in einer Wolkensäule vor ihnen hergeht am Tage und in einer Feuersäule bei Nacht. (15) Wenn du nun dieses Volk töten wirst wie *einen Mann*, so werden die Völker, die Kunde von dir vernommen haben, sagen: (16) Weil ihr Gott[8] nicht imstande war, dieses Volk in das Land hineinzubringen, das er ihnen durch einen Schwur zugesagt hatte, darum hat er sie in der Wüste hingeschlachtet. (17) Möchte doch nun deine Kraft, o Herr, sich als groß erweisen, wie du verheißten hast, als du sprachst: (18) Der Herr ist langmütig und reich an Huld, er vergibt Missetat und Übertretung, aber er läßt nicht ungestraft, sondern sucht heim die Missetat der Väter an den Kindern bis ins dritte und vierte Glied. (19) Vergib doch die Missetat dieses Volkes kraft deiner großen Huld, wie du diesem Volk von Ägypten her bis hierher vergeben hast. (20) Da sprach der Herr: Ich habe vergeben, wie du erbeten hast. (21) Aber so wahr ich lebe und so gewiß die ganze Erde der Herrlichkeit des Herrn voll werden soll: (22) Alle die Männer, die meine Herrlichkeit gesehen haben und meine Zeichen, die ich in Ägypten und in der Wüste getan habe, und die mich nun zehnmal[9] versucht haben und nicht auf meine Stimme gehört haben, (23) sie werden das Land nicht zu sehen bekommen, das ich ihren Vätern zugeschworen habe;[10] keiner von allen, die mich gelästert haben, soll es zu sehen bekommen. (24) Aber meinen Knecht Kaleb will ich zum Lohn dafür, daß ein anderer Geist in ihm war und er mir völlig gefolgt ist, in das Land hineinbringen, in das er gekommen ist,

---

[7] Wörtlich: sie sind unser Brot.
[8] Wörtlich: weil Jahwe (auf die Wiedergabe des Gottesnamens mit »Herr« muß in diesem Fall verzichtet werden).
[9] Runde Zahl (nicht buchstäblich zu verstehen).
[10] Vgl. 5. Mose 1,39.

und seine Nachkommen sollen es in Besitz nehmen. (25) Morgen kehrt um und brecht auf in die Wüste in der Richtung nach dem Schilfmeer zu![11]
(14,26) Und der Herr redete zu Mose und Aaron und sprach: Wie lange soll Ich es hinnehmen, daß diese böse Gemeinde gegen mich murrt? Ich habe das Murren der Israeliten, das sie wider mich erhoben, satt.[12] (28) Sage zu ihnen: So wahr Ich lebe, spricht der Herr, wahrlich Ich will so mit euch verfahren, wie ihr vor meinen Ohren geredet habt. (29) In dieser Wüste sollen eure Leiber verfallen, und zwar so viele euer gemustert wurden, nach eurer vollen Zahl, von zwanzig Jahren an und darüber, die ihr wider mich gemurrt habt. (30) Von euch soll keiner hineinkommen in das Land, über das ich meine Hand zum Schwur erhoben habe, euch darin wohnen zu lassen, außer Kaleb, dem Sohn Jephunnes, und Josua, dem Sohn Nuns.
(31) Eure kleinen Kinder aber, von denen ihr gesagt habt, sie würden zur Beute werden, die werde ich hineinbringen. Sie sollen das Land in Besitz nehmen, das ihr verschmäht habt. (32) Eure eigenen Leiber aber sollen in der Wüste verfallen. (33) Und eure Söhne sollen vierzig Jahre lang in der Wüste Hirten sein und so euren Abfall büßen, bis eure Leiber in der Wüste aufgerieben sind. (34) Nach der Zahl der vierzig Tage, in denen ihr das Land erkundet habt – je ein Tag soll ein Jahr gelten – sollt ihr vierzig Jahre lang für eure Schuld büßen, daß ihr inne werdet, was es bedeutet, wenn Ich die Hand abziehe! (35) Ich, der Herr, habe es gesagt; wahrlich, so werde ich mit dieser ganzen bösen Gemeinde verfahren, die sich gegen mich aufgelehnt hat. In dieser Wüste sollen sie aufgerieben werden und hier sollen sie sterben.
(36) Die Männer aber, die Mose ausgesandt hatte, daß sie das Land erkunden sollten, und die zurückgekehrt waren und das ganze Volk gegen ihn zum Murren verleitet hatten (37) dadurch, daß sie ein böses Gerücht über das Land verbreiteten, (37) diese Männer, die schlimme Dinge über das Land berichtet hatten, starben vor dem Herrn eines plötzlichen Todes. (38) Nur Josua, der Sohn Nuns, und Kaleb, der Sohn Jephunnes blieben am Leben von den Männern, die ausgezogen waren, das Land zu erkunden.
(39) Als Mose diese Worte allen Israeliten mitteilte, da war der Jammer im Volk sehr groß. (40) Und sie machten sich früh auf am Morgen und zogen auf die Höhe des Gebirges und sprachen: Wir sind bereit, hinaufzuziehen in das Land, von dem der Herr geredet hat. Wir sehen ein, daß wir uns verfehlt haben.[13] (41) Mose aber sprach: Warum wollt ihr dem Befehl des Herrn zuwiderhandeln? Es wird euch nicht gelingen. (42) Zieht nicht hinauf, denn der Herr ist nicht in eurer Mitte, ihr werdet sonst geschlagen von euren Feinden fliehen müssen. (43) Denn die Amalekiter und Kanaaniter stehen euch dort gegenüber, und ihr werdet durchs Schwert fallen. Nachdem ihr euch vom

---

[11] »Die Amalekiter und Kanaaniter aber wohnen in der Ebene« (Glosse).
[12] Wörtlich: ich habe es gehört.
[13] Wörtlich: denn wir haben uns verfehlt.

Herrn abgewandt habt, wird der Herr nicht mit euch sein! (44) **Aber sie bestanden darauf, auf die Höhe des Gebirges zu ziehen; aber die Lade (des Bundes) des Herrn und Mose entfernten sich nicht aus dem Lager.** (45) **Da stiegen die Amalekiter und Kanaaniter, die auf jenem Gebirge wohnten, herab und schlugen sie und zersprengten sie bis nach Horma.**

Im Alten Testament gibt es Geschichten, Bilder und Texte, die so eindringlich erzählt und vor Augen gemahlt sind, daß man dieselben, hat man sie einmal gehört oder gelesen, nicht mehr vergessen kann sein Leben lang. Dieser Bericht über die Aussendung und Rückkehr der »Kundschafter« gehört dazu. Ihr nicht ungefährlicher Auftrag, ihr Bericht, den sie nach glücklicher Rückkehr vor dem versammelten Volk erstatteten, das Echo, das dieser Bericht bei dem Volk auslöst, der Glaubensmut, mit dem Josua und Kaleb sich dem völlig entmutigten Volk entgegenstellen, nicht zuletzt die riesige Weintraube, die sie als Beweisstück für die Fruchtbarkeit des erkundeten Landes mitbringen – dies alles ist so dramatisch und plastisch geschildert, daß man diese Rückkehr förmlich miterlebt.

Die Ausführlichkeit, mit der diese Aussendung der Kundschafter, ihre Rückkehr, ihr Bericht und dessen niederschmetternde Wirkung auf das Volk, berichtet wird, hängt allerdings auch damit zusammen, daß in diesen beiden Kapiteln (13,1–14,45) zwei Quellenschriften zu Wort kommen, die durch spätere Zusätze noch erweitert sind.[14] Dadurch erklären sich die auffälligen Dubletten (vgl. 13,21 mit 13,22 ff; 13,27 f mit 13.32 f; 14,1 ff mit 14,26 ff) und die sachlichen Varianten. Einmal wird die Pharan-Wüste als Ausgangspunkt genannt (13,3.26), zum andernmal Kades (13,26). Nach 13,21 wurde das ganze Land in seiner vollen Nordsüdausdehnung erkundet, nach 13,22 ff gelangten die Kundschafter nur bis in die Gegend von Hebron. In 14,24 wird allein Kaleb auf Grund von 13,30 von der göttlichen Strafe ausgenommen; in 14,6 ff und 14,38 erscheint vor Kaleb noch Josua. Nach dem Bericht der Priesterschrift, die von der gemeinsamen Landnahme Israels ausgeht, spielt Josua bei diesem gewagten Unternehmen die führende Rolle. Dem Bericht des Jahwisten zufolge ist es Kaleb, der das Volk ermutigt, das Land in Besitz zu nehmen, nachdem es die Kundschafter bis in die Gegend von Hebron erkundet hat-

---

[14] In Kap. 13,1–17a.21.25.26.32.33; 14,1–3,5–10.26–38 liegt der Bericht der Priesterschrift zu Grunde. Der übrige Bestand der Kapitel ist der Quellenschrift des Jahwists entnommen. Beide Quellenschriften sind überdies durch später eingefügte Zusätze erweitert. – Eine dritte Version der Geschichte von der Aussendung und Rückkehr der Kundschafter liegt in 5. Mose 1,20–45 vor.

ten, das nach der Landnahme den Nachkommen Kalebs gehörte (vgl. Jos. 15,13 f; Richter 1,20).

Die Entsendung der Männer, die das den Israeliten verheißene »Land, in dem Milch und Honig fließt«, (2. Mose 3,8) erkunden sollten, erfolgt auf Befehl des Herrn (13,1). Eine besondre Begründung dieses göttlichen Befehls liegt nicht vor. Doch die Vermutung greift schwerlich fehl, daß dabei in erster Linie dies die göttliche Absicht war, das Volk nach dem beschwerlichen Durchzug durch die Wüste wissen zu lassen: Was Ich, euer Gott, euch versprach, das war und ist kein »Luftschloß«. Ein fruchtbares, reich gesegnetes Land habe Ich, euer Gott, euch zum Eigentum bestimmt. Darin sollt ihr zur Ruhe kommen, in Freiheit eures Glaubens leben dürfen; dort soll eure Heimat sein. Als »Kundschafter« sollen die »Sprecher« der zwölf Stämme entsandt werden, die in Kap. 1,3–16 namentlich aufgeführt werden.[15] Unter diesen Kundschaftern, deren Namen für uns nur noch geringes Interesse haben, befinden sich auch Kaleb, der Sohn Jephunnes (V. 6) und Hosea, der Sohn Nuns, dem Mose den Namen »Josua« gab, die für den Fortgang und Ausgang dieser nicht ungefährlichen Expedition von besondrer Bedeutung sind. Der »Marschbefehl«, den Mose diesen »Häuptern« der Israeliten erteilt, wird in den folgenden Versen (17b–20) ausführlich zur Kenntnis gebracht. Sie sollen das Land, das sie erkunden sollen, genau ansehen, auf die Stärke und Zahl seiner Bewohner ihr Augenmerk richten, sich über die Beschaffenheit des Bodens, die Anlage seiner Siedlungen und seine Fruchtbarkeit informieren. Es gibt zu denken, daß sich Mose bei der geplanten Landnahme nicht blindlings auf die Allmacht des Herrn verläßt und verlassen soll. Beides, was diese Landnahme verspricht und was sie erschwert, soll erkundet, geklärt und allem Volk zur Kenntnis gebracht werden. Man soll und darf daraus lernen, daß die sorgfältige Erkundung der jeweiligen Situation durchaus nicht im Widerspruch zu dem Glauben an den lebendigen Gott steht, der Berge versetzt, dem kein Ding unmöglich ist.

Was die ausgesandten Kundschafter bei der Erkundung des Landes erlebten, erfahren wir erst nach ihrer Rückkehr. Zunächst wird der Weg beschrieben, den sie einschlugen und zurücklegten. Nach Angabe der Priesterschrift erkundeten sie das Land »von der Wüste Zin an bis Rechob am

---

[15] Die Aufzählung der Stämme stimmt mit Kap. 1,5–15 überein; nur bei den Stämmen Manasse/Ephraim und Naphtali/Gad ist die Reihenfolge jeweils umgekehrt. – Daß Josua ursprünglich den Namen »Hosea« trug und von Mose in »Josua« umbenannt wurde, erfahren wir nur hier. Hosea d. h. »Rettung«, Jehoschua (Josua) heißt »Jahwe ist die Rettung«. Aus der späteren Form des Namens »Jeschua« ist im Griechischen »Jesus« geworden.

Eingang nach Hamath« (V. 21). Die Zin-Wüste, östlich von der Oase von Kadesch-Barnea gelegen, markiert die Südgrenze des Landes Kanaan; Rechob (am Eingang nach Hamath, einer bedeutenden Stadt, am Orontes gelegen) die Nordgrenze. Dem Bericht des Jahwisten zufolge (V. 22–24) gelangten die Kundschafter, nachdem sie das Südland (Negeb) durchquert hatten, bis nach Hebron. Hier stießen sie auf die »Enak-Sprößlinge«, deren seltsame Namen, Achiman, Sesai und Talmai, besonders genannt werden. Sie haben, wie hernach aus dem Bericht der Kundschafter nach ihrer Rückkehr hervorgeht, durch ihren riesenhaften Wuchs einen besonders furchterregenden Anblick dargeboten (V. 33). Auch das hohe Alter der Stadt Hebron wird eigens erwähnt. Daß die Kundschafter die Stadt Hebron nicht zu betreten wagten, leuchtet ein. Man hätte sie dort nach ihrem Woher und Wohin befragt und als »Spione« verdächtigt und dies keineswegs zu Unrecht! Hingegen durchwandern sie das »Eskol-Tal«, das sich vermutlich im Süden von Hebron erstreckte und offensichtlich für den Weinbau besonders bevorzugt war. Aus diesem »Trauben-Tal« nehmen sie eine riesige Weintraube mit, sowie eine Anzahl von Granatäpfeln und Feigen, um nach ihrer Rückkehr ins Lager Israels die Fruchtbarkeit des erkundeten Landes dem ganzen Volk so anschaulich wie nur möglich vor Augen zu stellen. Unerkannt und wohlbehalten kommen sie mit der kostbaren »Beweis-Last« ins Lager Israels zurück. Mit Spannung wurde dort ihre Rückkehr und ihr Lage-Bericht erwartet. »Vierzig Tage«[16] waren für die Wartenden in dieser Situation eine lange Frist. Entschied doch der Lagebericht der Kundschafter über ihr weiteres Geschick, ihr Wohl und Weh. Die Priesterschrift faßt ihn in V. 25 f u. 32a sehr kurz zusammen: »Sie berichteten schlimme Dinge, über das Land, das sie erkundet hatten«. Ungleich ausführlicher und anschaulicher wird dieser Bericht in V. 26b ff und V. 32b f von dem Jahwist dargeboten. Er wird in wörtlicher Rede mitgeteilt. Die ausgesandten Kundschafter überbringen schlimme Nachricht: So fruchtbar und begehrenswert das Land ist, das wir erkundet haben, so wenig ist doch daran zu denken, daß wir uns je dort ansiedeln können. Es ist von einem starken Volk bewohnt, das sich aller unerbetenen Eindringlinge sehr wohl erwehren kann, dessen Städte

---

[16] Die Zahl »vierzig« ist in der Hl. Schrift Alten und Neuen Testaments eine besondere, eine heilige Zahl. Vierzig Tage war Moses auf dem »Berg Gottes«, wo er die mit dem Finger Gottes beschriebenen Tafeln der Gebote empfing, vierzig Jahre währte die Wüstenwanderung Israels, vierzig Tage weilte Jesus, der Mittler des Neuen Bundes, in der Wüste, nachdem er von Johannes getauft wurde, vierzig Tage nach seiner Auferweckung kehrte Er heim in die Herrlichkeit Gottes, des Vaters.

mit Mauern befestigt sind, in dem es »Söhne Enaks«, unheimliche Riesen gibt. Der Zwischenruf Kalebs (V. 30) ändert nichts daran, daß der Eindruck dieses Berichts unheimlich, seine Wirkung niederschmetternd ist. Es ist ein Land, das »seine Bewohner frißt«, wohl deshalb, weil sein Besitz begehrt ist und nur mit bewaffneter Gewalt verteidigt werden kann.[17] Aber es ist von einem Volk bewohnt, das wir nie und nimmer bezwingen können! Aus V. 33 geht hervor, wie sehr der Schrecken über jene »Riesen« den zurückgekehrten Kundschaftern noch in den Gliedern sitzt. Die Wirkung dieses Berichts auf das Volk ist – wen kann dies wundern – niederschmetternd. »Da fuhr die ganze Gemeinde auf, sie erhoben ihre Stimme und das Volk weinte die ganze Nacht«. Erschrecken, Enttäuschung, Ratlosigkeit, Verzweiflung kommt in diesem »Weinen« zum Ausdruck. Wie menschlich, wie begreiflich ist's, daß Mose und Aaron mit bitteren Vorwürfen überhäuft werden (14,2), ja daß das Volk, obwohl es sich durchaus bewußt ist, daß beide ja auf göttlichen Befehl gehandelt haben, wider den Herrn, seinen Gott, sich auflehnt, dazu entschlossen, sein Geschick in die eigene Hand zu nehmen (V. 3 f)! Wer selbst in leidlich gesicherten Verhältnissen lebt, sollte sich hüten, über dieses verzweifelte Aufbegehren des Volkes, das eine bessere Zukunft erhoffte, den Stab zu brechen. Es sah ja wirklich so aus, als hätte der Herr es zum Narren gehalten. Was bleibt uns andres übrig, so denken die so grausam Enttäuschten, als daß wir unser Geschick selbst in die Hand nehmen? »Laßt uns einen Anführer erwählen und nach Ägypten zurückkehren!« Man erwartet, daß sich Mose und Aaron erregt gegen die Vorwürfe, die ja völlig ungerecht sind, zur Wehr setzen. »Mose aber und Aaron fielen auf ihr Angesicht vor der Versammlung der ganzen Gemeinde« (V. 5). Es war dies gewiß das Beste, was sie in dieser Lage tun konnten, und wer immer ungerechte Vorwürfe einstecken muß, sollte sich daran ein Beispiel nehmen. Beispielhaft ist nicht minder der Glaubensmut, mit dem Josua und Kaleb sich dieser Wehklage des Volkes entgegenstellen, dessen gewiß, daß es sehr wohl in der Macht des Herrn steht, aller Gegenwehr seiner bewaffneten Bewohner zum Trotz dem Volk, mit dem Er sich verbündet hat, in dem erkundeten Land eine Heimat zu geben. Ist der Herr mit uns, dann sind wir in der Übermacht, wir werden sie zerbeißen (wörtlich: wie Brot essen)! Aber ihr mutiger Appell ist umsonst, ja mehr noch, das Volk war drauf und dran, sie zu steinigen! (V. 6–9). Nach dem Bericht des Jahwists, der in V. 11–25, wieder vorliegt, hat die Erscheinung des Herrn in seiner Herrlichkeit diese Lynchjustiz verhindert. Er hat das Wehklagen mitan-

---

[17] Vgl. Hes. 36,13 f.

gehört, das ja zugleich ein bitterer Vorwurf gegen seine Führung war, eine Verhöhnung seiner Majestät. In seinem Zorn droht er dem Volk die Aufkündigung des Bundes, ja die völlige Vertilgung an. Diese Drohung mit der Verwerfung und Vertilgung zeigt, wie schwer die Verweigerung des Vertrauens wiegt. Im Vergleich zum Unglauben, so konnte Luther sagen, sind alle anderen Sünden wie Diebstahl, Mord und Meineid lauter »Puppensünden«. Wer weiß, was geschehen wäre, hätte sich Mose nicht ins Mittel gelegt! Er weist in seiner Fürsprache für das Volk den Herrn darauf hin, daß die heidnischen Völker dieses Strafgericht an Israel als einen Beweis Seiner Ohnmacht mißverstehen würden. Weil Er nicht imstande war, sie in das verheißene Land zu bringen, hat er sie in der Wüste hingeschlachtet – so werden sie sagen. Mit andren Worten: Deine Ehre, o Herr, steht hier auf dem Spiel (V. 15)! Darum vergib doch dem Volk und verfahre mit ihm, wie Du selbst es gelobt hast![18] Die Antwort des Herrn auf diese demütige inständige Fürsprache Moses erfahren wir in V. 28 f. Der Herr, von dessen Herrlichkeit die ganze Erde noch voll werden soll,[19] gibt Mose darin recht, daß in diesem Fall Seine eigene Ehre auf dem Spiel steht. Er nimmt die Strafandrohung wider das Volk, das Ihn »verachtet« hat (V. 11) zwar nicht zurück,[20] aber sie wird abgemildert. Die Generation, die Ihn »zehnmal« seit dem Auszug aus Ägypten versucht hat, wird das verheißene Land nicht betreten dürfen. »Keiner von allen, die mich gelästert haben, soll es zu sehen bekommen«. Nur Kaleb, der es – wie es wörtlich heißt – »völlig gemacht hat, hinter dem Herrn herzugehen«,[21] soll das verheißene Land betreten dürfen, seine Nachkommen sollen es besitzen. Das übrige Volk wird hart damit bestraft, daß es der Herr wieder in Richtung Schilfmeer in die Wüste schickt.

Wie schwer sich das Volk durch dieses glaubenlose Aufbegehren an dem Herrn, seinem Gott, versündigt hat, wie sehr es dafür büßen muß, geht noch einmal aus V. 26-38 hervor. Hier meldet sich wieder die Priesterschrift als Pentateuch-Quelle zu Wort. Auch hier setzt die Strafrede des Herrn mit der Frage »Wie lange noch« ein. Gott ist es müde, er hat es satt, diese Auflehnung des Unglaubens länger zu ertragen. Hatte er nicht beim Auszug aus Ägypten, beim Durchzug durchs Schilfmeer zur Genüge unter

---

[18] Beachte den wörtlichen Anklang an 2. Mose 34,6 f in V. 18!
[19] Vgl. Jes. 6,3; Habak. 2,14; Ps. 72,19.
[20] Anders war dies bei der Fürsprache Moses nach dem Bundesbruch am Sinai. Damals ließ sich der Herr das Unheil gereuen, das er seinem Volk angedroht hatte (vgl. 2. Mose 32,14).
[21] Dieses Zeugnis wird Kaleb mit gleichlautenden Worten immer wieder ausgestellt (vgl. 5. Mose 1,36; Jos. 14,8.9.14; 4. Mose 32,11 f).

Beweis gestellt, daß er Herr ist über Feindmächte und Naturgewalten? Das Murren des Volkes tastet seine Ehre an. Daß nicht nur Kaleb, daß auch Josua das Volk zum Glauben an Gottes Wundermacht aufrief, wird durch den Bericht der Priesterschrift besonders unterstrichen. Diese beiden blieben allein am Leben, als die übrigen Kundschafter, die Mose ausgesandt hatte, eines plötzlichen Todes starben (V. 37 f).
Von einem schlimmen Nachspiel weiß der Jahwist in V. 39–45 noch zu berichten. Anstatt sich unter das Urteil des Herrn zu beugen, beschließt das Volk – trotz der Warnung Moses – auf eigene Faust »auf den Gipfel des Berges« hinaufzusteigen, allerdings ohne die Lade des Bundes mitzuführen. Wie nicht anders zu erwarten, nimmt dieser eigenmächtige Verstoß ein böses Ende. Die Amalekiter und Kanaaniter, die auf jenem Bergland wohnten, schlugen die unerwünschten Eindringlinge zurück und »zersprengten sie bis Horma«[22] (V. 45).
So traurig dieses »Nachspiel« der Geschichte von der Aussendung und Rückkehr der Kundschafter ist, so eindringlich stellt sie vor Augen, was es mit jenem Verhalten für eine Bewandtnis hat, das die Hl. Schrift »glauben« nennt. Es heißt, mit der Übermacht Gottes über alle Hindernisse und Widerstände rechnen, Seiner Führung sich anvertrauen, auf die eigenmächtige Selbsthilfe verzichten. Ohne solchen Glauben ist's unmöglich, Gott zu gefallen (Hebr. 11,6). Dies gilt im Alten wie im Neuen Bund.

Auf den ausführlichen, dramatischen Bericht über die Aussendung und Rückkehr der Kundschafter folgt in Kap. 15 ein kleiner Katalog von *Vorschriften,* die ohne einleuchtenden Grund zusammengestellt und hier eingefügt sind. In V. 1–16 liegt ein Nachtrag zu den Opfergesetzen im 3. Buch Mose (Kap. 1–3) vor. Es wird bestimmt, welches Quantum von Mehl, Öl und Wein bei den Speis- und Trankopfern zu verwenden ist. Dieses Quantum erhöht sich je nach dem Wert des dargebrachten Opfertiers (V. 1–16). In V. 17–21 wird angeordnet, von dem Erstertrag an Schrotmehl dem Herrn jeweils eine »Hebe« darzubringen, der ja als Schöpfer und Erhalter der Brotherr ist, was man gewiß auch heute bei aller Rationalisierung der Landwirtschaft nicht vergessen sollte. Die Verse 22–31 sind ein Nachtrag zum Sündopfergesetz. Bei einer unwissentlichen Verfehlung soll man außer einem Farren einen Ziegenbock darbringen, wenn sich das ganze Volk verfehlt hat. Hat sich ein einzelner verfehlt, soll

---

[22] Die Ortsangabe spricht dafür, daß die Erzählung von diesem eigenmächtigen Versuch, über den Südrand des judäischen Berglands in Kanaan einzudringen, nicht frei erfunden ist. »Horma« gehörte zum Gau von Beerseba (vgl. Jos. 15,30).

eine einjährige Ziege von ihm geopfert werden. Auch der Fremdling, der im Volke Gottes Gastrecht genießt, wird dazu verpflichtet. Anders ist bei vorsätzlicher Übertretung des Gesetzes zu verfahren. Sie soll mit dem Tod bestraft werden. Als abschreckendes Beispiel wird in V. 32–36 von einem Mann berichtet, der am Sabbat Holz sammelte.[23] Durch einen Entscheid des Herrn wurde er mit dem Tode bestraft. Die Strenge der Bestrafung zeigt, wie heilig die Sabbatruhe dem Gottesvolk des Alten Bundes war. Welch einen Steinbruch müßte man anlegen, um all die Menschen zu bestrafen, die den Sonntag, der ja auch ein »Tag des Herrn«, ein Tag der Ruhe sein soll und darf, entheiligen und keiner macht sich ein Gewissen daraus! Solcher Vergeßlichkeit wird in V. 37–41 ein Riegel vorgeschoben. Den Israeliten wird befohlen, an den Enden ihrer Kleider Quasten nebst einer Schnur von blauem Purpur anzubringen, die sie tagaus tagein an die Gebote des Herrn erinnern sollen. Dieselbe Vorschrift steht auch im 5. Buch Mose (Kap. 22,12). Vermutlich haben diese Quasten und Schnüre ursprünglich eine »magisch-apotropäische« Bedeutung gehabt (M. Noth). Daß sie den, der zu Gottes Volk gehört, an die Gebote des Herrn erinnern sollen, beruht auf einer Umdeutung, die jedoch viel zu denken gibt: O daß mein Leben Deine Gebote mit ganzem Ernst hielte (Ps. 119,5)!

---

[23] Das Feueranzünden am Sabbat ist verboten (2. Mose 35,3)!

DER AUFRUHR KORAHS, DATHANS UND ABIRAMS

Kap. 16,1–17,26 (17,27–19,22)

(16,1) Korah, der Sohn Jizhars, des Sohnes Kahats, des Sohnes Levis, sowie Dathan und Abiram, die Söhne Eliabs, des Sohnes Pallus, des Sohnes Rubens[1] (2) die empörten sich gegen Mose, dazu zweihundertfünfzig Männer von den Israeliten, Vorsteher der Gemeinde, Vertreter des Volkes, namhafte Leute. (3) Sie scharten sich zusammen gegen Mose und Aaron und sprachen zu ihnen: Ihr geht zu weit![2] Denn die ganze Gemeinde, sie alle sind heilig und der Herr ist unter ihnen. Warum erhebt ihr euch über die Gemeinde des Herrn? (4) Als Mose dies hörte, fiel er auf sein Angesicht. (5) Dann sprach er zu Korah und zu seiner ganzen Rotte:[3] Morgen wird der Herr kundtun, wer ihm gehört und wer heilig ist und wer ihm nahen darf. Denjenigen, den Er erwählt, den wird er sich nahen lassen. (6) Tut, was ich sage: Nehmt Räucherpfannen zur Hand, Korah und seine ganze Rotte, (7) tut Feuer hinein und legt morgen vor dem Herrn Räucherwerk darauf; wen dann der Herr erwählt, der soll als heilig gelten. Ihr geht zu weit, ihr Söhne Levis!

(16,8) Und Mose sprach zu Korah: Hört doch, ihr Söhne Levis! (9) Ist's euch nicht genug, daß euch der Gott Israels ausgesondert hat von der Gemeinde Israels, daß ihr ihm nahen sollt, um eures Amtes zu walten an der Wohnung des Herrn, und vor die Gemeinde treten dürft, um ihr zu dienen? (10) Er hat dich und mit dir alle deine Brüder, die Söhne Levis, sich nahen lassen, und nun verlangt ihr auch noch die Priesterwürde! (11) Du und deine ganze Rotte, ihr macht einen Aufruhr wider den Herrn! Es ist nicht Aaron, gegen den ihr euch auflehnt.

(16,12) Darauf ließ Mose Dathan und Abiram, die Söhne des Eliab, rufen. Sie aber erwiderten: Wir kommen nicht! (13) Ist's nicht genug damit, daß du uns aus dem Land herausgeführt hast, das von Milch und Honig überfloß, um uns in der Wüste sterben zu lassen? Mußt du dich auch noch als Herrscher über uns gebärden? (14) Ja, fein hast du uns in ein Land gebracht, das von Milch und Honig überfließt, und hast uns Äcker und Weinberge zum Erbteil gegeben! Meinst du denn, du könntest diese Leute blind machen? Wir kommen nicht! (15) Da wurde Mose sehr zornig und sprach zu dem Herrn: Wende

---

[1] Der Text ist in Anlehnung an Kap. 26,5 und 8 verbessert.
[2] Sinn: ihr beansprucht mehr Autorität, als euch zusteht.
[3] Seiner Anhängerschaft.

dich nicht zu ihrem Opfer! Keinem von ihnen habe ich auch nur einen Esel weggenommen, keinem einzigen von ihnen etwas zuleid getan!
(16,16) **Darauf sagte Mose zu Korah: Du und deine ganze Rotte, erscheinet morgen vor dem Herrn, du und sie und Aaron!** (17) **Und ein jeder nehme seine Räucherpfanne und lege Räucherwerk darauf, und dann tretet vor den Herrn, ein jeder mit seiner Pfanne, zweihundertfünfzig Räucherpfannen; auch du und Aaron, ein jeder mit seiner Pfanne.** (18) **Da nahm ein jeder seine Räucherpfanne und tat Feuer hinein und legte Räucherwerk darauf und dann stellten sie sich auf vor der Tür des Offenbarungszelts, ebenso Mose und Aaron.** (19) **Und Korah versammelte wider sie die ganze Gemeinde vor der Tür des Offenbarungszelts. Da erschien die Herrlichkeit des Herrn vor der ganzen Gemeinde.** (20) **Und der Herr redete mit Mose und Aaron und sprach:** (21) **Sondert euch ab, daß ich sie im Nu vertilge!** (22) **Sie fielen aber auf ihr Angesicht und sprachen: O Gott, du Gott über die Lebensgeister alles Fleisches! Willst du, wenn ein einziger Mann sich verfehlt hat, wider die ganze Gemeinde wüten?** (23) **Da redete der Herr mit Mose und sprach:** (24) **Sage der Gemeinde: Entfernt euch aus dem Wohnbereich Korahs, Dathans und Abirams!** (25) **Da stand Mose auf und ging zu Dathan und Abiram und die Ältesten Israels folgten ihm.** (26) **Und er redete zu der Gemeinde und sprach: Tretet weg von den Zelten dieser gottlosen Männer und rührt nichts an von dem, was ihnen gehört, damit ihr nicht mit hinweggerafft werdet wegen all ihrer Sünden.** (27) **Da entfernten sie sich von dem Wohnbereich Korahs, Dathans und Abirams. Dathan aber und Abiram waren herausgetreten und hatten sich an der Tür ihrer Zelte mit ihren Frauen und Söhnen und Kleinkindern aufgestellt.** (28) **Da sprach Mose: Daran werdet ihr erkennen, daß der Herr mich gesandt hat, alle diese Taten zu tun, und daß ich sie nicht aus eigenem Ermessen tue:** (29) **Wenn diese sterben werden, wie alle Menschen sterben, und ihnen nur widerfährt, was allen Menschen widerfährt, dann hat mich der Herr nicht gesandt.** (30) **Wenn aber der Herr etwas Unerhörtes geschehen läßt und die Erde ihren Mund auftut und sie verschlingt mit allem, was sie haben, und sie lebendig in die Unterwelt hinabfahren, dann werdet ihr erkennen, daß diese Männer den Herrn gelästert haben.** (31) **Und als er alle diese Worte zu Ende gesprochen hatte, da spaltete sich der Erdboden unter ihnen,** (32) **und die Erde tat ihren Mund auf und verschlang sie mit ihren Sippen, mit all den Leuten, die zu Korah gehörten, und mit all ihrer Habe.** (33) **Und sie fuhren lebendig zu den Toten hinunter mit allem, was ihnen gehörte, und die Erde schloß sich über ihnen. So wurden sie weggerafft, mitten aus der Gemeinde heraus.** (34) **Und ganz Israel, das des Zeuge war**[4]**, floh bei ihrem Geschrei, denn sie dachten: Daß uns die Erde nicht auch verschlinge!** (35) **Und Feuer fuhr aus von dem Herrn und verschlang die zweihundertfünfzig Männer, die das Räucherwerk opferten.**
(17,1) **Und der Herr redete zu Mose und sprach:** (2) **Sage zu Eleasar, dem**

---

[4] Wörtlich: rings um sie her war.

16,1–17,26

Sohn des Priesters Aaron, er soll die Räucherpfannen von der Brandstätte aufheben[5], denn sie sind heilig, (3) die Räucherpfannen dieser Männer, die ihren Frevel mit ihrem Leben bezahlt haben. Man soll daraus gehämmerte Platten machen als Belag für den Altar; denn sie haben sie hingebracht vor den Herrn und damit sind sie heilig geworden; sie sollen für die Kinder Israel ein Denkzeichen sein. (4) Da nahm Eleasar, der Priester, die kupfernen Räucherpfannen, welche die Verbrannten herangebracht hatten, und man schlug sie breit zu einem Belag für den Altar, (9) als Mahnzeichen für die Israeliten, daß kein Unbefugter, der nicht zum Geschlecht Aarons gehört, herzutrete, um vor dem Herrn Räucherwerk anzuzünden, damit es ihm nicht ergehe wie Korah und seiner Rotte, wie ihm der Herr durch Mose verkündigt hatte. (17,6) Am andern Morgen aber murrte die ganze Gemeinde der Israeliten wider Mose und Aaron und sagte: Ihr wart es, die das Volk des Herrn umgebracht haben! (7) Und als sich die Gemeinde wider Mose und Aaron versammelte, da wandten sich diese dem Offenbarungszelt zu; und siehe, die Wolke bedeckte es und die Herrlichkeit des Herr erschien. (8) Da gingen Mose und Aaron hin vor das Offenbarungszelt. (9) Und der Herr redete zu Mose und Aaron und sprach: (10) Hebt euch hinweg aus dieser Gemeinde; ich will sie im Nu vertilgen! Da fielen sie nieder auf ihr Angesicht. (11) Und Mose sprach zu Aaron: Nimm die Räucherpfanne und hole Feuer vom Altar und lege Räucherwerk auf und trage es eilends in die Gemeinde, daß du ihnen Sühne schaffst; denn der Zorn ist vom Herrn ausgegangen, die Plage hat schon begonnen! (12) Da nahm Aaron, wie ihm Mose geboten hatte, und lief mitten unter die Gemeinde; und tatsächlich hatte die Plage unter dem Volk schon angefangen. Da räucherte er und schaffte Sühne dem Volk. (13) Und wie er so da stand zwischen den Toten und den Lebenden, wurde der Plage Einhalt geboten. (14) Die Zahl aber derer, die an der Plage gestorben waren, betrug vierzehntausendsiebenhundert, ungerechnet die, welche um Korahs willen umgekommen waren. (15) Aaron aber ging zurück zu Mose an den Eingang des Offenbarungszelts, und der Plage war Einhalt getan. (17,16) Und der Herr redete mit Mose und sprach: (17) Rede zu den Kindern Israel und laß dir von ihnen je einen Stab von jedem Stamm geben, von jedem Fürsten ihrer Sippen je einen, zwölf Stäbe. Den Namen eines Jeden schreibe auf seinen Stab. (18) Aber den Namen Aarons schreibe auf den Stab Levis. Denn für jedes Haupt ihrer Sippen ist nur je ein Stab vorgesehen. (19) Sodann lege sie im Offenbarungszelt nieder vor das Gesetz. (20) Und der Stab desjenigen, den Ich mir erwähle, soll ausschlagen. So will ich das Murren der Israeliten, mit dem sie sich gegen euch auflehnen, stillen. (21) Mose tat dies den Israeliten kund, und alle ihre Fürsten übergaben ihm zwölf Stäbe, ein jeder Fürst je einen Stab, und der Stab Aarons war auch unter den Stäben. (22) Und Mose legte die Stäbe vor dem Herrn im Zelt des Gesetzes nieder. (23) Am nächsten Morgen, als Mose in das Zelt des Gesetzes ging, da hatte der Stab

---

[5] Zusatz: und das Feuer laß weiter weg streuen.

Aarons, der des Stammes Levi, ausgeschlagen, er grünte und blühte und brachte Mandeln zur Reife. (24) Und Mose trug alle Stäbe vom Herrn zu allen Israeliten hinaus und sie beschauten sie und jeder nahm seinen Stab wieder in Empfang. (25) Der Herr aber sprach zu Mose: Trage den Stab Aarons wieder vor die Lade mit dem Gesetz, damit er aufbewahrt werde als Warnzeichen für Widerspenstige, daß ihr Murren wider mich endlich aufhöre und sie nicht sterben. (26) Mose tat also; wie ihm der Herr befohlen hatte, also tat er.

Nachdem bereits in Kap. 12 von einem Aufbegehren Mirjams und Aarons gegen die Sonderstellung Moses als Anführer und Offenbarungsmittler die Rede war, wird – in deutlicher Steigerung – in Kap. 16 f von einem offenen Aufruhr berichtet, dessen Zielscheibe Mose und Aaron sind. Er geht von einem gewissen Korah, einem Nachkommen Levis aus, der einen Anhang von zweihundertfünfzig Männern um sich geschart hat. Im selben Kapitel wird von einer Empörung zweier Brüder mit Namen Dathan und Abiram aus dem Geschlecht Rubens erzählt, die Mose bittere Vorwürfe machen, weil er das Volk in die Wüste geführt habe und sich zum Herrscher aufwerfe. Beide Berichte sind in dem uns vorliegenden Text miteinander verschmolzen. Der Bericht über die Empörung der Rubeniten *Dathan* und *Abiram* ist der Quellenschrift des Jahwists entnommen. Die Auflehnung des *Korah* geht auf den Bericht der Priesterschrift der mannigfach redigiert und ergänzt wurde, zurück.[6]

Dathan und Abiram, zwei Nachkommen Rubens, benahmen sich unverschämt gegen Mose (16,1) woraufhin Mose sie rufen ließ, um sie zur Rede zu stellen (16,12). Aber sie denken nicht daran, seinem Befehl Folge zu leisten! »Wir kommen nicht hinauf« ist ihre trotzige Antwort (V. 12). Sie begründen diese schroffe Befehlsverweigerung mit bitteren Vorwürfen gegen Mose: Aus Ägypten, einem Land, das von Milch und Honig fließt[7], hast du uns herausgeführt mit dem Resultat, daß wir hier in der Wüste allesamt unser Grab finden. Nicht genug damit, du spielst dich als Herrscher über uns alle auf (V. 13). Die Augen müßtest du allen Männern ausstechen, wenn du verhindern wolltest, daß wir nicht sehen, welche Rechte du dir anmaßt, in welches Verderben du uns alle hineinführst! Man begreift sehr wohl, daß Mose diese Vorwürfe gegen seine Person in Harnisch brachten. Er wurde sehr zornig (V. 15) zumal er ja nicht auf eigene Faust,

---

[6] Aus der Quelle des Jahwists stammen Kap. 16,1bf; 16,12–15; 16,25–34. – In Kap. 16,1a; 16,2b–11; 16,16–24; 16,35. In Kap. 17,1–26 meldet sich die – redigierte – Priesterschrift zu Wort.
[7] Die Prädikate des gelobten Landes werden dem Land Ägypten beigelegt. Die Vergangenheit erscheint in einem verklärten Licht.

im eigenen Interesse gehandelt hat, als er das Volk aus der Knechtschaft in Ägypten, aus diesem »Sklavenhaus« herausführte. Ein Anderer, der Gott Abrahams, Isaaks und Jakobs, hat ihm die Last dieses Volkes aufgebürdet. Völlig uneigennützig hat er seinen schweren Auftrag erfüllt. »Nicht einen einzigen Esel habe ich ihnen weggenommen, keinem Einzigen etwas Böses getan« (V. 15). Mit gutem Grund und Recht ruft Mose den Herrn selbst dafür zum Zeugen an. Er zweifelt nicht daran, daß der Herr diese aufrührerische, ungerechte Anklage Dathans und Abirams nicht ungestraft hinnehmen wird. Deshalb fordert er das Volk auf, sich von den Zelten dieser »gottlosen Männer« abzusondern, damit es für ihre Empörung wider Mose nicht mitbüßen müsse. Ganz Israel soll jedoch Zeuge sein, daß er zu Unrecht für diese bitteren Vorwürfe den Kopf hinhalten mußte (V. 28). Ein »Gottesurteil« soll und wird entscheiden, wer hier im Recht und wer im Unrecht war. Durch ein sichtbares Strafzeichen an Dathan und Abiram wird Mose die Legitimation durch den Herrn selbst zuteil. Die Anführer werden mit plötzlichem Tod bestraft. Der Boden spaltet sich und verschlingt sie samt den ihrigen bei lebendigem Leibe (V. 31 f). Fürwahr ein unheimliches Gericht! Man spürt dem Bericht des Erzählers ab, wie sehr ihn selbst dieses Ende der Betroffenen erschüttert hat (vgl. Hebr. 10,31).

Mit diesem Bericht über die Empörung Dathans und Abirams wider Mose und deren Ende ist, wie gesagt, die Schilderung vom *Aufruhr des Korah* verknüpft, der sich ebenfalls nicht scheute, Mose bittere Vorwürfe zu machen und eine ganze Revolte gegen Mose und Aaron entfesselte, indem er 250 Männer, Fürsten (»Sprecher«) des Volkes allesamt, auf seine Seite brachte. Korah und sein Anhang werfen Mose und Aaron vor, daß sie sich über die Gemeinde erheben, eine ungebührliche Sonderstellung für sich in Anspruch nehmen (V. 3). Es gibt zu denken, daß sich Mose nicht selbst gegen diese Vorwürfe verteidigt. »Er fiel nieder auf sein Angesicht« (V. 4).[8] Er stellt den Entscheid dem Herrn anheim und bekommt die Gewißheit, daß der Herr ihn und Aaron gegen dieses unverschämte Aufbegehren Korahs und seines Anhangs in Schutz nehmen wird. Was die Anhängerschaft Korahs betrifft, so erfahren wir in V. 8–11, daß sich Korah mit anderen »Leviten« zusammenschloß, um die Sonderstellung Aarons (und seiner Söhne) anzufechten. Daß Aaron für sich und seine Söhne die Priesterwürde beansprucht, wird ihm ebenfalls als unziemliche Überheblichkeit ausgelegt. Wer hier im Recht und wer im Unrecht ist, wird der

---

[8] Wer immer zu Unrecht angegriffen oder auch nur angepöbelt wird, sollte sich daran ein Beispiel nehmen (vgl. 1. Petr. 2,21–23).

Herr entscheiden. Korah und sein ganzer Anhang werden von Mose aufgefordert, sich am folgenden Tag vor dem Herrn einzufinden, Aaron desgleichen (V. 16). Jeder soll eine Räucherpfanne mit Räucherwerk mitbringen, doch wohl, um ein Gottesurteil durch Feuer vom Himmel zu erwarten (vgl. 1. Kön. 18,36 ff). Auf Betreiben Korahs versammelt sich die ganze Gemeinde vor dem Offenbarungszelt. »Da erschien die Herrlichkeit des Herrn vor der ganzen Gemeinde« (V. 19). Sein Urteil fällt anders aus, als es Korah und sein Anhang erwartet haben. Er läßt Mose und Aaron wissen, daß Er entschlossen ist, Korah mitsamt dem ganzen Volk »im Nu zu vertilgen«! Mose und Aaron kann dies, so denkt man, nur recht sein. Aber »sie fielen auf ihr Angesicht«, sie legten Fürbitte ein. Die Anrede »O Gott, du Gott über die Lebensgeister alles Fleisches« (vgl. 27,16) ist besonders feierlich und eindringlich. Sie hebt hervor, welch eine kostbare Leihgabe des Schöpfers das Leben ist und führt ins Feld, daß der Herr ja sein eigenes Wunderwerk zerstören würde, wenn Er um Korahs und seines Aufruhrs willen das ganze Volk im Zorn hinwegraffen würde. Diese Fürsprache Moses und Aarons ist nicht vergeblich. Sie zeigt, wieviel das Gebet vermag! Sterbliche Menschen können Gott in den Arm fallen, sein schon beschlossenes Gericht abwenden. In diesem Fall soll und wird es nur die eigentlich Schuldigen, Korah und seinen Anhang, treffen. In V. 35 wird das Gottesgericht über Korah und seinen Anhang mit einem einzigen Satz in lapidarer Kürze mitgeteilt: »Es ging ein Feuer aus vom Herrn und verzehrte die zweihundertfünfzig Mann, die das Räucherwerk darbrachten.« Daß Korah selbst in diesem Feuer vom Herrn mit umkam, versteht sich.

In Kap. 17 sind den beiden ineinander geflochtenen Berichten über die Auflehnung Dathans/Abirams und des Korah mitsamt seiner Rotte *drei Anhänge* (17,1–5; 17,6–15; 17,16–26) hinzugefügt. Zunächst bekommt Mose vom Herrn eine Anweisung, was mit den Räucherpfannen der hinweggerafften Anhänger des Korah geschehen soll. Sie sollen nicht im Brandschutt liegen bleiben, vielmehr eingesammelt, zurechtgehämmert und als Belag für den Brandopferaltar verwendet werden. Begründet wird diese Anordnung nicht damit, daß solche Pfannen aus Bronze etwas Kostbares waren, wofür in der Wüste kein Ersatz zu finden war. Dieser Belag sollte vielmehr ein »Denkzeichen« für das ganze Volk sein, daß kein Unbefugter es wage, vor dem Herrn an seinem Altar Räucherwerk anzuzünden, und es ihm alsdann wie Korah und seiner Rotte ergehe (17,1–5).

In dem zweiten Anhang (17,6–15) wird berichtet, daß sich das ganze Volk, zutiefst erschrocken über das Ende Korahs und seiner Anhänger,

wider Mose und Aaron empörte und ihnen den Vorwurf machte, *sie* hätten »das Volk des Herrn« umgebracht.
Daß sich diese Empörung im Grund gegen den Herrn selbst gerichtet hat, ist deutlich. Kein Wunder, daß Er selbst eingreift und in seiner Herrlichkeit erscheint (V. 7)! Er ist nicht gewillt, dieses aufrührerische Volk länger zu ertragen, dessen Herz sich durch das Strafgericht, das Er über Korah und seinen Anhang verhängte, nur verhärtet hat. »Hebt euch weg – so spricht Er zu Mose und Aaron – daß Ich sie vertilge!«. Aber die zu Unrecht Beschuldigten machen sich nicht aus dem Staub, auf die eigene Sicherheit bedacht. »Sie fielen auf ihr Angesicht« (V. 9). Alsdann schickt Mose, doch wohl vom Herrn dazu ermächtigt, Aaron mit einem Räucheropfer auf der Pfanne unter das Volk, um das schon begonnene Strafgericht des Herrn aufzuhalten und Sühne zu schaffen. Tatsächlich darf Aaron dem Strafgericht zwar nicht selbst Einhalt gebieten – dies kann allein der Herr – aber dieser Sühne-Akt bewirkt doch, daß die tödliche Plage nicht weiter um sich greift. Freilich, die Zahl der Dahingerafften ist groß. Vierzehntausendsiebenhundert wurden diesem Bericht zufolge im Zusammenhang mit dem Aufruhr Korahs hinweggerafft.
Der dritte Anhang (17,16–26) erzählt von einem wunderbaren Vorgang, der auch im Neuen Testament (Hebr. 9,4) angesprochen ist. Mose bekommt von dem Herrn die Weisung, daß die Fürsten (»Sprecher«) der zwölf Stämme Israels je einen hölzernen, kahlen Stab, beschrieben mit dem Namen des Stammes, den sie vertreten[9], herzubringen sollen, wobei Aaron den Stamm Levi vertreten soll. Diese Stäbe soll Mose vor der die Gesetzestafeln enthaltenden Lade niederlegen. Der Sinn dieser Handlung wird in V. 20 erläutert: Derjenige, dessen Stab ausschlägt und grünt, soll als der vom Herrn Erwählte gelten. Durch diese sichtbare, wundersame Auszeichnung soll aller Auflehnung wider den vom Herrn Erwählten der Boden entzogen werden. Mose tut, wie ihm der Herr geboten hat und das Wunder geschieht, daß der Stab Aarons (als einziger) ausschlägt, sich begrünt. Über Nacht treibt er Sprossen und bringt Blüten hervor und bringt Mandeln zur Reife (V. 23). Auf wunderbare Weise ist dadurch allem Volk vor Augen gestellt, wen der Herr zum Hohepriesterdienst erwählt hat. Dabei ist vorausgesetzt, daß dieser Stab Aarons unverwelkliche Blüten, Blätter und Früchte trug. Als ein »Wahrzeichen« sollte er allen künftigen Geschlechtern Israels dienen, vor der Bundeslade im Offenbarungszelt sorgfältig aufbewahrt.
Im Anschluß an den Bericht über die Plage, durch die – abgesehen von

---

[9] Oder ihren eigenen Namen?

Korah und seinem Anhang – vierzehntausendsiebenhundert Israeliten hinweggerafft wurden (17,14), erfahren wir in Kap. 17,27, daß das ganze Volk von einem tödlichen *Schrecken* erfaßt wurde. »Die Israeliten sprachen zu Mose: Fürwahr, wir kommen um, wir sind verloren, wir sind alle verloren! Wer irgend herantritt an die Wohnung des Herrn, muß sterben. Sollen wir denn vollständig zugrundegehn?« Mose, der nach dem Bundesbruch am Sinai in den Riß trat (vgl. 2. Mose 32,30 ff), gibt dem zutiefst erschrockenen Volk keine Antwort. Hingegen schaltet der Herr selbst sich ein und zwar so, daß er sich an *Aaron* wendet und ihm und seinen Söhnen kundtut, daß es zu ihrem Dienst am Heiligtum gehört, sich der Gefahr der Verschuldung auszusetzen (18,1). In diesem Dienst sollen die *Leviten* ihnen zur Hand gehen, doch so, daß sie es nicht wagen, selbst an den Altar und die heiligen Geräte heranzutreten (18,2–4). Für diesen gefahrvollen Dienst, den Aaron und seine Söhne und die Leviten stellvertretend für das ganze Volk auf sich nehmen, sollen sie gebührend entlohnt werden. In Kap, 18,8–32 werden deshalb genaue Bestimmungen vorgelegt, welche *Einkünfte* den Priestern und den Leviten zustehen. Ins Auge gefaßt sind für die Priester Anteile an den Opfern (V. 8–10), am Ertrag der Ölbäume, Weinberge und Äcker, am Banngut, das im Kriegsfall erbeutet wird, sowie alle Erstgeburt von Menschen und Tieren, wobei allerdings auch die »Auslösung« durch eine Geldzahlung vorgesehen ist. Die Rechtmäßigkeit dieser Ansprüche und Abgaben und ihre unverbrüchliche Gültigkeit unterstreicht die Bemerkung, daß es sich bei dieser Regelung um einen *Salzbund*[10] handelt. Den Leviten soll der »Zehnte« zugewiesen werden (V. 21a; 24a), wobei sie allerdings wieder den »Zehnten vom Zehnten« an die Priester abzuliefern haben.

Ohne einsichtige Begründung folgt in Kap. 19 eine vom Herrn erlassene Verordnung über die Herstellung und Anwendung eines »*Reinigungswassers*«. Die Asche einer rotfarbigen, fehlerfreien Kuh, welche verbrannt wurde, soll mit Quellwasser vermischt werden. Diese Flüssigkeit soll dazu dienen, die kultische Unreinheit zu beseitigen, wenn sich ein Mensch durch die Berührung mit einem Toten verunreinigt hat. Dieses Reinigungswasser ist für den Bedarfsfall außerhalb (des Lagers) an einem »reinen Ort« zu deponieren. – In Hebr. 9,13 wird auf dieses Ritual Bezug genommen.

---

[10] Vgl. 3. Mose 2,13; 2. Chron. 13,5. Zugrunde liegt die Vorstellung, daß durch gemeinsames Essen von Salz ein Bundes-Verhältnis zwischen den Partnern bewirkt wird. Salz bewahrt, konserviert.

VON KADES NACH HESBON

Kap. 20,1 – 21,35

(20,1) Und die ganze Gemeinde der Israeliten gelangte in die Wüste Zin im ersten Monat[1] und das Volk lagerte sich in Kades. Und Mirjam starb daselbst und wurde dort begraben. (2) Es hatte aber die Gemeinde kein Wasser. Da rotteten sie sich wider Mose und Aaron zusammen (3) und das Volk haderte mit Mose und schrie: Wären wir doch umgekommen, als unsere Brüder umkamen vor dem Herrn! (4) Warum habt ihr die Gemeinde des Herrn in diese Wüste geführt, damit wir hier sterben mitsamt unsrem Vieh? (5) Und warum habt ihr uns aus Ägypten herausgeführt, um uns an diesen bösen Ort zu bringen, wo man nicht säen kann und wo es keine Feigen und Weinstöcke und Granatäpfel und kein Trinkwasser gibt? (6) Da gingen Mose und Aaron von der Gemeinde hinweg an die Türe des Offenbarungszelts und fielen auf ihr Angesicht; da erschien ihnen die Herrlichkeit des Herrn. (7) Und der Herr redete zu Mose und sprach: (8) Nimm den Stab und versammle die Gemeinde, du und dein Bruder Aaron, und redet vor ihren Augen zu dem Felsen, so wird er Wasser hergeben. Laß für sie Wasser aus dem Felsen hervorgehen und tränke die Gemeinde und ihr Vieh. (9) Da holte Mose den Stab von dem Ort vor dem Herrn[2], wie Er ihm befohlen hatte. (10) Und Mose und Aaron versammelten die Gemeinde vor dem Felsen, und er sprach zu ihnen: Höret, ihr Widerspenstigen! Können wir wohl Wasser aus diesem Felsen für euch hervorgehen lassen? (11) Und Mose erhob seine Hand und schlug mit seinem Stab zweimal an den Felsen. Da kam viel Wasser heraus, so daß die Gemeinde trinken konnte und ihr Vieh. (12) Der Herr aber sprach zu Mose und Aaron: Weil ihr mir nicht vertraut habt, um meine Herrlichkeit den Israeliten vor Augen zu stellen[3], sollt ihr diese Gemeinde nicht in das Land hineinbringen, das ich ihnen zugedacht habe. (13) Das war das Haderwasser, wo die Kinder Israel mit dem Herrn haderten und Er sich an ihnen heilig erwies.

Zu Beginn dieses Kapitels erfahren wir, daß das Volk in *Kades* sein Lager aufschlug, das der Ausgangspunkt für die Vorbereitung und Durchfüh-

---

[1] Man vermißt die Angabe des Jahres.
[2] Vgl. Kap. 17,25.
[3] Wörtlich: daß ihr mich vor den Augen der Israeliten als den Heiligen erwiesen hättet.

rung der Landnahme werden sollte. Dort in Kades starb Mirjam, die einst nach dem Durchzug durchs Schilfmeer ihr unvergeßliches Siegeslied angestimmt hatte: »Singet dem Herrn, hoch erhaben ist Er. Rosse und Reiter hat Er ins Meer gestürzt« (2. Mose 15,21). Es berührt schmerzlich, daß sie das gelobte Land nicht betreten durfte. Aber niemand scheint ihren Tod sonderlich zu beklagen, doch wohl deshalb, weil sich das ganze Volk in einer höchst bedrohlichen Lage befindet. Es ist kein Wasser vorhanden. Von brennendem Durst gequält, rottet sich das Volk wider Mose und Aaron zusammen und macht ihnen bitterste Vorwürfe. Die wiederholte Warum-Frage (V. 4 f) ist eine einzige Anklage!
Eindrucksvoll ist, daß die beiden Angeklagten, Mose und Aaron, gar nicht erst versuchen, sich mit dem Argument zu rechtfertigen, daß sie ja wahrlich nichts dafür können, wenn es dem Volk so übel ergeht. Sie haben ja nur getan, was ihnen ein anderer, der Herr, der Gott Israels befahl. Vor Ihm fallen sie auf ihr Angesicht, dessen gewiß, daß Er allein einen Ausweg aus dieser verzweifelten Lage schaffen kann. Tatsächlich erscheint der Herr im Glanz seiner Majestät. Mose bekommt eine exakte Anweisung, wie er verfahren soll: Nimm den Stab und redet zu dem Felsen im Beisein der ganzen Gemeinde, so wird er Wasser spenden (V. 8). Bei dem »Stab« ist hier offensichtlich der vor dem Herrn aufbewahrte »Aaron-Stab« ins Auge gefaßt, muß der Stab doch eigens herbeigeholt werden (V. 9). In diesem Fall soll Mose sich dieses Stabs bedienen, ohne daß Aaron deshalb aus seiner Mitverantwortung für alles Folgende entlassen wäre. Nachdem der Stab herbeigeholt ist, versammeln die beiden das Volk, das sie mit seinen bitteren Vorwürfen überschüttet hat, vor dem Felsen, der nach dem Wort des Herrn Wasser spenden soll.
Im Anblick der aufrührerischen Menge übermannt Mose offensichtlich die Erbitterung. Dies geht aus seinen Worten: »Höret, ihr Widerspenstigen! Können wir wohl Wasser aus diesem Felsen für euch hervorgehen lassen?« Es ist eine Frage, auf die keine Antwort erwartet wird. Dabei vergißt Mose, daß er ja nur, genau so wie Aaron, Gottes Werkzeug ist. Das Wort »wir« ist hier wirklich fehl am Platz! Auch die Art, wie Mose die Weisung des Herrn ausführt, stimmt nicht mit dem überein, was ihm der Herr befohlen hat. Anstatt zu dem Felsen zu reden, schlägt er zweimal auf ihn ein. Dieser spendet tatsächlich Wasser, genug um den Durst von Menschen und Vieh zu stillen.
Aber so sehr der Herr dadurch das Aufbegehren des Volkes wider Mose beschämt, so wunderbar die Gabe des Wassers aus einem Fels inmitten der Wüste ist – Mose und Aaron haben sich nach seinem Urteil nicht so verhalten, wie es ihrer Stellung vor Gott geziemte. Schon dies, daß Mose

nicht zu dem Felsen redete, wie ihm befohlen war, vielmehr mit dem Stab auf ihn einschlug, war eine Eigenmächtigkeit. Beide, Mose und Aaron, haben in dieser Situation zwar äußerlich dem Befehl des Herrn ein Stück weit gehorcht, aber Ihm nicht wirklich »vertraut«. Durch das eigenmächtige, vom Affekt diktierte Verhalten sind sie schuldig geworden. Zur Strafe dafür werden sie, wie ihnen der Herr selbst ankündigt, nicht in das gelobte Land miteinziehen dürfen.[4] Die Strafe dünkt uns hart. Aber sie entspricht der Regel: Welchem viel gegeben ist, von dem wird viel gefordert (Luk. 12,48).

(20,14) **Und Mose sandte von Kades aus Boten an den König von Edom: So läßt dir dein Bruder Israel sagen: Du weißt um all die Mühsal, die uns betroffen hat.** (15) **Unsre Väter sind nach Ägypten gezogen und wir haben lange Zeit in Ägypten gewohnt, aber die Ägypter haben uns und unsre Väter übel behandelt.** (16) **Da schrieen wir zu dem Herrn um Hilfe, und Er erhörte unser Flehen und sandte einen Engel und führte uns aus Ägypten heraus. Und nun sind wir hier in Kades, einer Stadt an der Grenze deines Gebiets.** (17) **Laß uns durch dein Land ziehen! Wir wollen nicht durch Äcker oder Weinberge ziehen und kein Wasser aus den Brunnen trinken; die Straße der Könige werden wir entlangziehen, ohne nach rechts oder links abzubiegen, bis wir dein Gebiet durchzogen haben.** (18) **Edom aber antwortete ihm: Du darfst nicht bei mir hindurchziehen; andernfalls werde ich mit dem Schwert gegen dich zu Felde ziehen.** (19) **Da sprachen die Kinder Israel zu ihm: Auf der gebahnten Straße wollen wir hinaufziehen, und wenn wir dein Wasser trinken, ich und meine Herden, so will ich's bezahlen. Ich will nichts weiter als zu Fuß hindurchziehen.** (20) **Er aber antwortete: Du darfst nicht hindurchziehen! Und Edom zog aus, ihm entgegen, mit zahlreichem Kriegsvolk und mit bewaffneter Hand.** (21) **So weigerte sich Edom, Israel den Durchzug durch sein Gebiet zu gestatten; und Israel wich vor ihm aus.**
(20,22) **Alsdann brachen sie auf von Kades, und die Israeliten, die ganze Gemeinde, kamen zum Berg Hor.** (23) **Der Herr aber sprach zu Mose und Aaron am Berg Hor, an der Grenze des Landes Edom:** (24) **Aaron soll zu seinen Vätern versammelt werden; denn er soll nicht in das Land hineinkommen, das ich den Israeliten zugedacht habe, weil ihr meinem Befehl widerstrebt habt am Haderwasser.** (25) **Nimm Aaron und seinen Sohn Eleasar und führe sie hinauf auf den Berg Hor** (26) **und ziehe Aaron seine Kleider aus und bekleide damit seinen Sohn Eleasar; Aaron aber soll hinweggenommen werden und dort sterben.** (27) **Mose tat, wie der Herr befohlen hatte, und sie stiegen auf**

---

[4] In der Fassung, in der diese Geschichte vom »Wasser aus dem Felsen« im 2. Buch Mose (17,1–7) wiedergegeben wird, ist davon nicht die Rede. Erst in diesem Text aus der »Priesterschrift« wird die schmerzliche Tatsache, daß Mose und Aaron das verheißene Land nicht betreten durften, mit ihrem Verhalten in dieser Szene begründet.

Berg Hor vor der ganzen Gemeinde. (28) Und Mose zog Aaron seine Kleider aus und bekleidete damit seinen Sohn Eleasar. Und Aaron starb dort auf dem Gipfel des Berges. Mose aber und Eleasar stiegen vom Berg herab. (29) Und als die ganze Gemeinde sah, daß Aaron verschieden war, beweinte das ganze Haus Israel Aaron dreißig Tage lang.

(21,1) **Als aber die Kanaaniter (der König von Arad), die das Südland bewohnten, erfuhren, daß Israel auf dem Weg von Atharim[1] heranzog, griffen sie Israel an und nahmen etliche von ihnen gefangen. (2) Da legte Israel vor dem Herrn ein Gelübde ab und sprach: Wenn Du dieses Volk in meine Hand gibst, will ich an ihren Städten den Bann vollstrecken. (3) Und der Herr hörte auf die Stimme Israels und gab die Kanaaniter in ihre Hand, und sie vollstreckten den Bann an ihnen und ihren Städten; seitdem heißt die Stätte Horma.[2]**

(21,4) **Da brachen sie auf vom Berg Hor in Richtung auf das Schilfmeer, um das Land der Edomiter zu umgehen. Das Volk aber wurde auf dem Weg ungeduldig (5) und das Volk lehnte sich auf gegen Gott und gegen Mose: Warum habt ihr uns aus Ägypten herausgeführt, daß wir in der Wüste sterben? Es gibt ja kein Brot und kein Wasser, und wir sind überdrüssig dieser ärmlichen Speise. (6) Da sandte der Herr gegen das Volk die Saraph-Schlangen[3], die bissen das Volk und daran starben viele Leute aus Israel. (7) Da kamen die Leute zu Mose und sprachen: Wir haben gesündigt dadurch, daß wir gegen den Herrn und wider dich geredet haben. Bitte den Herrn, daß er die Schlangen von uns weichen lasse! Da legte Mose Fürbitte ein für das Volk. (8) Da sprach der Herr zu Mose: Fertige dir einen Saraph an und hänge ihn an eine Stange; jeder, der gebissen wird, soll ihn ansehen, so wird er am Leben bleiben. (9) Da machte Mose eine eherne Schlange und hängte sie oben auf die Stange, und wenn dann die Schlangen jemand bissen, und er blickte auf die eherne Schlange, so blieb er am Leben.**

Mose und Aaron mußten die Hoffnung begraben, jemals das verheißene Land zu betreten, dem Israel nun schon so lange durch Sonnenglut und Wüstensand entgegenzog. Würden wir den Fortgang der Geschichte nicht kennen, hätten wir allen Grund zu befürchten, daß das Volk niemals ans Ziel der langen, gefahrvollen Wüstenwanderung gelangen würde. Der Bericht der Kundschafter war niederschmetternd. Überdies befand sich ja das Volk noch immer in Kadesch am Südrand der Sin-Wüste. Um von Osten her in das verheißene Land zu gelangen, führte der nächste Weg

---

[1] Diese Wegbezeichnung, die sonst nirgends im Alten Testament nachzuweisen ist, ist sprachlich wie geographisch unerklärlich (Text verderbt?).
[2] »Einöde«? »Bannung« (M. Buber).
[3] Die »Saraph-Schlange« (vgl. 5. Mose 8,15) wird als geflügelte Schlange vorgestellt, die in der Wüste haust (Jes. 30,6) und noch gefährlicher ist als eine gewöhnliche Schlange (Jes. 14,29).

durch das Gebiet der Edomiter und der Moabiter. Im Folgenden zeigt sich, daß beide den Israeliten den friedliche Durchzug durch ihr Gebiet feindselig verweigern.

In Kap. 20,14–21 erfahren wir, daß Mose von Kadesch aus Boten an den König der *Edomiter* sandte, die die *Erlaubnis zum Durchzug* erbitten sollten. Der »Botenspruch« wird im Wortlaut mitgeteilt. Schon zu Beginn unterstreicht die Wendung »dein Bruder Israel«, daß Israel nichts Böses im Schilde führt. Ein Rückblick auf die Zeit der Unterdrückung und all der erlittenen Mühsal in Ägypten, eine Information über die Erhörung der Gebete Israels durch den Herrn, der einen »Engel« sandte und sein Volk aus dem »Sklavenhaus« (2. Mose 20,2) herausführte, begründet in eindringlicher Weise das Ersuchen, dem seinen Peinigern entronnenen Volk die Erlaubnis zum friedlichen Durchzug durch das Gebiet der Edomiter zu gewähren. Bei diesem Durchzug verspricht Israel, den Edomitern in keiner Weise einen Schaden zuzufügen. Das Volk wird die Äcker und Weinberge nicht betreten, sondern sich strikt an die »gebahnte Straße«[4] halten. Es wird »kein Wasser aus den Brunnen trinken«, sich vielmehr mit dem Regenwasser aus den Zisternen begnügen und auch dafür noch einen angemessenen Preis bezahlen (V. 19). Man sollte annehmen, daß sich der König von Edom dieser so höflich und bescheiden vorgebrachten Bitte nicht verweigert. Aber er verbietet den Israeliten den Durchzug, ja, mehr noch, er zieht ihnen mit bewaffneter Macht entgegen, so daß ihnen nichts anderes übrig bleibt als das Gebiet Edoms in einem mühseligen Marsch im Südosten zu umgehen.

Der sich anschließende Bericht über den *Tod Aarons* (20,22–29) ist in seiner Schlichtheit ergreifend. Wie in Kap. 20,12 angekündigt, darf Aaron das verheißene Land nicht betreten. Am Berg Hor[5] eröffnet der Herr Mose, daß Aaron zu seinen Vätern versammelt werden soll. Auf Befehl Gottes führt Mose Aaron und dessen Sohn Eleasar auf diesen Berg hinauf, wobei ganz Israel Zeuge des Aufbruchs ist. Auf der Spitze des Berges angekommen, zieht Mose, dem Befehl des Herrn gemäß, Aaron seine Priesterkleider aus und legt sie dessen Sohn Eleasar um. »Und Aaron starb dort auf dem Gipfel des Berges« (V. 28), wie Mose selbst hernach auf dem Gipfel des Nebo starb – er freilich so, daß er das gelobte Land noch von ferne sehen durfte. Dreißig Tage lang beweinte das Volk Aaron

---

[4] Bei dieser »gebahnten Straße«, in V. 17 als »Straße der Könige« bezeichnet, ist an eine durch Aufschüttungen planierte Straße zu denken, die man mit Wagen befahren und die auch ein König beim offiziellen Auftreten benutzen konnte.
[5] Über die geographische Lage dieses Berges ist nichts Sicheres zu ermitteln (mit dem in Kap. 34,7 erwähnten Berg gleichen Namens ist er keinesfalls identisch).

– dies ist das einzige, was der Erzähler noch zu berichten weiß. Doch gerade in seiner Schlichtheit und Kürze ist dieser Bericht besonders ergreifend. Jedem Ahnen- und Totenkult war in Israel Tür und Tor verschlossen.

Der sich anschließende Bericht über die *Einnahme der Stadt Horma* (21,1–3) unterbricht den literarischen Zusammenhang zwischen Kap. 20 und Kap. 21,4 ff. Es handelt sich bei diesen Versen sicherlich um einen Einschub.[6] Horma, 15 km östlich von Beerseba gelegen, war von der Marschroute Israels von Kadesch bis ins Gebiet der Edomiter weit entfernt. Der Name der Stadt wird damit erklärt, daß die Israeliten gelobten, an den Kanaanitern, die den Negeb bewohnten, den Bann zu vollziehen, falls sie der Herr in ihre Hand geben würde. Das Letztere geschah und es sollte dies doch wohl (nach Meinung des Schreibers) für das heimatlose umherwandernde, von Edom abgewiesene Volk ein Zeichen der Ermutigung sein.

Die folgenden Verse (21,4–9) schildern die Situation, in der sich das Volk befand, dazu genötigt, das Land der Edomiter zu umgehen. Das Volk verlor die Geduld und begann gegen Gott[7] und Mose zu murren (V. 4): »Warum habt ihr uns aus Ägypten herausgeführt, wenn dies unser Los ist, daß wir hier in der Wüste sterben?« Vergessen ist die wunderbare Erfahrung, die Israel machen durfte, als ihm der Herr Wasser aus dem Felsen gab (20,11), überdrüssig ist das Volk des Mannas, das ihm als minderwertige Nahrung erscheint.

Aber auch der Herr, gegen den das Volk aufbegehrt, hat es satt, sich diese bitteren Vorwürfe länger anzuhören. Unheimliche Schlangen, deren Bisse tödlich sind, entsendet er in Lager der Israeliten. Viele müssen ihr Murren mit dem Verlust des Lebens bezahlen. Von Todesangst und Schrecken erfüllt, der eigenen schlimmen Verfehlung bewußt, wendet sich das Volk an Mose, daß er durch sein Gebet den Herrn bewege, dieser furchtbaren Plage Einhalt zu gebieten (V. 7). »Und Mose betete für das Volk« (vgl. 2. Mose 32,11 ff). Tatsächlich wird der unheimlichen Schlangen-Plage Einhalt geboten, aber wie dies geschieht, gibt viel zu denken. Mose bekommt vom Herrn den Befehl, eine *eherne Schlange* anzufertigen und diesen »Saraph« an einer Stange zu befestigen, sichtbar für alles Volk. Wozu dies gut sein soll, ist an sich nicht einsichtig. Aber der Herr selbst begründet den Befehl mit der Zusage: Jeder, der von einer Schlange

---

[6] Vielleicht aus einer »Alten Quelle« (M. Noth).
[7] Daß hier nicht der Name Gottes (Jahwe) steht, sondern von »Gott« die Rede ist, fällt auf. Offensichtlich liegt der Erzählung die Quellenschrift des »Elohists« zugrunde.

gebissen ist, soll auf diese eherne Schlange blicken. Dann wird ihm der an sich tödliche Biß nichts schaden, er wird am Leben bleiben. Religionsgeschichtlich betrachtet handelt es sich bei dieser Maßnahme um das, was man einen »Analogiezauber« nennt. Aber daß die Rettung vor dem tödlichen Schlangenbiß nicht auf einer magischen Heilkraft dieser ehernen Schlange beruhte, daß sie vom Herrn kam, ist dem Erzähler sehr wohl bewußt. Der Befehl Gottes, sich nicht selbst der gefährlichen Schlangen (vergeblich!) zu erwehren, vielmehr auf diese erhöhte Schlange zu blicken, zielte ja doch darauf ab, daß das ganze Volk jenes Verhalten lernen und einüben sollte, das die Hl. Schrift »glauben« nennt. Es ist ein Verzicht auf alle Selbsthilfe, ein Wegsehen von dem, was bedroht, ein Hin- und Aufblicken auf das eine, was nach göttlicher Zusage Heilung und Rettung verbürgt und erwirkt. Mose hat dies begriffen. Er fragt nicht: Was soll's?, so seltsam der Befehl des Herrn auch ist. Er fertigt eine eherne Schlange an, befestigt sie an einem hohen Pfahl, so daß sie vor aller Augen ist. Allen, auch den bereits von den gefährlichen Giftschlangen Gebissenen wird durch das Aufblicken auf diese erhöhte Schlange Heilung und Rettung zuteil. Wie unvergeßlich sich beides, die tödliche Bedrohung und die seltsame Errettung dem Volk einprägte, geht daraus hervor, daß zur Zeit Hiskias, vermutlich im Tempel zu Jerusalem, die »eherne Schlange«, die Mose damals auf den Befehl des Herrn anfertigte, gezeigt wurde (2. Kön. 18,4). Man nannte sie »Nehusthan« und wir erfahren, daß ihr die Israeliten räucherten, was dann freilich den König Hiskia – mit Recht – dazu bewog, sie zu beseitigen. Was noch viel mehr zu denken gibt, ist dies, daß in dem Gespräch Jesu mit Nikodemus (Joh. 3,1 ff) diese Geschichte aus der Zeit der Wüstenwanderung Israels aufgegriffen ist. »Wie Mose in der Wüste die Schlange erhöht hat, so muß der Menschensohn erhöht werden, auf daß alle, die an ihn glauben, das ewige Leben haben« (V. 14 f). Bei dieser »Erhöhung« ist an Jesu »Erhöhtwerden« am Fluchholz gedacht, an dem er sterben sollte. Als der »Erhöhte« errettet Er aus dem Verderben.

(21,10) Die Israeliten brachen auf und lagerten sich in Oboth. (11) Und von Oboth zogen sie weiter und lagerten sich in Ijje-Abarim[8] in der Wüste östlich von Moab. (12) Von dort brachen sie auf und lagerten sich im Bachtal Sered. (13) Von dort zogen sie weiter und lagerten sich auf der anderen Seite des Arnon, die in der Wüste liegt, die aus dem Gebiet der Amoriter herauskommt; denn der Arnon bildet die Grenze von Moab, zwischen Moab und den Amoritern. (14) Daher heißt es in dem Buch der Kriege des Herrn: »Wa-

---

[8] Nordwestliches Randgebirge von Moab, zu dem die Berge Nebo und Pisga gehören.

heb in Supha, dazu die Bachtäler des Arnon (15) und der Abfluß der Bachtäler, der sich hinzieht bis in die Gegend von Ar, gelehnt an die Grenze von Moab«.[9] (16) Von dort zogen sie nach Beer; das ist der Brunnen, von dem der Herr zu Mose gesagt hat: Versammle das Volk, daß Ich ihnen Wasser gebe! (17) Damals sang Israel dieses Lied:

> Steige auf, o Brunnen,
> begrüßt ihn mit Singen!
> Du Brunnen, gegraben von Fürsten,
> gebohrt von den Edlen des Volkes
> mit dem Szepter, mit ihren Stäben!

Und (von Beer) zogen sie nach Matthana (19) und von Matthana nach Nahaliel und von Nahaliel nach Bamoth (20) und von Bamoth in das Tal im Gefilde von Moab bei dem Gipfel des Pisga, der auf das Ödland herabschaut. (21,21) Da sandte Israel Boten an Sihon, den König der Amoriter, und ließ ihm sagen: Laß mich durch dein Land ziehen! Wir werden nicht abbiegen auf die Äcker und Weinberge, kein Wasser aus den Brunnen trinken; auf der Straße der Könige werden wir entlang ziehen, bis wir dein Gebiet durchzogen haben. (23) Aber Sihon erlaubte Israel nicht den Durchzug durch sein Gebiet, sondern versammelte sein ganzes Kriegsvolk und zog gegen Israel zu Felde in die Wüste und kam nach Jahza und kämpfte gegen Israel. (24) Israel aber schlug ihn mit dem fressenden Schwert und eroberte sein Land vom Arnon bis zum Jabbok, bis zum Gebiet der Amoriter.[10] (25) Und Israel nahm alle diese Städte ein und setzte sich in allen Städten der Amoriter fest, in Hesbon und in allen dazu gehörigen Ortschaften. (26) Denn Hesbon war die Stadt Sihons, des Königs der Amoriter, und dieser hatte gegen den ersten König von Moab gekämpft und dessen ganzes Land bis zum Arnon ihm aus der Hand genommen. (27) Darum heißt es im Lied:

> Kommt nach Hesbon,
> gebaut und befestigt werde die Stadt Sihons!
> (28) Denn Feuer ging aus von Hesbon,
> eine Flamme von der Stadt Sihons,
> Die verzehrte die Städte von Moab
> und verschlang die Höhen am Arnon.
> (29) Wehe dir, Moab!
> Du bist verloren, Volk des Kamos!
> Seine Söhne sind in die Flucht geschlagen
> und seine Töchter gefangen geführt.[11]

---

[9] Das Zitat aus dem – nur hier erwähnten »Buch der Kriege Jahwes« – ist bruchstückhaft und zum Teil offensichtlich fehlerhaft überliefert. »Waheb« ist unbekannt.

[10] Zusatz: denn Jazer bildet die Grenze der Ammoniter.

[11] Wörtlich: sind Kriegsgefangene des Amoriters (der Zusatz »des Amoriters« stört das rhythmische Gleichmaß).

(30) **Aber wir haben die Oberhand gewonnen**
Hesbon ist zugrunde gegangen;
Wir haben ein Feuer angefacht
bis nach Medeba.[12]

[12] (31) **Und Israel setzte sich (in den Städten) der Amoriter fest.** (32) **Und Mose sandte Kundschafter aus nach Jaser, und sie eroberten es mit seinen Ortschaften und vertrieben die Amoriter, die darin wohnten.** (33) **Darnach wandten sie sich und stiegen hinauf in der Richtung nach Basan. Da zog Og, der König von Basan, mit seinem ganzen Kriegsvolk ihnen bis Edrei entgegen, um wider sie zu kämpfen.** (34) **Und der Herr sprach zu Mose: Fürchte dich nicht vor ihm, denn Ich gebe ihn mit seinem ganzen Volk und seinem Land in deine Hand, daß du mit ihm verfahren kannst, wie du mit Sihon, dem König der Amoriter verfahren bist, der in Hesbon wohnte.** (35) **Und sie schlugen ihn und seine Söhne und sein ganzes Kriegsvolk, so daß kein Entronnener übrig blieb, und nahmen sein Land in Besitz.**

In Kap. 21,10 ff wird über den Weg Israels, genauer gesagt, seinen *Vormarsch im Ostjordanland* berichtet. Nach Umgehung des Gebiets der Edomiter, die den immer noch Heimatlosen den friedlichen Durchzug durch ihr Land verweigert hatten, gelangt das Volk an die Ostseite des Lands der Moabiter (vgl. Richter 11,18), deren Gebiet sich vom Bachtal Sered im Süden bis an den Arnon im Norden erstreckte.[13] Von der Ostgrenze des Moabiterlandes führt der Marsch an den Arnon. Dies wird durch ein Zitat aus dem »Buch der Kriege Jahwes«, das nur hier erwähnt ist, belegt. In V. 16 erfahren wir, daß das Volk an der Nordostseite von Moab als eine besonders kostbare Gabe des Herrn Wasser aus einem Brunnen bekam. Das aus der Tiefe aufsteigende Wasser wurde mit Jubel begrüßt. Das Lied, das man damals in »Beer« (d. h. Brunnen) sang, wird in wörtlicher Wiedergabe mitgeteilt. Daß die Fürsten Israels mit ihren »Herrscherstäben« den Brunnen gegraben haben, will nicht wörtlich verstanden sein. Es ist eine poetische Ausschmückung, die die Kostbarkeit, die solch ein Brunnen in jenen wasserarmen Steppen darstellte, mit dichterischer Freiheit unterstreicht. Die in V. 18 bf folgenden Ortsbezeichnungen lassen sich nur teilweise noch lokalisieren.
An der Nordgrenze von Moab angelangt, befand sich das Volk zugleich an der Südflanke des Gebiets, das die *Amoriter* bewohnten. In dem folgen-

---

[12] Wörtlich: und wir haben weiter ein Feuer angefacht gegen Medeba.
[13] Das Bachtal »Sered« wird nur noch in 5. Mose 2,13 namentlich genannt.
[14] Jahza lag – nach Angabe des Euseb – zwischen Medeba und Dibon an der Ostgrenze des Gebiets von Moab.

den Bericht (21,21–30) wird erzählt, daß Israel um die Erlaubnis des friedlichen Durchzugs durch sein Gebiet bat und sich, wie zuvor in der Verhandlung mit den Edomitern, verpflichtete, weder die Äcker noch die Weinberge zu betreten, kein Brunnenwasser zu trinken, von der »Straße der Könige« nicht abzugehen. Die demütig vorgetragene Bitte wird von *Sihon,* dem König der Amoriter, schroff verweigert. Mehr noch, er zieht dem Volk mit bewaffneter Macht entgegen. An dem Ort Jahza kommt es zum Kampf und dieser Kampf endet überraschender Weise mit einem völligen Sieg Israels, so daß sich das bislang heimatlos umherziehende Volk im Gebiet der Amoriter ansiedeln kann. Ein erster, wichtiger Schritt zur Einnahme des Landes ist damit erfolgt. Dies wird dadurch unterstrichen, daß der Erzähler ein *Lied* mitteilt, das nach diesem überraschenden Sieg in Israel gesungen wurde. Das Lied setzt voraus, daß Hesbon, die Residenz Sihons, eingenommen und bei den Kampfhandlungen zerstört wurde. Zum Wiederaufbau der zerstörten Stadt wird in diesem Siegeslied aufgerufen. Begründet wird dieser Aufruf mit einem Rückblick in Hesbons Vergangenheit. Unter Sihon hatte die Stadt Hesbon, in der dieser residierte, Krieg und Schrecken um sich verbreitet, wovon »die Städte von Moab« und die »Höhen am Arnon« betroffen wurden, wobei sich ihr Gott Kamos als ohnmächtig erwies. Nun hat sich das Blatt gewendet. Hesbon, die Residenz Sihons, ist von den Israeliten eingenommen. Das »Feuer«, das von Hesbon ausging, schlug gleichsam zurück. Nach dem Sieg über Sihon nahmen die Israeliten auch das Land Basan ein, nachdem sich Og, der König von Basan, mit seinem Volk bei Edrei zum Kampf gestellt hatte (vgl. 5. Mose 3,33–35). Damit hat das Volk im Ostjordanland festen Fuß gefaßt.

BALAK UND BILEAM

Kap. 22,1 – 24,25

(22,1) **Danach brachen die Israeliten auf und lagerten sich in den Steppen Moabs jenseits des Jordans gegenüber Jericho.** (2) **Balak, der Sohn Zippors, sah alles, was Israel den Amoritern angetan hatte.** (3) **Und die Moabiter fürchteten sich sehr vor dem Volk, weil es so zahlreich war, und den Moabitern graute vor den Israeliten.** (4) **Da sprachen die Moabiter (zu den Ältesten der Midianiter**[1]**): Jetzt wird dieser Haufe alles um uns herum abfressen, wie das Rindvieh das Grün auf dem Feld abfrißt. Balak aber, der Sohn Zippors, war zu jener Zeit König über Moab.** (5) **Und er sandte Boten zu Bileam, dem Sohn Beors, nach Pethor**[2]**, das am Euphrat liegt, in das Land seiner Volksgenossen, um ihn herbeizurufen, und ließ ihm sagen: Da ist ein Volk aus Ägypten ausgezogen, das hat das Land weit und breit überschwemmt, und hat mir gegenüber Wohnung gemacht.** (6) **So komm nun und verfluche mir dieses Volk, denn es ist mir zu mächtig; vielleicht kann ich's dann schlagen und aus dem Lande vertreiben. Denn ich weiß: Wen du segnest, der ist gesegnet, und wen du verfluchst, der ist verflucht.** (7) **Da gingen die Ältesten der Moabiter (und die Ältesten der Midianiter**[1]**), versehen mit Wahrsagerlohn, hin und kamen zu Bileam und teilten ihm die Worte Balaks mit.** (8) **Er aber antwortete ihnen: Bleibt heute über Nacht hier, so will ich euch Bescheid geben dem gemäß, was der Herr zu mir sagen wird. So blieben die moabitischen Häuptlinge bei Bileam.**
(9) **Gott aber kam zu Bileam und sprach: Wer sind diese Männer, die bei dir sind?** (10) **Bileam antwortete Gott: Balak, der Sohn Zippors, der König von Moab, hat mir sagen lassen:** (11) **Siehe, ein Volk ist aus Ägypten ausgezogen, das hat das Land weit und breit überschwemmt. So komm nun und verfluche es; vielleicht kann ich dann mit ihm kämpfen und es vertreiben.** (12) **Gott aber sprach zu Bileam: Du sollst nicht mit ihnen gehen; du darfst dieses Volk nicht verfluchen, denn es ist gesegnet!** (13) **Da stand Bileam am Morgen auf und sprach zu den Häuptlingen Balaks: Geht heim in euer Land; denn der Herr hat es mir nicht erlaubt, mit euch zu gehen.** (14) **Da machten sich die moabitischen Häuptlinge auf, und sie kamen zu Balak und sprachen: Bileam**

---

[1] Glosse (Vorbereitung von Kap. 31).
[2] Mit »Pethor am Euphrat« ist wohl eine Stadt an einem rechten Nebenfluß des oberen Euphrat gemeint (vgl. 5. Mose 23,5).

hat sich geweigert, mit uns zu gehen. (15) Darauf sandte Balak nochmals Häuptlinge, noch zahlreicher und angesehener als jene. (16) Die kamen zu Bileam und sprachen zu ihm: So läßt dir Balak, der Sohn Zippors, sagen: Laß dich durch nichts abhalten, zu mir zu kommen! (17) Ich will dich aufs reichlichste belohnen und alles leisten, was du von mir forderst. Komm doch und verfluche mir dieses Volk! (18) Bileam antwortete und sprach zu den Gesandten Balaks: Wenn mir Balak alles Silber und Gold geben würde, davon sein Haus voll ist, so könnte ich doch nicht dem Befehl des Herrn, meines Gottes zuwiderhandeln, weder in kleiner noch in großer Sache. (19) Nun bleibt aber doch diese Nacht hier, damit ich erfahre, was der Herr weiter mit mir reden wird. (20) Da kam Gott in der Nacht zu Bileam und sprach zu ihm: Wenn schon diese Männer zu dir gekommen sind, um dich zu rufen, so mache dich auf und geh mit ihnen; doch darfst du nur das tun, was ich dir sagen werde. (21) Da stand Bileam am Morgen auf und sattelte seine Eselin und ging mit den Häuptlingen der Moabiter.

(22) Aber der Zorn des Herrn[3] entbrannte darüber, daß er hinzog, und der Engel des Herrn verstellte ihm den Weg.[4] Er aber ritt auf seiner Eselin, von seinen zwei Dienern begleitet. (23) Und die Eselin sah den Engel des Herrn, wie er auf dem Weg stand und das gezückte Schwert in der Hand hatte. Da bog die Eselin von dem Weg ab und wich aus[5] auf das Ackerfeld. Bileam aber schlug die Eselin, um sie wieder auf den Weg zu bringen. (24) Da trat der Engel des Herrn auf den Pfad zwischen den Weinbergen, wo auf beiden Seiten eine Mauer war. (25) Wie nun die Eselin den Engel des Herrn erblickte, drückte sie sich an die Wand und drückte den Fuß Bileams an die Wand; da schlug er sie abermals. (26) Da ging der Engel des Herrn nochmals voraus und trat an eine enge Stelle, wo es keine Möglichkeit gab, nach rechts oder links auszuweichen. (27) Als die Eselin den Engel des Herrn sah, fiel sie in die Knie unter Bileam. Da geriet Bileam in Zorn und er schlug die Eselin mit dem Stock. (28) Da tat der Herr der Eselin den Mund auf, und sie sagte zu Bileam: Was habe ich dir getan, daß du mich nun schon dreimal geschlagen hast? (29) Bileam sprach zu der Eselin: Weil du Mutwillen mit mir getrieben hast! Hätte ich jetzt ein Schwert zur Hand – ich hätte dich längst getötet! (30) Da sagte die Eselin zu Bileam: Bin ich nicht deine Eselin, auf der du von jeher geritten bist bis auf diesen Tag? War es je meine Art, mich so gegen dich zu benehmen? Er sprach: Nein. (31) Da öffnete der Herr Bileam die Augen und er sah den Engel des Herrn auf dem Weg stehen, ein gezücktes Schwert in der Hand. Da bückte er sich und fiel nieder auf sein Angesicht. (32) Der Engel des Herrn aber sprach zu ihm: Warum hast du deine Eselin nun schon dreimal geschlagen? Ich bin's, ich habe mich auf den Weg gemacht, um dir ent-

---

[3] Die Lesart »der Zorn Gottes« ist als sekundär zu beurteilen.
[4] Wörtlich: stellte sich auf dem Weg als Gegner für ihn auf.
[5] Wörtlich: ging.

gegenzureiten, denn in meinen Augen bist du auf verkehrtem Wege.[6] (33) **Die Eselin aber hat mich gesehen und ist vor mir ausgewichen, nun schon dreimal; wäre sie nicht vor mir ausgewichen, so hätte ich dich längst umgebracht, sie aber am Leben gelassen.** (34) **Da sprach Bileam zu dem Engel des Herrn: Ich habe gefehlt; ich wußte ja nicht, daß du mir auf dem Weg entgegenstandest. Nun, wenn dir's gefällt, will ich wieder umkehren.** (35) **Der Engel des Herrn aber sprach zu Bileam: Geh mit den Männern! Nur darfst du nichts anderes sagen, als was ich dir sagen werde. Da ging Bileam mit den Häuptlingen Balaks.**
(36) **Als Balak hörte, daß Bileam komme, ging er ihm entgegen nach Ar in Moab, das am Arnon liegt, an der äußersten Grenze.**[7] (37) **Und Balak sprach zu Bileam: Habe ich nicht dringlich nach dir geschickt und dich rufen lassen? Warum bist du nicht zu mir gekommen? Bin ich denn wahrhaftig nicht imstande, dich gebührend zu belohnen?** (38) **Bileam antwortete Balak: Nun wohl, ich bin jetzt zu dir gekommen. Aber werde ich wirklich etwas reden können? Nur was Gott mir in den Mund gibt, kann ich reden.** (39) **So ging Bileam mit Balak und sie kamen nach Kirjath-Huzoth.** (40) **Da opferte Balak Rinder und Schafe und schickte (davon) an Bileam und an die Häuptlinge, die bei ihm waren.**

Die breit ausgeführte, drei Kapitel umfassende Geschichte von Balak und Bileam ist ein hervorragendes Beispiel biblischer Erzählkunst. Sieht man genauer zu, so fällt auf, daß die Texte teils vom »Herrn«, teils von »Gott« reden, mit dem es Balak und Bileam zu tun bekommen. Dieser Wechsel in der Gottesbezeichnung ist ein deutlicher Hinweis darauf, daß der vorliegende biblische Text aus den beiden Quellenschriften des »Jahwists« und des »Elohists« zusammengefügt ist.[8] Beide wissen zu berichten, daß *Balak*, der König der Moabiter, sich durch das nirgends seßhafte, sein Herrschaftsgebiet umwandernde Aufgebot der zwölf Stämme Israels bedroht fühlte. Deshalb sandte er Boten zu *Bileam*, daß er komme und dieses ihm unheimliche Volk verfluche. Wer ist dieser Bileam? Er wird in den biblischen Büchern mehrfach erwähnt. Nach 5. Mose 23,5 f war Bileam der Sohn Beors von Pethor aus Mesopotamien. Er verfluchte Israel, aber der Herr, der Gott Israels, hörte nicht auf ihn; Er verwandelte den Fluch in Segen.[9] Nach 4. Mose 31,8 wurde Bileam bei dem Rachefeldzug wider die

---

[6] Text verderbt (Übersetzung sinngemäß).
[7] Die an der Arnongrenze liegende Stadt ist unbekannt.
[8] Inhaltlich stellen die beiden je in sich geschlossenen Abschnitte 22,41–23,26 und 23,28–24,19 offenbar Dubletten dar; der erstere bildet mit zwei »Bileamsprüchen« das Hauptstück bei E (Elohist), der letztere mit wiederum zwei »Bileamsprüchen« das Hauptstück bei J (Jahwist). In Kap. 23,27.29.30 werden diese beiden Varianten durch redaktionelle Zusätze miteinander verknüpft (M. Noth).
[9] Vgl. Neh. 13,2; Jos. 24,9 f.

Midianiter mit dem Schwert erwürgt, weil er durch seinen Rat die Israeliten zum Abfall von dem Herrn verführt hatte (vgl. 4. Mose 25,1 ff; Offb. 2,14). Nach 2. Petr. 2,15 liebte Bileam, der Sohn Beors, den Lohn der Ungerechtigkeit, aber das stumme, lastbare Tier, auf dem er ritt, redete mit menschlicher Stimme und wehrte des Propheten Torheit. In Micha 6,5 wird die Antwort, die Bileam dem Balak, dem König von Moab, auf sein Ansinnen gab, als Beweis dafür erwähnt, wie gut der Herr selbst es mit seinem Volk gemeint hat. – Die Vielzahl der Stellen zeigt, wie sehr die Gestalt dieses heidnischen Sehers die biblischen Zeugen beschäftigt hat. Nach Kap. 22,5 war er in der Stadt Pethor zuhause, die »am Fluß liegt«[10], nach Kap. 23,7 wurde er »aus Aram« herbeigeholt. Beide Angaben stimmen zusammen und bezeugen, daß Bileam im nördlichen Syrien zu Hause war.[11] Er wurde also nach Meinung des biblischen Erzählers sehr weit hergeholt; sein Ansehen stand offensichtlich hoch im Kurs. Wenn ihn Balak, der König der Moabiter, holen ließ, um sich seiner Hilfe zu bedienen, so zeigt dies, daß er dem Macht- und Fluchwort dieses »Sehers« ganz besondere, für Israel verheerende Wirkung zutraute.

Der Bericht beginnt mit der Mitteilung, daß sich die immer noch heimatlosen Israeliten in den »Steppen Moabs« lagerten. Offenbar gehörte die Jordan-Senke gegenüber Jericho damals zum Machtbereich der Moabiter. Diese überfiel ein Schrecken, als sie sahen, wie die Tausendschaften Israels heranrückten. Auch wenn dieses große Volk keine kriegerischen Absichten hatte, war es eine Gefahr. Wie Heuschrecken werden die Israeliten – so befürchten die Moabiter – alles kahl fressen! *Balak,* der König von Moab, fühlt jedenfalls sich und sein Volk und Land bedroht. Er fürchtet, der Übermacht dieses fremden Volkes, das ihm sichtlich unheimlich ist, zu erliegen. In seiner Angst schickte er Boten zu dem offensichtlich weithin bekannten *Bileam,* von dem man sich erzählte, daß er Macht habe, durch seinen »Spruch« drohendes Unheil zu bannen. Der »Botenspruch« wird in V. 5 im Wortlaut mitgeteilt. Balak läßt Bileam wissen, was ihn bedroht und mit Furcht erfüllt, und ersucht ihn persönlich herbeizukommen und dieses fremde Volk zu verfluchen. Von diesem Fluch erhofft er sich, daß er die Kampfkraft des fremden Volkes lähmen und ihn dadurch instandsetzen werde, diese ihm unheimlichen Eindringlinge mit bewaffneter Gewalt zu vertreiben. Balak weiß offenbar aus Erfahrung, daß diesem Bileam eine besondere, geheimnisvolle Macht gegeben ist: »Wen du segnest, der ist gesegnet, und wen du verfluchst, der ist ver-

---

[10] Am Euphrat.
[11] Pethor (assyrisch »Pitru«) lag im nördlichsten Syrien, an einem rechten Nebenfluß des Euphrat.

flucht«. Überraschenderweise zögert Bileam, dem Ansinnen Balaks Folge zu leisten. Er erbittet nicht nur Bedenkzeit, sondern macht die Entscheidung, ob er tun soll, was Balak von ihm will, davon abhängig, was »der Herr« zu ihm sagen wird. Woher kannte der heidnische Wahrsager diesen Herrn, den Gott Israels, mit Namen? Darauf gibt der Erzähler der Geschichte keine Antwort.

»Gott aber kam zu Bileam« (V. 9), so weiß der »Elohist« zu berichten, ohne freilich über die Art und Weise seines Kommens sich genauer zu verbreiten. Die Frage »Wer sind diese Männer, die bei dir sind?« zielt darauf ab, daß Bileam Rede und Antwort stehen muß. Es ist ja keineswegs so, daß der Allwissende erst der Information bedürfte! Die Antwort Bileams faßt zusammen, was Balak, der König von Moab, von ihm will (V. 10 f): Komm und verfluche dieses Volk! Aber Gott stellt diesem Ansinnen sein striktes Nein entgegen: »Du darfst dieses Volk nicht verfluchen, denn es ist gesegnet und soll auch gesegnet bleiben.« Bileam wagt keinen Einspruch. Er eröffnet den Abgesandten Balaks, daß es ihm verwehrt sei, mit ihnen zu gehen und so dem Gesuch Balaks zu entsprechen: »Der Herr hat es mir nicht erlaubt« (V. 13).

Aber so schnell gibt sich Balak nicht zufrieden. Eine zweite Gesandtschaft, noch stattlicher als die erste, wird von ihm ausgeschickt, diesmal mit dem Versprechen, Bileam, falls er komme und dieses Volk verfluche, fürstlich zu belohnen. Aber mit Bestechung ist bei diesem Bileam offensichtlich nichts zu erreichen: »Wenn mir Balak alles Silber und Gold gäbe, davon sein Haus voll ist, könnte ich doch nicht dem Befehl des Herrn, meines Gottes zuwiderhandeln« (V. 18). In der Art, wie er sich dem Ansinnen Balaks verweigert, mag dieser Bileam viele beschämen, die um schnöden Gewinnes willen gegen ihr Gewissen handeln. Und doch will der Erzähler nicht der Lauterkeit seines Charakters ein Denkmal setzen. Bileam kann dem Wunsch Balaks nicht entsprechen, wenn er schon wollte! Es ist Gott selbst, der ihm den Weg verriegelt. Das Einzige, was er den Abgesandten Balaks zugestehen kann, ist dies, daß sie nicht sogleich unverrichteter Dinge wieder den Rückzug antreten, vielmehr noch eine Nacht in seiner Nähe verweilen sollen. Er selbst rechnet mit der Möglichkeit, daß der Herr aufs neue, diesmal vielleicht anders, zu ihm reden wird. Tatsächlich geht Bileams Erwartung in Erfüllung. Der Elohist berichtet, das Gott in der Nacht Bileam erschien und ihm die Weisung gab, mit den Abgesandten Balaks sich auf den Weg zu machen, freilich der Befehle Gottes gewärtig und strikt an sie gebunden. Doch nach dem Bericht des Jahwists, der in V. 22 ff sich wieder zu Wort meldet, tat Bileam nicht recht daran, daß er mit den Abgesandten Balaks sich auf den Weg machte. Der

Zorn des Herrn entbrannte darüber (V. 22). Sein Engel verstellte Bileam den Weg (V. 22).

Wie dies geschah, ist so spannend, so lebendig und eindrücklich erzählt, wie eben nur die Bibel, das Buch der Bücher, erzählen kann. Bileam brach auf, wie ein vornehmer Herr von zwei Dienern begleitet, und seine Eselin diente ihm als Reittier. Ohne einen für Bileam erkennbaren Grund schreckt sie plötzlich zurück und weigert sich, auch nur einen Schritt in der befohlenen Richtung weiterzugehen. Sie biegt aus auf das freie Ackerfeld. Bileam, der den Grund ihres seltsamen Verhaltens nicht kennt, treibt sie auf den gebahnten Weg zurück. Aber an einer Stelle, wo der Weg, auf beiden Seiten durch die Schutzmauern der Weinberge verengt, kein Ausweichen erlaubt, drückt sich die Eselin an die Wand und weigert sich aufs neue, auch nur einen Schritt weiterzugehen. Bileams Fuß wird dabei eingeklemmt. Erbost über ihr störrisches Verhalten greift Bileam zum Stock und schlägt auf sie ein. Aber es hilft nicht viel! An einer Stelle, wo sich der Pfad noch mehr verengt, so daß weder nach rechts oder links ein Ausweichen möglich ist, fällt die Eselin auf die Knie – ein Grund für Bileam, nun erst recht erzürnt über ihr störrisches Verhalten, mit dem Stock auf sie einzuschlagen. So begreiflich sein Unmut ist, so sehr tut er ihr unrecht. Denn warum scheut sie zurück, weshalb weicht sie vom Wege ab? Weil sie etwas sieht, was Bileam nicht sieht: Der Engel des Herrn steht auf dem Weg mit gezücktem Schwert!

Mit diesem »Engel des Herrn« hat es im Alten Testament seine besondere Bewandtnis. Er tritt als Bote Jahwes auf; wo er sich zeigt, redet und handelt, ist der Herr selbst gegenwärtig (vgl. 2. Mose 36,13; 2. Mose 3,2 ff). Wo eben noch von Seinem »Engel« die Rede war, ist – oft plötzlich ohne jeden Kommentar – der Herr selbst auf dem Plan. Es bedarf freilich geöffneter Augen, um Ihn zu erkennen. Auch Bileam hat zunächst nicht erkannt, wer ihm den Weg verstellte, bis ihm die Augen geöffnet wurden. Zuvor jedoch tut der Herr der Eselin den Mund auf, damit Bileam erkenne, wie sehr er ihr Unrecht tat. Nur blinder Unverstand könnte über diesen besonders rührenden Zug der Erzählung sich mockieren! Der Gott, den die Bibel verkündigt, hat auch ein Herz für das Seufzen der so vielfach gequälten, geschundenen Kreatur (vgl. Röm. 8,20 f). Man spürt dem Erzähler der Geschichte ab, daß er darum weiß, ja mehr noch, daß er ein Mitgefühl dafür empfindet. Er nimmt die Eselin gegen Bileam in Schutz. Mit enthüllten Augen nimmt Bileam den Engel wahr, der ihm selbst mit gezücktem Schwert den Weg verstellt (V. 31). Zur Rede gestellt, erkennt er, wie sehr er der Eselin, die seine Last trug, Unrecht tat. Er selbst war in größter Gefahr. Wäre die Eselin nicht ausgewichen, hätte ihn der Engel des Herrn mit gezücktem Schwert niedergestreckt! Zutiefst erschrocken erklärt sich Bileam bereit, unverzüglich den Rückzug anzutreten. Aber – wider Erwarten – wird ihm von dem Engel des Herrn die Weisung erteilt, mit Balaks Abgesandten die Reise fortzusetzen. »Gehe mit ihnen, jedoch sprich nur aus, was ich dir sagen werde« (V. 35). – Man sieht hier, wie Gott auch »auf krummen Linien gerade schreiben kann«, ohne Bild gesprochen, wie Er auch die verkehrten Wege, die Menschen einschlagen, mit überlegener Weisheit und Befehlsgewalt dazu benützen kann, um Seinen Willen durchzusetzen.

Mit Ungeduld hat Balak auf die Ankunft Bileams gewartet, auf dessen Banngewalt er seine Hoffnung setzt. Dies zeigt sich darin, daß er ihm entgegengeht (V. 36) und sich darüber beklagt, daß ihn Bileam so lange warten ließ. Er ist auch in seinem Stolz verletzt, zumal er, wie er betont, durchaus gewillt und imstande ist, Bileam für seine Dienste gebührend zu belohnen. Bileam geht auf diese Vorwürfe nicht ein, gibt jedoch Balak zu bedenken, daß er ihm keinesfalls nach seinem Mund reden könne. »Nur was Gott mir in den Mund gibt, kann ich reden« (V. 38). Die Opfer, die Balak darbringt und von denen auch Bileam sein gewiß reichliches Teil abbekommt, können und werden nichts ändern (V. 40).

(22,41) Am nächsten Morgen aber nahm Balak den Bileam und führte ihn nach Bamoth-Baal[1] **hinauf, von wo aus er das ganze Volk Israel überblicken konnte. (23,1) Und Bileam sprach zu Balak: Baue mir hier sieben Altäre und stelle mir hier sieben junge Stiere und sieben Widder bereit, (2) Balak tat, wie Bileam gesagt hatte, und Bileam brachte je einen Jungstier und je einen Widder dar. (3) Und Bileam sprach zu Balak: Bleib du stehen bei deinem Brandopfer; ich will hingehen, vielleicht läßt mir Gott eine Begegnung zuteil werden. Was Er mich schauen läßt, das werde ich dir mitteilen. Und er ging hin auf eine kahle Anhöhe. (4) Da ließ Gott dem Bileam eine Begegnung zuteil werden; er aber sprach zu ihm: Sieben Altäre habe ich hergerichtet und auf jedem Altar einen jungen Stier und einen Widder dargebracht. (5) Da legte der Herr dem Bileam ein Wort in den Mund und sprach: Kehre zu Balak zurück und sprich also! (6) Da kehrte er zu ihm zurück; jener aber stand noch bei seinem Brandopfer mitsamt allen Häuptlingen der Moabiter. (7) Da hob Bileam an mit seinem Spruch und sprach:**

> **Aus Aram ließ Balak mich holen;**
> **Moabs König aus den Bergen des Ostens:**
> **Geh her, verfluche mir Jakob!**
> **Komm her, verwünsche Israel!**

---

[1] Ob es sich um einen Ortsnamen oder nur um eine Kultstätte handelt, ist nicht eindeutig.

(8) Wie soll ich verfluchen, dem Gott nicht flucht?
Und wie verwünschen, den der Herr nicht verwünscht?
(9) Denn von der Höhe der Felsen sehe ich's
und von den Hügeln schaue ich's:
Da ist ein Volk, das abgesondert wohnt
und sich nicht zu den Heiden rechnet.
(10) Wer kann berechnen den Staub Jakobs
und wer könnte zählen die Menge Israels?
Möge ich sterben den Tod der Gerechten,
möge mein Ende sein wie das Ihre!

(11) Da sprach Balak zu Bileam: Was hast du mir da angetan! Um meine Feinde zu verwünschen, habe ich dich holen lassen und wahrhaftig du hast sie gesegnet. (12) Er antwortete und sprach: Muß ich mich nicht an das halten und sagen, was Gott[2] mir in den Mund legt? (13) Da sprach Balak zu ihm: Geh doch mit mir an einen anderen Platz, von wo du es sehen kannst – allerdings nur einen Bruchteil[3], ganz kannst du es nicht sehen – und verfluche es mir von dort aus! (14) Und er führte ihn zu dem Späher-Platz auf dem Gipfel des Pisga; dort errichtete er sieben Altäre und brachte auf jedem Altar einen Jungstier und einen Widder zum Opfer dar. (15) Dann sprach Bileam zu Balak: Bleibe hier stehen bei deinem Brandopfer, ich aber will dort dem Herrn begegnen. (16) Da gab sich Gott[2] Bileam kund und legte ihm ein Wort in den Mund und sprach: Kehre zurück zu Balak und sprich also! (17) Da kam er zu ihm, und siehe, er stand noch bei seinem Brandopfer und die Hauptleute der Moabiter bei ihm. Und Balak fragte ihn: Was hat der Herr gesagt? Da hob er an mit seinem Spruch und sprach:

Steh auf, Balak, und höre!
nimm's zu Ohren, du Sohn Zippors!
(19) Gott ist nicht Mensch, daß er lüge,
nicht Menschenkind, daß ihn gereue.
Sollte er etwas reden und nicht ausführen,
etwas verheißen und nicht Wort halten?
(20) Siehe zu segnen ist mir befohlen;
so segne ich denn und nehme nichts zurück.
(21) Nicht Unheil erblickt man in Jakob
und kein Verderben sieht man in Israel.
Der Herr, sein Gott, ist mit ihm
und Königsjubel tönt in ihm.
(22) Gott ist's, der sie aus Ägypten geführt hat,
gewappnet wie mit Hörnern des Wildstiers.[4]
(23) Denn kein Zaubern gibt es in Jakob
und keine Beschwörung in Israel.

---

[2] Alte Handschriften haben hier »Gott« (statt »Jahwe«).
[3] Wörtlich: den äußersten Teil davon.
[4] Wörtlich: Wie des Wildochsen Hörner ist er (Gott) für sie.

> Jetzt kann man nur sagen von Jakob und Israel:
> Was hat Gott getan![5]
> (24) Dies Volk! Wie ein Löwe steht's auf,
> wie ein Leu sich erhebt und nicht legt,
> bis er den Raub verzehrt hat
> und das Blut der Erschlagenen getrunken.

(25) Da sprach Balak zu Bileam: Wenn du schon nicht verfluchst, so brauchst du doch nicht auch noch zu segnen! (26) Bileam aber antwortete und sprach zu Balak: Habe ich dir nicht gesagt, alles, was der Herr sagt, das werde ich tun? (27) Da sprach Balak zu Bileam: Komm doch, ich will dich an einen andern Ort mitnehmen; vielleicht ist es Gott recht, daß du es mir von dort aus verfluchst. (28) Und Balak führte ihn auf den Gipfel des Berges Peor, der auf das Ödland herabschaut. (29) Und Bileam sprach zu Balak: Errichte mir hier sieben Altäre und stelle mir sieben junge Stiere und sieben Widder bereit. (30) Balak tat, wie Bileam sagte, und opferte auf jedem der Altäre einen Jungstier und einen Widder.
(24,1) Als nun Bileam sah, daß es dem Herrn gefiel, Israel zu segnen, ging er nicht mehr wie bisher auf Bannsprüche aus, sondern richtete sein Angesicht zur Wüste, (2) und Bileam hob seine Augen auf und sah Israel, gelagert nach seinen Stämmen. Da kam Gottes-Geist über ihn, (3) und er hob an mit seinem Spruch und sprach:

> So spricht Bileam, der Sohn Beors,
> der Mann, dem die Augen geöffnet sind;
> (4) So spricht, der Gottesworte vernimmt
> und die Erkenntnis des Höchsten besitzt[6]
> der im Gesicht den Allmächtigen schaut[7]
> in der Versenkung und mit enthüllten Augen:
> (5) Wie schön sind deine Zelte, Jakob,
> und deine Wohnungen, Israel!
> (6) Wie Bachtäler weit gedehnt,
> wie Gärten an einem Strom,
> wie Aloe-Bäume, die der Herr gepflanzt hat,
> wie Zedern an den Wassern.
> (7) Seine Schöpfeimer fließen von Wasser über
> und seine Saat hat Wassers die Fülle.
> Mächtiger als Agag[8] ist sein König,
> und seine Herrschaft erhebt sich (über seine Feinde)[9]

---

[5] V. 23b, der aus dem Metrum fällt, ist späterer Zusatz.
[6] Diese Zeile ist – aus metrischen Gründen – in Anlehnung an V. 16 ergänzt.
[7] Sinn: eine Vision des Allmächtigen hat.
[8] Vgl. 1. Sam 15,8.20.32 f.
[9] Die unvollständige Verszeile ist – sinngemäß – ergänzt.

> (8) Aus Ägypten hat es Gott geführt,
> gewappnet wie mit Hörnern des Wildstiers[10]
> Es verschlingt die ihm feindlichen Völker
> und zermalmt ihre Knochen, zerschmettert ihre Pfeile.
> (9) Es streckt sich zur Ruhe wie ein Löwe,
> wie eine Löwin, die niemand aufstören darf.
> Gesegnet sei, wer dich segnet,
> und wer dir flucht, sei verflucht!

(10) Da entbrannte der Zorn Balaks gegen Bileam, und er schlug die Hände zusammen. Und Balak sprach zu Bileam: Um meine Feinde zu verfluchen, habe ich dich rufen lassen, und nun hast du sie sogar noch gesegnet, bereits dreimal. (11) So geh jetzt nur schleunigst wieder heim. Ich gedachte dich ehrenvoll zu belohnen, doch nun hat dich der Herr selbst um die Ehrung[11] gebracht. (12) Bileam antwortete Balak: Habe ich nicht schon zu den Boten, die du mir sandtest, deutlich gesagt: (13) Wenn mir Balak alles Silber und Gold schenken wollte, das in seinem Haus ist, so könnte ich doch dem Befehl des Herrn zuwiderhandeln damit, daß ich von mir aus etwas tun würde, sei's zum Guten oder zum Schlimmen; was der Herr sagt, das werde ich sagen! (14) Nun gehe ich eben wieder zu meinem Volk. Wohlan, ich will dir kundtun, was dieses Volk deinem Volk antun wird in künftiger Zeit! (15) Und er hob an mit seinem Spruch und sprach:

> So spricht Bileam, der Sohn Beors,
> der Mann, dem die Augen geöffnet sind;
> (16) So spricht, der Worte Gottes vernimmt
> und die Gedanken des Höchsten kennt,
> der im Gesicht den Allmächtigen schaut
> in der Versenkung und mit enthüllten Augen:
> (17) Ich sehe ihn, doch nicht schon jetzt;
> ich schaue ihn, doch noch nicht nah.
> Es geht auf ein Stern aus Jakob
> und ein Szepter erhebt sich aus Israel;
> das zerschmettert die Schläfen Moabs
> und den Schädel aller Söhne Seths[12]
> (18) Auch Edom wird in Besitz genommen
> und Seir wird zur Beute;
> Israel aber wird zur Macht kommen
> (19) Aus Jakob wird der Herrscher kommen
> und die aus den Städten Entronnenen vertilgen.[13]

(20) Und als er die Amalekiter erblickte, hob er an mit seinem Spruch und sprach:

---

[10] Vgl. Anmerkung zu Kap. 23,22.
[11] Um das Honorar.
[12] Synonym von Moab.
[13] Text und Übersetzung von V. 19 ist zweifelhaft.

>Amalek ist das erste unter den Völkern,
>aber sein Ende ist der Untergang.
>(21) Und als er die Keniter sah, hob er mit seinem Spruch an und sprach:
>**Fest ist dein Wohnsitz, Kain**
>**und auf den Felsen ist dein Nest gebaut.**
>(22) **Und doch ist es dem Untergang geweiht.**
>**Wie lange noch, dann führt Assur dich weg!**
>(23) Und er hob abermals an mit seinem Spruch und sprach:
>**Wehe, wer wird am Leben bleiben,**
>**wenn Gott solches tun wird?**
>(24) **Denn Schiffe werden kommen von den Kittäern,**
>**die werden demütigen Assur und Eber,**
>**aber auch dies führt zum Untergang.**
>(25) **Da machte sich Bileam auf und ging weg und kehrte in sein Land zurück.**
>**Und auch Balak ging seines Wegs.**

Durch die Opfer, die Balak nach der Ankunft Bileams darbrachte, war dieser in die kultische Gemeinschaft der Moabiter aufgenommen (22,40). Was jetzt noch notwendig war, damit Bileam zugunsten der Moabiter wider Israel sein Fluchwort sprechen könne, war die Herstellung der Sichtverbindung. Zu diesem Zweck führte ihn Balak auf eine Anhöhe, von der aus Bileam das Lager Israels im Blickfeld hat. Der Akt der geplanten Verfluchung wird mit einem erstaunlich großen Aufwand vorbereitet. Sieben Altäre muß Balak auf Anweisung Bileams errichten, sieben Jungtiere und sieben Widder zur Opferung bereitzustellen. Eigenhändig bringt Bileam je einen Jungstier und einen Widder zum Opfer dar, offenbar in der Absicht, eine siebenmalige, jeweils durch ein Opfer unterstützte Verfluchung auszusprechen. Zuvor jedoch sucht er – überraschenderweise – eine Begegnung mit Gott, um von ihm zu erfahren, was er sagen soll und darf. Welchen Gott meint er? Wenn es der Gott Israels ist, woher kennt ihn Bileam? Darauf gibt die Erzählung keine Antwort. Nur soviel ist zwischen den Zeilen zu lesen, daß Bileam aus seiner bisherigen Erfahrung (Kap. 22,9 ff) gelernt hat. Ein Stärkerer ist ihm in den Weg getreten – der Gott Abrahams, Isaaks und Jakobs, dieser allein wahre, lebendige Gott, der in der Geschichte Israels den Dunst und Nebel der religiösen Mythen zerriß und sich als der Herr der Geschichte offenbarte. Wider die Übermacht dieses Gottes vermag Bileam freilich nichts mit seiner Fluch- und Banngewalt. Er muß reden, was Gott ihm befiehlt, ihm in den Mund legt. Zu Balak und dessen Häuptlingen zurückgekehrt, zeigt sich: Bileam kann und darf Israel nicht verfluchen. Sein Spruch kann nur bestätigen, wie sehr Israel von Gott gesegnet ist (V. 6 ff). Die Schlußzeile (V. 10) hebt – mit dichterischer Freiheit im Ausdruck – hervor, welch ein beneidenswertes Los Israel beschieden ist.

Balak, ist – von seinem Standpunkt aus mit Recht – über diesen Spruch Bileams erbost, zumal dieser ja Israel nicht nur verflucht, sondern um seiner Erwählung willen glücklich gepriesen hat. »Wahrhaftig du hast sie gesegnet.« (V. 11). Bileam verteidigt sich, indem er darauf hinweist, daß es nicht in seiner Macht und seinem Ermessen steht, was er aussprechen soll. Er ist an das gebunden, was ihm Gott in den Mund legt. Trotz seiner Enttäuschung macht Balak einen zweiten Versuch, um ans Ziel zu kommen. Er wechselt den Standort, wählt einen Platz, der ihm noch günstiger erscheint, und führt Bileam »zum Späherfeld auf den Gipfel des Pisga«[14], von dem aus das Heerlager Israels noch besser einzusehen ist.[15] Abermals macht sich Balak die Mühe, sieben Altäre zu errichten und bringt wieder auf jedem Altar einen Jungstier und einen Widder zum Opfer dar. Tatsächlich wird Bileam eine weitere Gottesoffenbarung zuteil, aber wie anders fällt sie aus, als Balak es sich erwünschte! Auf dessen gespannte Frage »Was hat der Herr gesagt?« fordert ihn Bileam auf, stehend – wie ein Untergebener beim Befehlsempfang – zur Kenntnis zu nehmen, was er ihm aufgrund göttlicher Weisung zu sagen hat. »Gott ist nicht ein Mensch, daß er lüge« (V. 19). Wahr und gültig ist, was Er sagt, er selbst steht dazu mit unerschütterlicher Festigkeit und Treue. Unmöglich, daß Er etwas reden und nicht ausführen, etwas verheißen und nicht Wort halten sollte! Dies hat die Konsequenz, daß Bileam, von Gott zum Segnen beauftragt, Israel nicht verfluchen kann. Er hat dazu weder ein Recht noch steht dies in seiner Macht. »Siehe, zu segnen ist mir befohlen; so segne ich denn und nehme nichts zurück« (V. 20).

Es fällt freilich auf, daß Bileam in den folgenden Versen nur den gesegneten Zustand Israels beschreibt. Eine eigentliche Segnung findet nicht statt. Nur als Zeuge, nicht als Werkzeug wird dieser heidnische Seher von dem lebendigen Gott in Dienst genommen. Nirgends kann er Unheil oder Verderben erblicken; ein Beweis dafür, daß der Herr mit Israel im Bunde ist. Daß dieser Gott Israels ein starker, herrlicher Gott ist, wird durch die Resonanz seiner Herrschaft deutlich: Von »Königsjubel«[16] ist das Lager erfüllt (V. 21). Als Beweis seiner Macht und Herrlichkeit führt Bileam die

---

[14] Ostwärts vom Nordende des Toten Meers gelegen.
[15] Die Zwischenbemerkung »allerdings nur ein Bruchteil« (V. 13) dürfte ein späterer Zusatz sein.
[16] Wer diesen »Königsjubel« hören will, lese Psalm 96–99!

Tatsache ins Feld, daß dieser Gott Israels sein Volk aus Ägypten herausgeführt hat »gewappnet wie mit Hörnern des Wildstiers«.[17] Weil dieses Volk einen so starken, herrlichen Gott hat, hat es auch nicht nötig, durch Zauber und Beschwörung drohendes Unheil abzuwehren. Auch wenn Bileam Israel verfluchen würde, könnte ihm dies nichts anhaben. Im Bund mit seinem herrlichen Gott ist es unbezwinglich – ein Tatbestand, der durch den Vergleich mit dem Löwen, der seinen Raub erbeutet und verzehrt, ebenso packend wie drastisch verdeutlicht wird (V. 24).

Es versteht sich, daß Balak von der Art und Weise, wie Bileam dem, was er von ihm erwartet hat, zuwiderhandelt, bitter enttäuscht ist. Vorwurfsvoll herrscht er ihn an: »Wenn du schon nicht verfluchst, so brauchst du doch nicht auch noch zu segnen!« (V. 25). Bileam rechtfertigt sich, indem er darauf verweist, daß der Inhalt seines »Spruchs« seiner eigenen Verfügung entzogen ist: »Habe ich dir nicht gesagt, alles, was der Herr sagt, das werde ich tun?« (V. 26). Man erwartet, daß sich damit ihre Wege trennen. Tatsächlich hat der Bericht des Elohist über Balak und Bileam mit Kap. 22,26 wohl geschlossen.

In Kap. 24 meldet sich wieder der Jahwist zu Wort. (Kap. 23,27–30 bildet die Überleitung, wobei der Redaktor Kap. 23,13 f wiederholt). Bileam wird von Balak auf »den Gipfel des Peor« geführt, der auf »die Wüste hinabschaute«.[18] Und siehe, der heidnische Seher wird hier zum Propheten! Der »Geist Gottes« kam über Bileam und in feierlicher Weise hebt er an, seinen »Spruch«[19] kundzutun. Er spricht als ein Mann, dem »die Augen geöffnet sind«, der in einem Zustand der Versenkung, der Ekstase, eine besondere Gottesoffenbarung empfängt, bei der Vision und Audition miteinander verbunden sind. Sie wird ihm von »Gott« von dem »Höchsten«, dem »Allmächtigen« zuteil.[20] Diese Schau eilt der geschichtlichen Stunde weit voraus. Bileam tut einen Blick in die Zukunft Israels.

---

[17] Im Alten Orient, besonders im Zweistromland, galten die Stierhörner als Zeichen göttlicher Kraft.
[18] Dieser Berg, am Ostrand des unteren Jordangrabens, war der Sitz des »Baal-Peor« (vgl. 4. Mose 25,1–3), wo dort vermutlich auch ein Heiligtum errichtet war.
[19] Das hebräische Wort für »Spruch« (ne'um) wird im Alten Testament fast ausschließlich dann gebraucht, wenn ein Prophet einen »Spruch Jahwes« kundtut. Nur in 2. Sam 23,1 und Sprüch. 30,1 ist dieses feierliche Wort mit dem Genitiv einer menschlichen Person verknüpft.
[20] Beachte die besonders feierlichen Gottesbezeichnungen »Gott« (el), »Höchster« (äjjon), »Allmächtiger« (saddai).

Wenn er von den »Zelten Jakobs« spricht, so will damit nicht gesagt sein, daß das Volk noch immer auf der Wanderschaft ist. Nein, in einem wasserreichen Land, wo die Schöpfeimer von Wasser überfließen, hat es Wohnung gemacht (V. 6 f). Unter der Herrschaft eines mächtigen, siegreichen König[21] hat das Volk Ruhe von seinen Feinden (V. 7). Aus dem »Sklavenvolk«, das in Ägypten so harte Frondienste leisten mußte, ist ein starkes, kampf- und sieggewohntes Volk geworden, das wie ein Wildstier mit Hörnern gewappnet ist und sich wie ein Löwe zur Ruhe streckt (V. 8 f). Die packenden Bilder und Vergleiche sprechen für sich selbst. Die Schlußzeile »Gesegnet sei, wer dich segnet und wer dir flucht, sei verflucht« (V. 9), unterstreicht, daß sich an der Stellung zu diesem Volk das Geschick aller Andern entscheidet.[22]

Man begreift sehr wohl, daß Balak von diesem »Spruch« Bileams alles andre als begeistert ist. »Der Zorn Balaks entbrannte gegen Bileam und er schlug die Hände zusammen.« Die Geste des Unwillens, der Empörung ist der Auftakt erbitterter Vorwürfe! Bileam weist sie ruhig und mit überlegener Würde zurück. Der Inhalt seiner »Sprüche« – so gibt er Balak zu bedenken – war und ist seinem eigenen menschlichen Wollen und Ermessen entzogen. Er kann nur aussprechen, was ihm der Herr zeigt und eingibt (V. 12). Darüber ließ er von Anbeginn keinen Zweifel aufkommen (vgl. Kap. 22,18). Aber ehe sich ihre Wege trennen, soll Balak durch einen Spruch, den er nicht erbat, erfahren, was dieses Volk, dem Bileam fluchen sollte, in künftigen Zeiten seinem eigenen Volk antun wird. »In künftiger Zeit« kann beides bedeuten: In späterer Zeit oder in der letzten Zeit. Wie es von Bileam gemeint ist, darüber kann nur der Inhalt dieses Spruchs entscheiden. Zunächst spricht Bileam von sich selbst in der 3. Person, seiner besonderen »Seher-Gabe« bewußt. Ihm ist der Einblick in den Ratschluß Gottes gewährt (V. 16). Dann aber schildert er eine Vision, in deren Mittelpunkt die geheimnisvolle Gestalt eines Herrschers steht. Derselbe strahlt auf wie ein Stern, in seiner Hand ist ein Szepter, Symbol und zugleich Werkzeug der überlegenen Macht, mit der er die Israel feindlich gesonnenen Völker bezwingt und zerschmettert. Genannt werden Moab[23] und Edom (wohnhaft in dem Gebirgsland Seir), zwei heidni-

---

[21] Der aus der Geschichte von König Saul bekannte »Agag« (König der Amalekiter (1. Sam 15,8 ff) wird namentlich erwähnt.
[22] Darüber wurde in den Jahren 1938–45 unsrem eigenen Volk, dessen Machthaber die Liquidierung der Juden auf ihr Programm setzten, eine – hoffentlich unvergeßliche – Lektion erteilt!
[23] Die Bezeichnung der Moabiter als »Söhne Seths« ist einmalig.

sche Völker, die in der Folgezeit durch David besiegt und unterworfen wurden. Der Spruch Bileams nimmt also geschichtliche Ereignisse vorweg. Aber er weist doch zugleich über sie hinaus. Was vor dem wundersam geöffneten Auge Bileams aufstrahlte, war eine Herrschergestalt, die in der Folgezeit bei den Propheten, die Gott in Israel erweckte, immer deutlicher messianische Züge trug. Uns, die wir im Neuen Bund leben, steht es zu, diesen prophetischen Spruch Bileams auf Jesus Christus, den Heilskönig der Endzeit, zu beziehen.

> Jakobs Stern ist aufgegangen,
> stillt das sehnliche Verlangen,
> bricht den Kopf der alten Schlangen
> und zerstört der Hölle Reich.

Die folgenden Verse (V. 20–24) wurden offensichtlich später hinzugefügt. Je ein Drohwort gegen die Amaletiker (V. 20) und die Keniter[24] (V. 21 f), die mit Raubvögeln verglichen werden, die in den Felsen nisten, ist angefügt. Der letzte Spruch (V. 23 f), dessen Text offensichtlich entstellt ist, erwähnt die Kittäer, deren Stadt Kition auf der Insel Zypern lag. Im jetzigen Zusammenhang können diese Zusätze nur unterstreichen, welche Auszeichnung Israel widerfuhr, dem sich der allein wahre, lebendige Gott zu erkennen gab. Balak hatte Böses im Sinn, aber schützend hat sich der Herr vor sein Volk gestellt, ja mehr noch, Bileam wurde zum Zeugen und Werkzeug Seines Segens bestellt (vgl. 1. Mose 50,20).

---

[24] Dem Vergleich liegt ein Wortspiel zugrunde (ken = Nest).

DIE HEIMFÜHRUNG IN DAS GELOBTE LAND

Kap. 25,1 – 36,13

(25,1) **Israel aber ließ sich in Sittim[1] nieder; da begann das Volk mit den Moabiterinnen zu buhlen.** (2) **Diese luden das Volk zu den Opfermahlen ihres Gottes[2] ein und das Volk aß und warf sich vor ihrem Gott nieder.** (3) **Und Israel hängte sich an den Baal-Peor.**[3] Da entbrannte der Zorn des Herrn über Israel. (4) Und der Herr sprach zu Mose: Rufe herbei alle Häupter des Volkes und hänge sie auf[4] vor dem Herrn im Angesicht der Sonne, damit der lodernde Zorn des Herrn von Israel ablasse! (5) Da gebot Mose den Richtern Israels: Tötet ein jeder die seiner Leute, die sich an den Baal-Peor gehängt haben!

(25,6) Und siehe, da kam ein Mann von den Israeliten und brachte eine Midianiterin her zu seinen Brüdern vor den Augen Moses und der ganzen Gemeinde der Israeliten, während diese vor der Tür des Offenbarungszelts weinten. (7) Als das Pinehas, der Sohn Eleasars, des Sohnes Aarons, des Priesters, sah, stand er auf aus der Gemeinde und nahm einen Speer in die Hand (8) und ging dem israelitischen Mann nach in die Kammer und durchstach beide, den israelitischen Mann und die Frau.[5] Da wurde der Plage unter den Israeliten Einhalt geboten. (9) Die Zahl aber derer, die infolge der Plage umgekommen waren, betrug vierundzwanzigtausend.

(25,10) Und der Herr redete zu Mose und sprach: (11) Pinehas, der Sohn Eleasars, des Sohnes des Priesters Aaron, hat meinen Grimm von den Israeliten abgewendet durch seinen Eifer um mich, so daß ich die Israeliten durch meinen Eifer nicht vernichtet habe. (12) Darum tue kund: Ich schließe mit ihm einen Bund des Heils. (13) Der soll ihm und seinen Nachkommen für alle Zeit das Priestertum[6] zuerkennen, weil er für seinen Gott geeifert und den Israeliten Sühne verschafft hat. (14) Der getötete Israelit aber, der zusammen mit der Midianiterin getötet wurde, hieß Simri, der Sohn Salus, des Vorste-

---

[1] Sittim, die letzte Station der Wanderwege Israels, östlich vom Jordan gegenüber Jericho gelegen.
[2] Der Gott der Moabiter ist Kamos.
[3] Es wurde »in das Geschirr des Baal-Peor eingespannt« (M. Noth).
[4] Vgl. 2. Sam. 21, 6 und 9 (das Besondere der Hinrichtungsart dürfte darin bestehen, daß die Leichen ausgesetzt bleiben).
[5] Zusatz: durch ihren Leib.
[6] Die Würde des Hohepriesters.

hers eines Geschlechts der Simeoniten. (15) **Die midianitische Frau, die getötet wurde, hieß Kosbi, eine Tochter Zurs, des Haupts eines Geschlechts der Midianiter.**
(25,16) Und der Herr redete zu Mose und sprach: (17) Befehdet die Midianiter und schlagt sie! (18) Denn sie sind's, die euch befehdet haben durch ihre Ränke, die sie gegen euch verübt haben durch den Peor[7] und durch ihre Landsmännin Kosbi, die Tochter eines midianitischen Fürsten, die erschlagen wurde am Tag der Plage, die wegen des Peor verhängt worden ist.

Die letzten Kapitel im 4. Buch Mose sind sehr locker aneinandergereiht. Aber ein Fortschritt in der Geschichtserzählung besteht doch insofern, als von der ersten Landzuteilung im Ostjordanland berichtet wird (Kap. 32) und Anweisungen für die Landverteilung im Westjordanland (Kap. 33,50–34,29) gegeben werden. Die lange, beschwerliche und gefährliche Zeit des Wüstenzugs geht ihrem Ende zu. Die Heimführung Israels in das gelobte Land steht dicht bevor. Man erwartet, daß das Volk nach all den Erfahrungen göttlicher Durchhilfe sich nun desto fester auf seinen Gott verläßt, nachdem es seinem Wanderziel so nahe ist. Doch davon kann keine Rede sein! Anstatt sich treuer um seinen Erretter und Gebieter zu scharen, begann das Volk mit den Moabiterinnen zu buhlen. Es nahm an den Opfermahlzeiten der Moabiter teil, warf sich vor ihrem Gott Kamos nieder, beteiligte sich an dem Kult des Baal, der auf dem Berg Peor seinen Sitz hatte – welch schlimmer Rückfall in eine heidnische Religiosität, deren Kennzeichen die Vermischung kultischer Bräuche mit geschlechtlicher Ausschweifung war und ist! Kein Wunder, daß der Zorn des Herrn über Israel entbrannte! Mose bekommt Befehl zu einer drastischen Strafaktion, die an allen Häuptern des Volkes vollzogen werden soll. Allerdings ist die Bedeutung des hebräischen Zeitworts, das nur hier vorkommt, nicht mehr sicher zu ermitteln. Vermutlich wurden die Schuldigen gepfählt »angesichts der Sonne«, also am hellichten Tag. Daß Mose überdies den Richtern Israels befiehlt, diejenigen, die mit dem Baal-Peor sich eingelassen haben, zu töten, will doch wohl zeigen, wie sehr auch er über diesen schlimmen Abfall des Volks – dicht vor Erreichung des Ziels – erbittert war.
Die folgende Episode (V. 6–15), setzt *Pinehas,* einem Enkel Aarons, ein Denkmal. Sie berichtet von einem besonders empörenden Zwischenfall. Während Mose und das ganze Volk, von dem Strafgericht an den »Häuptern Israels« erschüttert, vor dem Offenbarungszelt weinend versammelt

---

[7] Abkürzung für Baal-Peor (V. 3).

sind, kommt ein gewisser Simri des Wegs daher, der eine Midianiterin am Arm führt mit Namen Kosbi, die Tochter eines midianitischen Fürsten. Ohne sich um das zu kümmern, was geschehen war, nimmt er sie mit sich in sein Haus.[8] Pinehas, über diese schamlose Provokation empört, eilt ihm nach und durchbohrt beide mit dem Speer. Daß er im Eifer um die Ehre des Herrn dies tat, wird ihm hoch angerechnet. Nicht nur, daß Pinehas damit bewirkte, daß der Zorn des Herrn über den Abfall des Volks dadurch gestillt wurde und die Plage aufhörte. Als Belohnung wird ihm von Gott in feierlicher Weise versprochen, daß ihm und seinen Nachkommen für alle Zeit das Amt und die Würde des Hohepriesters zustehen soll. Diese so drastisch erzählte Episode ist sicher nicht nach Jedermanns Geschmack. »Erbaulich« geht es in diesem ganzen Kapitel gar nicht zu! Aber eine ernste Warnung ist sie auf jeden Fall. Es steht im Neuen Testament: »Irret euch nicht! Gott läßt sich nicht verhöhnen« (Gal. 6,7).
Im Blick auf die bevorstehende Landnahme wird in Kap. 26 Mose und dem Priester Eleasar vom Herrn der Befehl erteilt, eine *zweite Zählung des Volkes* vorzunehmen. »Nehmt die Gesamtzahl der ganzen Gemeinde der Israeliten auf, von 20 Jahren an und darüber, Geschlecht für Geschlecht, alle, die zum Heerbanndienst in Israel verpflichtet sind« (V. 2). Diese Zählung weicht in ihren Angaben von der ersten Zählung (Kap. 1 f) auf die in V. 64 zurückverwiesen wird, mehrfach ab. Der Mitteilung des Ergebnisses der Zählung ist jeweils eine Übersicht über die Gliederung der Stämme in Sippen vorangestellt. Die Aufzählung schließt sich insgesamt an die Lagerordnung von Kap. 2 an. Die Gesamtzahl der Gemusterten (von zwanzig Jahren aufwärts) wird in V. 51 mitgeteilt; sie betrug 601 730 Mann. Das Ergebnis der Zählung soll bei der Verteilung des Landes berücksichtigt werden. »Dem, der viele zählt, sollst du größeren, dagegen dem, der wenig zählt, kleineren Erbbesitz geben« (V. 54). Wo jeder Sippe ihr Erbbesitz zugeteilt werden soll, darüber soll das Los entscheiden (V. 55). Abschließend wird noch die Zahl der Leviten mitgeteilt, die nicht mit den anderen Stämmen gemustert wurden, da ihnen kein Erbbesitz in dem verheißenen Land gehören sollte (V. 57 ff). Sie belief sich auf 23 000 (nach Kap. 3,39 waren es 32 000). So stattlich das Resultat dieser Zählung des Zwölf-Stämme-Volks war, so schmerzlich berührt die Feststellung, daß von all denen, die Mose und Aaron einst am Sinai gemustert hatten, keiner – mit Ausnahme von Josua und Kaleb – mehr am Le-

---

[8] Die Bedeutung des hebräischen Worts (kubba'h), das nur hier vorkommt, ist nur aus dem Zusammenhang zu erschließen (Innenraum? Brautgemach?).

ben war (vgl. Kap. 14,29 f.). Eine ganze Generation war in der Wüste umgekommen.

In losem Anschluß an diese Volkszählung wird in Kap. 27,1–11 berichtet, daß die Töchter des *Zelophehad,* der in Kap. 26,33 erwähnt ist, sich an Mose und den Priester Eleasar in Gegenwart der Stammeshäupter und der ganzen Gemeinde mit der Bitte wandten, ihnen einen Erbbesitz unter den Brüdern ihres Vaters zu geben, damit der *Name* ihres Vaters nicht aus seinem Geschlecht verschwinde. Sie unterstreichen diese Bitte durch den Hinweis, daß ihr Vater sich an dem Aufruhr der Rotte Korah nicht beteiligt habe. Mose trägt diese Bitte dem Herrn vor, da es sich um einen »*Präzedenzfall*« handelt. Der Entscheid des Herrn gesteht den Töchtern des Zelophehad zu, daß ihr Anliegen berechtigt ist. Der Erbbesitz ihres Vaters soll auf sie übergehen und so soll es künftig auch in ähnlichen Fällen gehalten werden. Hat der Verstorbene weder einen Sohn noch eine Tochter, so soll sein Erbteil seinen Brüdern zugewiesen werden. Hat er keine Brüder, soll es den Brüdern seines Vaters zufallen. Hat sein Vater keine Brüder, soll es dem nächststehende Blutsverwandten zufallen. Auf jeden Fall soll also dafür Sorge getragen werden, daß das Erbteil innerhalb der Sippe, und in Verbindung damit der Name des Verstorbenen im Gedächtnis bleibt.

(27,12) **Und der Herr sprach zu Mose: Steige auf das Abarim-Gebirge[1] und sieh das Land an, das ich den Israeliten gegeben habe.** (13) **Und wenn du es gesehen hast, sollst auch du zu deinen Vätern versammelt werden, wie dein Bruder Aaron (zu ihnen) versammelt worden ist** (14) **weil ihr in der Wüste Zin, als die Gemeinde haderte, euch meinem Befehl widersetzt habt, mich vor ihren Augen durch das Wasser[2] als den Heiligen zu erweisen. (Das war das »Hader-Wasser« von Kades in der Wüste Zin).** (15) **Mose aber redete zu dem Herrn und sprach:** (16) **Der Herr, der Gott über die Lebensgeister alles Fleisches, wolle doch einen Mann über die Gemeinde bestellen,** (17) **der an ihrer Spitze aus- und einzieht und sie ausführt und heimführt, daß die Gemeinde des Herrn nicht sei wie Schafe, die keinen Hirten haben.** (18) **Und der Herr sprach zu Mose: Nimm Josua zu dir, den Sohn Nuns, einen Mann, in dem der Geist ist, und lege ihm die Hand auf[3]** (19) **und stelle ihn vor Eleasar, den Priester, und vor die ganze Gemeinde und beauftrage ihn vor ihren Augen** (20) **und lege ein Teil deiner Hoheit auf ihn, damit die ganze Gemeinde der Israeliten auf ihn höre.** (21) **Und er soll vor den Priester Eleasar treten, daß dieser**

---

[1] Vgl. Kap. 21,11.
[2] D. h. Die Wunderbare Spendung des Wassers.
[3] Wörtlich: stemme deine Hand auf ihn.

für ihn mit den heiligen Losen[4] **den Herrn befrage.** Nach seinem Befehl sollen sie ausziehen und einziehen, er samt allen Israeliten und die ganze Gemeinde. (22) **Mose tat, wie ihm der Herr geboten hatte; er holte Josua und stellte ihn vor Eleasar, den Priester und die ganze Gemeinde** (23) **und legte ihm die Hände auf und beauftragte ihn, wie der Herr durch Mose geredet hatte.**

Aus dem biblischen Bericht über die Errettung Israels aus dem »Sklavenhaus« (Äygpten), den Bundesschluß am Sinai, die vierzig Jahre der Wüstenwanderung mit all ihren Gefahren und göttlichen Durchhilfen ist die Gestalt *Moses* nicht wegzudenken. In allen Quellenschriften des Pentateuch ist ihm ein Denkmal gesetzt. Auch im Neuen Testament wird ihm eine überragende Bedeutung zuerkannt (vgl. Mt. 17,3; Joh. 1,17; 1. Kor. 10,2; 2. Kor. 3,13). Um so mehr muß es jeden Leser der biblischen Texte bewegen, daß Mose das gelobte Land, dem er mit dem so aufsässigen, murrenden Volk entgegenzog, selbst nicht betreten durfte. Nur aus der Ferne dieses Land zu schauen, war ihm, kurz vor seinem Tod, vergönnt. Der vorliegende Bericht hat im 5. Buch Mose (Kap. 32,48–52) eine nahezu wörtliche Parallele. Der Ort, von dem aus Mose das Land schauen soll, das »Abarim-Gebirge«, läßt sich nicht genau lokalisieren. Wenn der Herr im Perfekt davon spricht, daß Er dieses Land den Israeliten gegeben hat, so unterstreicht dies die Treue, mit der Er zu seiner Verheißung steht. Wenn schon Mose – so wenig wie Aaron – um seines Ungehorsams willen (vgl. Kap. 20,12) das Land nicht betreten darf, so soll und darf er doch mit dieser Gewißheit sein Ende erwarten: Mose darf in die Treue Gottes hineinsterben! Von irgend einer Auflehnung Moses gegen Seinen Willen ist mit keinem Wort die Rede. Nur eine letzte Bitte bringt er vor, die das künftige Geschick Israels betrifft. Die demütige Anrede Gottes in der dritten Person, das Bekenntnis zu Ihm als dem »Gott über die Lebensgeister alles Fleisches« (vgl. Kap. 16,22) unterstreicht, wie wichtig ihm diese Bitte ist. Gott möge doch nach seinem Tod einen Mann über das Volk setzen, der es hinaus- und hinein-führen, d. h. seinen Heerbann befehligen kann, damit das Volk nicht einer führerlosen Herde gleiche, die keinen Hirten hat. In V. 18 erfahren wir, daß der Herr dieser Bitte Moses Gehör schenkte und Mose anwies, Josua als Nachfolger und als künftigen Anführer Israels einzusetzen.[5]

Die »Ordination« Josuas, in dem, wie der Herr selbst bezeugt, der Geist ist, der somit zu dieser Aufgabe befähigt ist, wird genau und feierlich in

---

[4] Mit dem Urim-Orakel (vgl. 2. Mose 28, 15 ff.).
[5] Daß die Initiative zur Bestellung Josuas zum Nachfolger und Heerbannführer von Mose ausging, ist in 5. Mose 34, 1 ff nicht berichtet.

ihrem Ablauf festgelegt. Mose soll ihm die Hand auflegen[6] und ihn in Gegenwart des Hohepriesters Eleasar und der ganzen Gemeinde in sein Amt einsetzen, damit das Volk künftig auf ihn höre und seinem Befehl Folge leiste. Kann ein Mann wie Josua auch Mose nicht vollgültig ersetzen, so soll Mose doch einen Teil seiner »Hoheit« auf ihn legen.[7] Die einzigartige »Hoheit« Moses leuchtet hier noch einmal auf. Daß Josua nicht mit derselben Vollmacht wie Mose das Volk anführen kann, geht auch daraus hervor, daß er sich an den Priester (Eleasar) wenden soll, um – mit Hilfe des Losorakels (»Urim und Tummin«) – von ihm den Willen des Herrn jeweils »beim Aus- und Einziehen« (im Kriegsfall) zu erfahren. Der Hohepriester trug die heiligen Lose in der Orakeltasche, die zu seiner Amtstracht gehörte. Auf welche Weise im Einzelfall mit Hilfe dieser Lose der Wille des Herrn ermittelt wurde, entzieht sich unserer Kenntnis. Der Bericht schließt mit der Feststellung, daß Mose tat, wie ihm der Herr geboten hatte. Was dabei in Mose vorging, darüber mag sich der Leser seine eigenen Gedanken machen.

Als Ergänzung zu dem Festkalender in Kap. 23 sind in Kap. 28 und Kap. 29 in einer ausführlichen Tabelle *die Opfer aufgezählt,* die täglich, wöchentlich und im Lauf des ganzen Festjahres dargebracht werden sollen. Die Opfergesetze von 3. Mose 1–7, das Heiligkeitsgesetz (3. Mose 17–26), insbesondere der dort verzeichnete *Festkalender* (3. Mose 23), der in 4. Mose 15,1–16 vorliegende Nachtrag zu den Opfergesetzen in 3. Mose 1–3 – all das ist als gültige Ordnung vorausgesetzt. »Es dürfte sich um eines der jüngsten Stücke im Pentateuch handeln, ohne daß doch die Zeit der Abfassung auch nur einigermaßen zu bestimmen wäre« (M. Noth). Noch einmal zeigt sich hier, wie viel man sich in Israel den Gottesdienst kosten ließ, wie genau man es mit der Einhaltung der Festtage und kultischen Pflichten nahm.

In Kap. 30 sind Bestimmungen zusammengestellt, die die *Gültigkeit von Gelübden* betreffen (vgl. 3. Mose 27). Dabei wird unterschieden zwischen Gelübden, in denen ein Mann sich freiwillig zu irgendwelchen positiven Leistungen oder zu irgendwelchen Enthaltungen verpflichtet hat. Die Verbindlichkeit solcher Gelübde steht außer Zweifel. Was jedoch problematisch ist und eben deshalb bedacht und geregelt wird, ist die Frage, ob solche Verbindlichkeit auch da besteht, wenn *Frauen* eine bestimmte Verpflichtung durch ein Gelübde übernommen haben. In diesem Fall ist

---

[6] Wörtlich: »aufstemmen« (vgl. 2. Mose 29, 10; 3. Mose 4, 4).
[7] Das mit »Hoheit« übersetzte hebräische Wort »hod« ist nicht mit Sicherheit übersetzbar (»Majestät«, »Lebenskraft«, sind die Worte, die sich zur Übersetzung anbieten).

die Verbindlichkeit von der Zustimmung des jeweils zuständigen Mannes abhängig. Bei einem Mädchen, das im Haus ihres Vaters lebt, hat der Vater zu entscheiden, bei einer verheirateten Frau hat der Mann zu entscheiden. Versagt der Mann seine Zustimmung, entsteht eine objektive Verschuldung, die jedoch der Frau vom Herrn vergeben wird, weil sie ja subjektiv unschuldig ist. Erhebt der Vater oder der Mann erst nachträglich Einspruch, wird ihm die Verschuldung zur Last gelegt.

(31,1) **Und der Herr redete zu Mose und sprach:** (2) **Nimm Rache für die Israeliten an den Midianitern; danach sollst du zu deinen Vätern versammelt werden.** (3) **Mose redete zu dem Volk und sprach: Rüstet euch Männer aus eurer Mitte zum Kriegszug aus, damit sie gegen die Midianiter ziehen, um die Rache des Herrn an den Midianitern zu vollstrecken;** (4) **von allen Stämmen Israels sollt ihr je tausend Mann zum Feldzug aufbieten.** (5) **Da wurden aus den Tausendschaften Israels je tausend von jedem Stamm aufgeboten, also zwölftausend zum Feldzug Gerüstete.** (6) **Und Mose sandte sie, je tausend von jedem Stamm, zum Feldzug aus, dazu auch Pinehas, der Sohn Eleasars, des Priesters; der hatte die heiligen Geräte und die Lärmtrompeten bei sich.** (7) **Und sie zogen aus zum Kampf gegen die Midianiter, wie der Herr Mose geboten hatte, und töteten alles, was männlich war.** (8) **Auch die Könige der Midianiter töteten sie, zu den von ihnen Erschlagenen hinzu, nämlich Evi, Rekem, Zur, Hur und Reba, die fünf Könige der Midianiter; auch Bileam, den Sohn Beors, töteten sie mit dem Schwert.**[1] (9) **Und die Israeliten führten die Frauen und die kleinen Kinder der Midianiter als Gefangene hinweg; all ihr Vieh und alle ihre Herden und ihre gesamte Habe nahmen sie als Beute mit.** (10) **Alle ihre Städte**[2] **an ihren Wohnsitzen und alle ihre Zeltlager verbrannten sie.** (11) **Und sie nahmen all den Raub und die gesamte Beute an Menschen und Vieh** (12) **und brachten die Gefangenen und die Beute und den Raub zu Mose und Eleasar, dem Priester und zu der Gemeinde der Israeliten ins Lager, in die Steppen Moabs, die am Jordan bei Jericho liegen.** (13) **Mose aber und Eleasar, der Priester, und alle Fürsten der Gemeinde gingen ihnen entgegen, hinaus vor das Lager.** (14) **Und Mose wurde zornig über die Anführer des Heeres, die Hauptleute über Tausend und die Befehlshaber über Hundert, die aus dem Kriegszug kamen.** (15) **Und Mose sprach zu ihnen: Warum habt ihr alle Frauen am Leben gelassen?** (16) **Gerade sie sind doch auf Bileams Rat hin den Israeliten zum Anlaß geworden, von dem Herrn abzufallen**[3]**, so daß eine Plage über die Gemeinde des Herrn gekommen ist?** (17) **So tötet nun alles, was männlich ist unter den Kindern, desgleichen tötet**

---

[1] Man kann sich fragen, womit Bileam dies verdient hat, da er ja – jedenfalls nach Kap. 22, 5 – kein Midianiter war und sich geweigert hatte, Israel zu verfluchen.
[2] Der Bericht läßt außer acht, daß die Midianiter – ein Nomadenvolk – nicht in »Städten« wohnten.
[3] Glosse: durch den Baal-Peor.

jede Frau, der bereits ein Mann beigelegen hat. (18) Hingegen alle die Mädchen[4], die noch keinen geschlechtlichen Verkehr mit einem Mann gehabt haben, die laßt für euch am Leben. (19) Ihr selbst aber sollt sieben Tage außerhalb des Lagers bleiben, jeder, der Menschen getötet oder Erschlagene berührt hat; ihr müßt euch entsündigen am dritten und am siebten Tag samt euren Gefangenen. (20) Desgleichen müßt ihr auch alle Kleider, alles Lederzeug und alles, was aus Ziegenhaaren gemacht ist, und alle hölzernen Geräte entsündigen.
(21) Und Eleasar, der Priester, sprach zu den Kriegsleuten, die in den Kampf gezogen waren: Dies bestimmt das Gesetz, das der Herr Mose befohlen hat: (22) Das Gold und das Silber, das Kupfer, das Eisen, das Zinn und das Blei – (23) alles, was das Feuer verträgt – sollt ihr durchs Feuer gehen lassen, damit es rein werde; alles aber, was das Feuer nicht verträgt, sollt ihr durchs Wasser gehen lassen. (24) Und am siebten Tag sollt ihr eure Kleider waschen, damit ihr rein werdet; darnach dürft ihr wieder ins Lager kommen.
(25) Und der Herr redete mit Mose und sprach: Nimm die Gesamtzahl auf von dem, was an Menschen und Vieh als Beute weggeführt wurde, du und Eleasar, der Priester, und die Sippenhäupter der Gemeinde, und teile die Beute zu gleichen Teilen zwischen denen, die als Kriegsleute zu Feld gezogen sind, und der übrigen Gemeinde. (28) Und erhebe von den Kriegsleuten, die zu Felde gezogen sind, eine Abgabe für den Herrn, und zwar je ein Stück von je fünfhundert, von den Menschen, Rindern, Eseln und Schafen. (29) Von ihrer Hälfte sollst du sie nehmen und Eleasar, dem Priester als Opfergabe für den Herrn übergeben. (30) Von der Hälfte der Israeliten aber sollst du je eins von fünfzig herausgreifen, von Menschen, Rindern, Eseln und Schafen, dem gesamten Vieh, und sollst sie den Leviten geben, die den Dienst an der Wohnung des Herrn versehen. (31) Und Mose und Eleasar, der Priester, taten, wie der Herr Mose befohlen hatte. (32) Was aber die Beute betrifft, die das Kriegsvolk gemacht hatte, belief sich die Zahl der erbeuteten Stücke auf 675000 Schafe, (33) 72000 Rinder (34) und 61000 Esel (35) und was die Menschen anbelangt, betrug die Zahl der Mädchen, die noch keinen geschlechtlichen Verkehr gehabt hatten, insgesamt 32000. (36) So betrug der Beute-Anteil derer, die zu Felde gezogen waren und die die Hälfte bekamen, 337500 Schafe, (37) die Abgabe für den Herrn 675 Schafe. (38) 36000 Rinder, die Abgabe für den Herrn 72. (39) 30500 Esel, die Abgabe für den Herrn 61. (40) 16000 Menschen, die Abgabe für den Herrn 32. (41) Und Mose übergab die zum Hebopfer für den Herrn bestimmte Abgabe Eleasar, dem Priester, wie der Herr Mose geboten hatte. (42) Die der Gemeinde zufallende Hälfte der Beute betrug 337500 Schafe (44) 36000 Rinder, (45) 30500 Esel (46) und 1600 Menschen. (42 und 47) Von dieser, den Israeliten zufallenden Hälfte, griff Mose je eins von fünfzig heraus, sowohl aus den

---

[4] Wörtlich: die kleinen Kinder unter den weiblichen Wesen.

Menschen, wie aus dem Vieh, und übergab sie den Leviten, die den Dienst an der Wohnung des Herrn versahen, wie der Herr Mose befohlen hatte.[5]
(48) Es traten aber die Anführer der Tausendschaften des Heeres, die Hauptleute über tausend und die Hauptleute über hundert an Mose heran (49) sprachen zu ihm: Deine Knechte haben die Gesamtzahl der Kriegsleute aufgenommen, die unter unsrem Befehl standen, und es wird kein einziger davon vermißt. (50) Darum bringen wir als Opfergabe für den Herrn, was ein jeder an goldenen Geräten, Armketten und Armspangen, Fingerringen, Ohrringen und Geschmeide erbeutet hat, um auf diese Weise unser Leben zu schützen.[6] (51) Und Mose und Eleasar, der Priester, nahmen das Gold und all den kunstvollen Schmuck in Empfang. (52) Das gesamte Gold, das die Hauptleute über tausend und die Hauptleute über hundert als Opfergabe für den Herrn darbrachten, belief sich auf 16 750 Sekel. (53) Die (gemeinen) Kriegsleute hatten (außerdem) für sich selbst Beute gemacht. (54) Und Mose und Eleasar, der Priester, nahmen das Gold von den Hauptleuten über tausend und hundert und brachten es in das Offenbarungszelt, daß es dem Gedenken der Israeliten vor dem Herrn diene.

Von einem *Rachefeldzug gegen die Midianiter* ist in diesem umfangreichen Kapitel die Rede, das alles andre als eine erbauliche Lektüre ist. Der Befehl dazu wurde bereits in Kap. 25,17 von dem Herrn erteilt mit der Begründung, daß die Midianiter die Israeliten zum Abfall zu dem Baal-Peor verführt haben.[7] Dafür will sich der Herr, der Gott Israels, an ihnen rächen. Es geht also keineswegs darum, daß Israel sich rächen sollte und wollte! Das Aufgebot zum Feldzug, für das jeder der zwölf Stämme tausend streitbare Männer stellen soll, erfolgt deshalb, weil der Herr, der Gott Israels, ein vernichtendes Strafgericht über die Midianiter beschlossen hat. Zugleich wird damit Mose eine letzte Aufgabe vor seinem Tod an der Grenze des verheißenen Landes erteilt. Die Zwölftausend, die das Strafgericht des Herrn an den Midianitern vollstrecken sollen, werden von Pinehas, dem Enkel Aarons, begleitet, der sich durch seinen Eifer um die Ehre des Herrn schon einmal bewährt hatte (Kap. 25,7 ff). Daß er die heiligen Geräte und die Lärmtrompeten mitführt, zeigt, daß er in seiner Funktion als Priester an diesem Feldzug beteiligt ist. Über den Verlauf der Kampfhandlungen erfahren wir nichts als dies, daß die Midianiter vernichtend geschlagen wurden. Alles, was männlichen Geschlechts war, ein-

---

[5] Um die sehr verschachtelte Satzkonstruktion zu vereinfachen, wurde in der Übersetzung V. 42 umgestellt.
[6] Wörtlich: »zur Deckung unsres Lebens«. Dieses war durch die (verbotene!) Zählung der Kriegsleute gefährdet.
[7] Laut Kap. 25,1 ging allerdings diese Verführung von den Moabitern aus. Offenbar stammt der Bericht aus einer Zeit, die von den Ereignissen weit entfernt ist.

schließlich der (insgesamt fünf) Könige der Midianiter, wurde mit dem Schwert erwürgt.
Daß auch Bileam, dem wir in Kap. 22–24 begegnet sind, dieses Schicksal erlitt, wird in V. 16 nachträglich damit begründet, daß er den Midianitern den für Israel verhängnisvollen Rat gegeben habe, ihre Frauen sollten sich mit den Männern Israels einlassen und sie auf diese Weise zum Abfall von dem lebendigen Gott zu dem Baal-Peor verführen. Davon steht freilich in Kap. 22–24 nichts zu lesen und schon diese Nichtübereinstimmung ist ein Indiz dafür, daß wir es bei diesem 26. Kapitel mit einem Nachtrag zu tun haben, der als spätere Zutat hinzugefügt wurde. Nach allem, was hier geschrieben steht, müßte man annehmen, daß die Midianiter durch diesen Rachefeldzug völlig ausgelöscht wurden. Aber – so lesen wir im Buch der Richter (Kap. 6) – der Herr selbst gab die Kinder Israel unter die Hand der Midianiter sieben Jahre! Erst durch Gideon wurde das Volk Israel, das damals im eigenen Land seines Lebens nicht sicher war, von der Geißel der Midianiter mit ihren Raubzügen befreit. Von einer völligen Vernichtung der Midianiter ist allerdings auch bei diesem Rachefeldzug, von dem im 4. Buch Mose berichtet wird, zunächst nicht die Rede. Nur alle Männer wurden getötet; die Frauen und die Kinder führten die Israeliten als Gefangene weg. Aber gerade dies wird den Anführern der israelitischen Streiter von Mose zum Vorwurf gemacht (V. 14). Er besteht darauf, daß alle männlichen Kinder und alle Frauen, die geschlechtlichen Verkehr mit einem Mann gehabt haben, getötet werden. Waren doch gerade die midianitischen Weiber daran schuld, daß die Israeliten von dem Herrn, ihrem Gott abfielen, Ihm untreu wurden! Nur die Kinder, die weiblichen Geschlechts waren, durften am Leben bleiben. Überdies werden alle an dem Rachefeldzug beteiligten Männer Israels angewiesen, sich sieben Tage außerhalb des Lagers der Israeliten aufzuhalten, um sich samt ihren Gefangenen und allem erbeuteten Gut zu entsündigen. Gar nicht gründlich genug kann offensichtlich diese Reinigung vollzogen werden. Erst nach sorgfältiger Waschung dürfen die Teilnehmer an dem Rachefeldzug das Lager Israels betreten.
Im Folgenden (V. 25–47) wird bestimmt, was mit all dem bei diesem Rachefeldzug erbeuteten Gut geschehen soll. Die Hälfte des Beuteguts soll den Männern, insgesamt zwölftausend, zustehen, die an dem Feldzug aktiv beteiligt waren. Die andere Hälfte soll der übrigen Volks-Gemeinde zufallen. Von diesem *Beutegut* sollen alle eine Abgabe an den Herrn, den Gott Israels, leisten, dem ja der Sieg über die Midianiter zu verdanken war. Die Kriegsleute sollen den fünfhundertsten, die übrige Gemeinde den fünfzigsten Teil ihres Gewinns aus der Beute abliefern. Diese Abgabe

der Kriegsleute soll der Priesterschaft, die Abgabe des übrigen Volkes soll den Leviten, also denen, die in besonderer Weise für den Dienst am Heiligtum des Herrn freigestellt sind, zugeeignet werden.[8]

Abgerundet wird dieser weitschweifige Bericht über die Aufteilung des Beuteguts durch die Mitteilung, daß die Hauptleute, die die Tausend- und Hundertschaften Israels bei diesem Rachefeldzug befehligten, zu Mose kamen und ihm ihren gemeinsamen Entschluß mitteilten, dem Herrn aus freien Stücken eine besondre Opfergabe darzubringen (V. 48–54), bestehend aus den goldenen Geräten und Schmuckstücken, die sie bei dem Rachefeldzug gegen die Midianiter erbeutet hatten. Diese Gabe sollte der Dank dafür sein, daß kein einziger von den Israeliten, die zum Kampf ausgezogen waren, ums Leben kam. Keiner wurde bei der Zählung nach der Rückkehr vermißt!

Mag dieser Bericht über den Rachefeldzug gegen die Midianiter und die Verteilung der Kriegsbeute für den heutigen Bibelleser auch nur von geringem Interesse sein – diese »Darbringung«, welche die Befehlshaber des israelitischen Heerbanns aus freien Stücken anboten, ist der Beachtung und Nachahmung wert! Denn so spricht der Herr: »Wer Dank opfert, der preist mich und da ist der Weg, daß ich ihm zeige mein Heil« (Psalm 50,23).

Im folgenden Kapitel (32,1–42) ist ausführlich davon die Rede, *wie es dazu kam, daß der Stamm Ruben und der Stamm Gad im Ostjordanland ihren Wohnsitz bekamen.* Der Bericht, so wird allgemein angenommen, geht auf die alten Quellenschriften des Pentateuch (Jahwist und Elohist) zurück, die hier zum letztenmal in Erscheinung treten.

(32,1) Die Rubeniten und die Gaditen hatten einen besonders großen Viehbesitz.[1] Als sie das Land Jaser und das Land Gilead sahen, fanden sie, daß diese Gegend für Viehzucht besonders geeignet sei.[2] (2) Da gingen die Gaditen und Rubeniten hin und sprachen zu Mose und zu Eleasar, dem Priester und zu den Fürsten der Gemeinde: (3) Ataroth, Dibon, Jaser, Nimra, Hesbon, Eleale, Sebam, Nebo und Beon, (4) das Land, das der Herr für die Gemeinde Israels erobert hat[3], ist ein Land für Viehzucht und deine Knechte haben Viehherden. (5) Und sie sprachen: Haben wir Gnade vor dir gefunden, so möge doch dieses Land deinen Knechten zu eigen gegeben werden; führe uns nicht über den Jordan! (6) Mose antwortete den Gaditen und Rubeniten:

---

[8] Die in V. 32–47 genannten Stückzahlen des Beuteguts dürften allerdings den tatsächlichen Umfang desselben weit übersteigen.
[1] Wörtlich: einen großen, sehr starken.
[2] Wörtlich: daß die Gegend eine Gegend für Viehbesitz war.
[3] Wörtlich: geschlagen hat.

Wie? Eure Brüder sollen in den Kampf ziehen, und ihr wollt hier bleiben? (7) Warum wollt ihr den Israeliten den Mut nehmen, in das Land hinüberzuziehen, das der Herr ihnen gegeben hat? (8) Gerade so haben eure Väter gehandelt, als ich sie von Kades Barnea aussandte, das Land zu besichtigen. (9) Sie zogen hinauf bis zum Eskol-Tal und besichtigten das Land, und dann nahmen sie den Israeliten den Mut, so daß sie nicht in das Land wollten, das ihnen der Herr geben wollte. (10) Damals entbrannte der Zorn des Herrn und er tat folgenden Schwur: (11) Die Männer im Alter von zwanzig Jahren und darüber, die aus Ägypten gezogen sind, sollen das Land nicht zu sehen bekommen, das ich Abraham, Isaak und Jakob zugeschworen habe; denn sie haben mir nicht völlig gehorcht, (12) mit Ausnahme von Kaleb, dem Sohn Jephunnes, dem Kenissiter, und Josua, dem Sohn Nuns.[4] (13) So entbrannte der Zorn des Herrn über Israel, und er ließ sie vierzig Jahre lang in der Wüste hin und her ziehen, bis die ganze Generation, die in den Augen des Herrn so übel gehandelt hatte, ausgestorben war. (14) Und nun seid ihr an die Stelle eurer Väter getreten, eine Ausgeburt von Sündern, um den lodernden Zorn des Herrn gegen Israel noch zu schüren! (15) Wenn ihr euch von ihm abwendet, so wird er es noch länger in der Wüste lassen, und ihr werdet dieses ganze Volk ins Verderben stürzen.

(32,16) Da traten sie herzu und sprachen: Wir wollen hier Schafhürden für unsre Herden errichten und Städte für unsre Kinder; (17) wir selbst aber wollen zum Kampf gerüstet an der Spitze der Israeliten zu Feld ziehen, bis wir sie an ihren Ort gebracht haben; nur unsre Kinder sollen wegen der Bewohner des Landes in den festen Städten bleiben. (18) Wir wollen nicht in unsre Häuser zurückkehren, ehe nicht die Israeliten insgesamt ihren Erbbesitz zugeteilt bekommen haben. (19) Wir werden ja nicht mit ihnen zusammen auf der anderen Seite des Jordans und darüber hinaus Erbland bekommen; unser Erbland liegt auf der östlichen Jordanseite. (20) Da sprach Mose zu ihnen: Wenn ihr dies tun wollt, wenn ihr euch vor dem Herrn zum Kampf rüstet (21) und jeder, der sich vor dem Herrn gerüstet hat, den Jordan überschreitet, bis er seine Feinde vor sich her vertrieben hat (22) und ihr nicht eher zurückkehrt, bis das Land vor dem Herrn unterworfen daliegt, dann sollt ihr dem Herrn und Israel nicht weiter verpflichtet sein, und dieses Land soll euer Eigentum sein vor dem Herrn. (23) Wenn ihr aber nicht so handelt, dann habt ihr euch sichtlich gegen den Herrn versündigt und ihr werdet erfahren, daß eure Sünde auf euch zurückfällt. (24) Baut euch also Städte für eure Kinder und Hürden für eure Herden und tut, was ihr versprochen habt! (25) Die Gaditen und Rubeniten sprachen zu Mose: Deine Knechte werden tun, wie mein Herr befiehlt. (26) Unsre Kinder, unsre Frauen, unsre Habe und all unser Vieh sollen hier in den Städten Gileads bleiben. (27) Deine Knechte aber werden alle zum Kampf gerüstet vor dem Herrn hinüberziehen, wie mein Herr gesagt hat. (28) Da gab Mose Eleasar, dem Priester, und Josua, dem Sohn Nuns, und den

---

[4] Zusatz: denn diese haben dem Herrn völlig gehorcht.

> Stammeshäuptern der Israeliten ihretwegen (besondere) Anweisung (29) und Mose sprach zu ihnen: Wenn die Gaditen und Rubeniten mit euch zusammen zum Kampf gerüstet vor dem Herrn den Jordan überschreiten und das Land euch unterworfen ist, dann gebt ihnen das Land Gilead zum Eigentum. (30) Ziehen sie aber nicht gerüstet mit euch hinüber, so sollen sie sich unter euch im Lande Kanaan ansiedeln. (31) Da antworteten die Gaditen und Rubeniten: Wie der Herr in Bezug auf deine Knechte geredet hat, so wollen wir tun. (32) Wir wollen gerüstet vor dem Herrn in das Land Kanaan hinüberziehen, damit uns unser Erbbesitz jenseits des Jordans verbleibe. (33) Da gab Mose ihnen, den Gaditen und Rubeniten und dem halben Stamm Manasses, des Sohns Josephs, das Königreich Sihons, des Königs der Amoriter, und das Königreich Ogs, des Königs von Basan, das Land und die Städte mit ihrem Gebiet.[5] (34) Und die Gaditen bauten Dibon, Ataroth, Aroer (35) Ataroth-Sophan, Jaser, Jogbeha (36) Beth-Nimra und Beth-Haran, feste Städte und Hürden. (37) Und die Rubeniten bauten Hesbon, Eleale, Kirjathaim, (38) Nebo, Baal Meon (mit geändertem Namen[6]) und Sibma; und sie gaben den Städten, die sie gebaut hatten, Namen.
> (39) Die Söhne Machirs aber, des Sohnes Manasses, zogen nach Gilead und eroberten es[7] und vertrieben die Amoriter, die darin waren. (40) Und Mose wies Machir, dem Sohn Manasses, Gilead zu, und er ließ sich darin nieder. (41) Jair aber, der Sohn Manasses, zog hin und eroberte ihre Zeltdörfer und nannte sie »die Zeltdörfer Jairs«. (42) Und Nobah zog hin und eroberte Kenath mit seinen Ortschaften und nannte es Nobah nach seinem Namen.

Die Rubeniten und Gaditen hatten einen besonders großen Viehbestand und so stach ihnen das Land Jaser und das Land Gilead[8] in die Augen, weil dieses Gebiet für die Viehzucht besonders geeignet erschien. Infolgedessen trugen sie Mose und dem Priester Eleasar und den Fürsten der Gemeinde die Bitte vor, ihnen dieses Land zuzueignen (V. 4). Ihre Bitte »Führe uns nicht über den Jordan« wird ihnen freilich von Mose übel ausgelegt. Er unterstellt ihnen die Absicht, ihre »Brüder«, nur auf das eigene Wohlergehen bedacht, schnöd im Stich zu lassen. Wenn sie nicht mit über den Jordan ziehen, so werden sie dem übrigen Volk den Mut nehmen, wie dies die Kundschafter bei ihrer Rückkehr einst getan haben (4. Mose 13,25 ff). Nicht genug damit, der Zorn des Herrn wird, wie damals, über Israel entbrennen. Was wird die Folge sein? Daß Er sein Volk um des Un-

---

[5] Zusatz: Städte im Lande ringsum.
[6] Beim Vorlesen soll – laut dieser Glosse – der heidnische Name vermieden werden.
[7] Nach Richt. 1, 27 erfolgten die Eroberungen Machirs in Gilead erst in späterer Zeit vom Westjordanland aus.
[8] Jaser war der Name einer Stadt, deren Territorium als »Land Jaser« bezeichnet wird. Gilead war ursprünglich ein Gebirgsname.

glaubens willen noch länger in der Wüste läßt, wo es schließlich elend umkommen wird! Es geht hier, nach Moses Sicht der Dinge, nicht nur um einen schlimmen Verstoß gegen die Solidarität mit den eigenen Volksgenossen; alles Heil für das ganze Volk steht auf dem Spiel!

Die heftige Reaktion Moses veranlaßt die Rubeniten und Gaditen, ihr Anliegen zu präzisieren. Sie denken nicht daran, ihre Volksgenossen – nur auf den eigenen Vorteil bedacht – im Stich zu lassen. Sie erklären vielmehr ihre Bereitschaft, sich an der Eroberung des gelobten Landes jenseits des Jordans aktiv zu beteiligen. Nur ihre Herden und ihre Kinder wollen sie im Ostjordanland zurücklassen, um dann, wenn das Land westlich des Jordans erobert ist, zu ihnen zurückkehren. Auf Grund dieser feierlichen Verpflichtung ist Mose bereit, ihrem Wunsch zu entsprechen (V. 28 ff.). Da er weiß, daß er selbst das Land jenseits des Jordans nicht betreten darf (vgl. 4. Mose 20,12), gibt Mose Eleasar, dem Priester, und Josua eine diesbezügliche Anweisung. Wenn die Gaditen und Rubeniten zu ihrem Versprechen stehen, soll ihnen das Land Gilead übereignet werden, das jenseits des Jordans liegt. Da diese fest entschlossen sind, ihr Versprechen einzuhalten, gehen sie unverzüglich an die Arbeit und errichten befestigte Städte für ihre Kinder (bzw. ihre Familien) und Hürden für ihre Herden, in der gewissen Hoffnung, nach Erfüllung ihrer Beistandspflicht sich im Ostjordanland fest anzusiedeln. Die Namenliste dieser 14 Städte ist vermutlich später hinzugefügt (V. 34–37). Daß Machir das Land Gilead eroberte, ist auch im Buch der Richter erwähnt (1,27). Was es mit den »Zeltdörfern des Jair« für eine genauere Bewandtnis hat, bleibt dunkel.[9] Die Lage der Stadt Kenath, die ein gewisser Nobah nach seinem Namen umbenannte, ist unbekannt.[10]

Im folgenden Kapitel (33,1–49) werden in einer langen Liste *die Stationen des Wüstenzugs* aufgezählt. Sie erhebt den Anspruch, auf Befehl des Herrn von Mose aufgezeichnet zu sein. Wer diese Liste tatsächlich zusammengestellt hat und woher die zum größten Teil unbekannten Ortsangaben stammen, entzieht sich unsrer Kenntnis. Es kommt hinzu, daß die geographische Lage der genannten Orte größtenteils unbekannt ist, so daß sich aus diesem Verzeichnis der Lagerstätten Israels kein genaues Bild über den Verlauf der Wüstenwanderung gewinnen läßt. Daß die Zahl der Stationen (abgesehen von der Anfangs- und Endstation) vierzig beträgt, ist gewiß nicht zufällig. Vierzig Jahre[11] dauerte der Wüstenzug

---

[9] Schon die Übersetzung »Zeltdörfer« bleibt fraglich.
[10] Sie ist jedoch im Buch der Richter (8,11) erwähnt.
[11] Mit der Zahl »vierzig« hat es in der Bibel eine besondere Bewandtnis (vgl. 2. Mose 24,18; 2. Mose 34,28; 5. Mose 9,11; Luk. 4,1; Apg. 1,3).

Israels. Es war – trotz aller Entbehrungen, aller Mühsal und Gefahr – die »Brautzeit Israels« (Jer. 2,2f).

(33,50) **Und der Herr redete zu Mose in den Steppen Moabs am Jordan bei Jericho und sprach:** (51) **Rede zu den Israeliten und sage ihnen: Wenn ihr über den Jordan in das Land Kanaan gezogen seid,** (52) **so sollt ihre alle Bewohner des Landes vor euch austreiben und alle ihre Götzenbilder vernichten, desgleichen alle ihre gegossenen Bilder und alle ihre Höhen verwüsten,** (53) **und ihr sollt das Land in Besitz nehmen und darin wohnen; denn euch habe ich das Land zugewiesen, daß ihr es besitzen sollt.** (54) **Und ihr sollt das Land durch das Los unter eure Sippen verteilen; dem Stamm, der groß ist, sollt ihr seinen Erbbesitz groß, dem, der geringer ist, sollt ihr ihn kleiner bemessen. Worauf für jeden das Los fällt, das soll ihm gehören. Nach den Stämmen eurer Väter sollt ihr euch den Landbesitz zuteilen.** (55) **Wenn ihr aber die Bewohner des Landes nicht vor euch austreibt, so werden die, welche ihr von ihnen übrig laßt, zu Dornen in euren Augen und zu Stacheln in euren Seiten werden, und sie werden euch bedrängen in dem Land, in dem ihr wohnt.** (56) **Und Ich werde mit euch verfahren, wie ich mit ihnen zu verfahren gedachte.**
(34,1) **Und der Herr redete mit Mose und sprach: Befiehl den Israeliten und sprich zu ihnen: Wenn ihr in das Land hineinkommt, so ist dies das Gebiet, das euch als Erbbesitz zufallen soll: das Land Kanaan im Rahmen seiner Grenzen.** (3) **Eure Südgrenze soll von der Wüste Zin aus an Edom entlang verlaufen; und zwar soll eure Südgrenze am Ende des Salzmeers auf der Ostseite beginnen.** (4) **Dann soll eure Grenze südlich von der Skorpionensteige verlaufen bis hinüber nach Zin und ihr Auslauf soll südlich von Kades-Barnea sein. Sodann soll sie hinausgehen nach Hazar-Addar und hinübergehen nach Azmon.** (5) **Von Azmon aus verlaufe die Grenze zum Bachtal Ägyptens, bis sie endigt am Meer.** (6) **Was die Westgrenze anbelangt, so soll euch das große Meer als solche gelten; das sei eure Westgrenze.** (7) **Und dies soll eure Nordgrenze sein; vom großen Meer aus soll euch der Berg Hor als Grenzmarke gelten** (8) **und vom Berg Hor aus sollt ihr Lebo-Hamath als Grenzmarke betrachten, und die Ausläufer der Grenze sollen bis nach Zedad verlaufen;** (9) **dann soll die Grenze nach Siphron auslaufen und weiter bis Hazar-Enan als Endpunkt. Dies soll eure nördliche Grenze sein.** (10) **Und als Ostgrenze soll die Strecke von Hazar-Enean nach Sepham gelten,** (11) **von Sepham soll sie nach Haribla, östlich von Ain verlaufen; von dort soll sie weiter abwärts verlaufen und auf den Bergrücken östlich vom See Kinereth stoßen.** (12) **Weiter soll die Grenze zum Jordan hinabführen, bis sie ausläuft am Salzmeer. Das sollen ringsum die Grenzen eures Landes sein.**
(34,13) **Und Mose gab den Israeliten Anweisung und sprach: Das ist das Land, das ihr unter euch durch das Los als Erbbesitz verteilen sollt, das der Herr den neuneinhalb Stämmen zuzuweisen befohlen hat.** (14) **Der Stamm der Rubeniten mit seinen Familien und der Stamm der Gaditen mit seinen**

Familien und die Hälfte des Stammes Manasse haben ja ihren Erbbesitz bereits erhalten. (15) Diese zweieinhalb Stämme haben ihn jenseits auf der Ostseite des Jordans bei Jericho zugeteilt bekommen.
(16) **Und der Herr redete mit Mose und sprach: Dies sind die Namen der Männer, die euch das Land als Erbbesitz zuteilen sollen: Eleasar, der Priester und Josua, der Sohn Nuns; (18) dazu sollt ihr je einen Fürsten von jedem Stamm bei der Austeilung des Landes hinzuziehen.** (19) **Dies aber sind die Namen der Männer: Vom Stamm Juda Kaleb, der Sohn Jephunnes,** (20) **vom Stamm Simeon Samuel, der Sohn Ammihuds,** (21) **vom Stamm Benjamin Elidad, der Sohn Kislons,** (22) **vom Stamm Dan Buki, der Sohn Joglis,** (23) **von den Söhnen Josephs, dem Stamm Manasse Chanile, der Sohn Ephods** (24) **und vom Stamm Ephraim Kemuel, der Sohn Siphtans,** (25) **vom Stamm Sebulon Elizaphan, der Sohn Parnachs,** (26) **vom Stamm Issachar Paltiel, der Sohn Asans,** (26) **vom Stamm Asser Achihud, der Sohn Selomis,** (27) **vom Stamm Naphtali Pedahel, der Sohn Ammihuds.** (29) **Das waren die, denen der Herr den Auftrag gab, den Israeliten ihr Erbe im Lande Kanaan auszuteilen.**

Diese *Anweisung über die Besiedlung Kanaans* setzt voraus, daß die bisherigen Bewohner des Westjordanlands vollständig vertrieben werden (vgl. 5. Mose 7,2f; 12,3ff). Der Befehl dazu wird von dem Herrn, dem Gott Israels, erteilt mit der Begründung, daß – wenn dies nicht geschähe – die Gefahr bestünde, daß sich das Volk zum Götzendienst verleiten ließe. Um dies zu verhindern, sollen alle Götzenbilder vernichtet, alle Opferhöhen verwüstet werden.[12] Nicht nur die Reinheit des Jahwe-Glaubens wäre gefährdet, würde Israel diesem Befehl zuwiderhandeln. Die in ihrem bisherigen Wohnsitz verbliebenen wären auch eine dauernde Bedrohung und Qual für das Volk, sie würden »zu Dornen in euren Augen«, zu »Stacheln in euren Seiten« werden (V. 55). Schlägt das Volk diese Warnung in den Wind, so droht der Herr, daß Er selbst Israel wieder aus dem Land verstoßen wird.

An diese Warnung schließt sich eine genaue göttliche Anweisung an, wie die *Grenzen* des zu besiedelnden Westjordanlands verlaufen sollen (vgl. Jos. 15,1 ff). Bestimmte Grenzpunkte werden festgelegt, die sich allerdings heute – rund drei Jahrtausende später – nicht mehr lokalisieren lassen. Deutlich erkennbar ist nur, daß die Grenzlinie an der Küste des Mittelmeers beginnt und daß der Jordan zwischen dem See Kinereth[13] und

---

[12] Über diese göttliche »Intoleranz« steht uns kein Urteil zu, auch wenn diese für den heutigen Bibelleser, der vom geistigen Erbe der Aufklärung bestimmt ist, eine »harte Nuß« ist, wie Luther sagen würde.
[13] Das »Kinereth-Meer« ist der See Genezaret.

dem Toten Meer die Ostgrenze bildet. Nur am östlichen Rand des Sees von Tiberias ist ein Stück ostjordanisches Gebiet miteinbezogen. Die Südgrenze soll so verlaufen, daß Edom der Grenznachbar ist; sie ist weit in das Gebiet des Negev hinausverlegt. Bei der *Zuteilung des Landes an die einzelnen Stämme* wird bestimmt, daß außer dem Priester Eleasar und Josua je ein Fürst (»Sprecher«) von jedem Stamm zugezogen werden soll.[14] Der Entscheid wird durch das Los herbeigeführt.

(35,1) **Und der Herr redete mit Mose in den Steppen Moabs am Jordan bei Jericho und sprach: (2) Befiehl den Israeliten, daß sie von ihrem Erbbesitz den Leviten Städte zum Wohnsitz geben; außer den Städten sollt ihr den Leviten auch Weideland rings um sie her geben. (3) Die Städte sollen ihnen als Wohnsitz dienen; das Weideland, das dazu gehört, sollen sie für ihr Vieh, ihre Herden und alle ihre Tiere haben. (4) Und das Weideland der Städte, die ihr den Leviten geben sollt, soll sich von der Stadtmauer an ringsum tausend Ellen weit erstrecken. (5) Und ihr sollt außerhalb der Stadt auf der Ostseite zweitausend Ellen abmessen, ebenso auf der Südseite zweitausend Ellen, auf der Westseite zweitausend Ellen und auf der Nordseite zweitausend Ellen; die Stadt selbst soll in der Mitte liegen. Dies soll ihnen als Weideland bei den Städten gehören. (6) Und was die Städte anbelangt, die ihr den Leviten geben sollt, dies sollen die sechs Asyl-Städte sein, wohin einer fliehen kann, der einen Totschlag begangen hat; zusätzlich zu diesen sollt ihr noch zweiundvierzig Städte hergeben. (7) Die Gesamtzahl der Städte, die ihr den Leviten geben sollt, soll sich auf achtundvierzig Städte samt dem dazu gehörigen Weideland belaufen. (8) Und was die Zahl der Städte betrifft, die ihr vom Besitz der Israeliten abtreten sollt, soll sie bei den größeren Stämmen größer, bei den kleineren kleiner sein; jeder soll entsprechend dem Besitz, den er bekommt, etwas von seinen Städten an die Leviten abtreten.**
(35,9) **Und der Herr redete zu Mose und sprach: (10) Rede zu den Israeliten und sprich zu ihnen: Wenn ihr über den Jordan hinüber in das Land Kanaan kommt, (11) dann sollt ihr euch Städte aussuchen, die euch als Freistädte dienen sollen; dorthin soll einer fliehen können, der einen Totschlag begangen, einen Menschen ohne Vorsatz getötet hat. (12) Und zwar sollen euch diese Städte als Zuflucht vor dem Bluträcher dienen, damit der Totschläger nicht getötet wird, ehe er vor der Gemeinde vor Gericht gestanden hat. (13) Sechs solcher Asylstädte sollt ihr hergeben, (14) drei Städte sollt ihr jenseits des Jordans hergeben und drei Städte sollt ihr im Lande Kanaan hergeben; als Freistädte sollen sie euch gelten. (15) Den Israeliten sowie dem Fremdling und dem Beisassen unter euch sollen diese sechs Städte als Asyl dienen,**

---

[14] Die Namenliste dieser »Sprecher« lehnt sich an die Aufzählung in Kap. 1,5ff und 13,4ff an.

wohin jeder fliehen kann, der ohne Vorsatz einen Menschen getötet hat. (16) Hat er ihn mit einem eisernen Gerät erschlagen, so daß er starb, dann ist er ein Mörder; der Mörder soll mit dem Tode bestraft werden. (18) Hat er ihn mit einem Stein, den er in die Hand genommen hat und mit dem man einen Menschen töten kann, getroffen, so daß er starb, dann ist er ein Mörder; als Mörder soll er mit dem Tod bestraft werden. (18) Hat er ihn mit einem Stück Holz, das er in die Hand genommen hat und mit dem man einen Menschen erschlagen kann, getroffen, so daß er starb, dann ist er ein Mörder; als Mörder soll er mit dem Tod bestraft werden. (19) Und zwar soll der Bluträcher den Mörder töten; wenn er ihn trifft, soll er ihn töten. (20) Hat er ihm aus Haß einen Stoß versetzt oder absichtlich nach ihm geworfen, so daß er starb, (21) oder ihn aus Feindschaft mit seiner Faust geschlagen, so daß er starb, dann soll der, der geschlagen hat, mit dem Tod bestraft werden. Ein Mörder ist er; der Bluträcher soll den Mörder töten, wenn er ihn trifft. (22) Hat er ihm aber unversehens einen Stoß versetzt, ohne daß eine Feindschaft bestand, oder ohne schlimme Absicht irgend ein Gerät auf ihn geworfen (23) oder einen Stein, durch den man einen Menschen töten kann, unversehens auf ihn fallen lassen, so daß er starb, ohne daß er ihm feind gewesen wäre oder ihm ein Leid antun wollte, (24) dann soll die Gemeinde zwischen dem, der tödlich verletzt hat und dem Bluträcher, auf Grund dieser Rechtssatzungen den Fall schiedsrichterlich entscheiden; (25) sie soll den Totschläger aus der Hand des Bluträchers erretten und in die Stadt, wohin er geflohen ist und Zuflucht gefunden hat, zurückbringen, und er soll in ihr bleiben bis zum Tod des Hohepriesters, den man mit heiligem Öl gesalbt hat. (26) Wenn jedoch der Totschläger den Bereich der Stadt, wohin er geflohen ist und Zuflucht gefunden hat, verlassen sollte (27) und der Bluträcher findet ihn außerhalb des Bereichs der Freistadt, die ihm Zuflucht bot und der Bluträcher tötet den Totschläger, so hat er keine Blutschuld auf sich geladen. (28) Denn in seiner Zufluchtsstadt muß jener bleiben bis zum Tod des Hohepriesters; erst nach des Hohepriesters Tod kann der Totschläger an seinen angestammten Wohnort zurückkehren. (29) Dies soll als Rechtssatzung gelten von Geschlecht zu Geschlecht, an all euren Wohnorten.

(35,30) Wenn jemand einen Menschen erschlägt, so soll man auf Grund der Aussage von Zeugen den Mörder hinrichten; doch auf die Aussage nur eines Zeugen hin darf niemand zum Tod verurteilt werden. (31) Ihr dürft kein Lösegeld annehmen für das Leben eines Mörders, der des Todes schuldig ist; er soll vielmehr mit dem Tod bestraft werden. (32) Ihr dürft auch kein Lösegeld annehmen dafür, daß einer in eine Stadt, die ihm Zuflucht bietet, fliehen darf, um später wieder im Land zu wohnen bis zum Tod des Hohepriesters. (33) Ihr sollt das Land nicht entweihen, in dem ihr wohnt; denn das Blut entweiht das Land, und dem Land kann für das Blut, das in ihm vergossen wurde, nicht anders Sühne verschafft werden als durch das Blut dessen, der es vergossen hat. (34) Du sollst das Land, in dem ihr wohnt, nicht verunreinigen; da Ich darin wohne. Ich, der Herr wohne inmitten der Israeliten.

Die letzten zwei Kapitel des 4. Mosebuchs bestätigen noch einmal, was in Psalm 99,4 geschrieben steht: »Im Reich dieses Königs hat man das Recht lieb.« Die hier zusammengestellten Bestimmungen über die *Leviten- und Asylstädte* (35,1–34)[1] und über das *Erbrecht der Töchter* (36,1–13) sind dafür ein eindrucksvoller Beleg, auch wenn das sachliche Gewicht der diesbezüglichen Rechtsentscheidungen sehr verschieden ist. Sie werden in jedem Fall auf den durch Mose übermittelten Befehl des *Herrn* getroffen, der – wie es im Neuen Testament heißt – will, daß allen Menschen geholfen werde (1. Tim. 2,4).

In Kap. 35,1–8 erteilt der Herr durch Vermittlung Moses zunächst den Befehl, daß die Israeliten den *Leviten,* die kein eigenes Gebiet in dem verheißenen Land bekommen werden, insgesamt *48 Städte* mit den dazu gehörenden Weidetriften überlassen sollen. Ob diese Städte und Triften den Leviten nur zur Nutzung überlassen werden oder in ihren Besitz übergehen sollen, geht aus dem Text nicht eindeutig hervor. Auch bestimmte Städtenamen werden nicht genannt. Jedenfalls soll man in Israel Sorge dafür tragen, daß die für den Dienst am Heiligtum ausgesonderten Leviten ihr Unterkommen und Auskommen haben. An der Angabe solcher »Levitenstädte« sollen sich die Stämme Israels nach Maßgabe ihrer Größe beteiligen (V. 8).

In loser Verbindung mit dieser Anordnung wird in V. 8–15 von einem weiteren Befehl des Herrn berichtet, den Mose den Israeliten überbringen soll. Nach Überschreitung des Jordans und Inbesitznahme des verheißenen Landes sollen die Israeliten insgesamt *sechs »Freistädte«* einrichten, in die ein Mensch fliehen kann, der einen Totschlag begangen hat. In diesen Freistädten soll er vor dem Bluträcher sicher sein. Sie sollen ihm solange als Zuflucht dienen, bis eine ordentliche Gerichtsverhandlung vor der Gemeinde über seinen Fall entschieden hat. Bemerkenswert ist, daß nicht die Blutrache an sich hier generell verboten wird, so wenig andererseits diese Flucht in eine der Asyl-Städte den, der die blutige Tat beging, vor der Aburteilung schützt, falls er vorsätzlich getötet hat. Ob der Geflüchtete das Asylrecht zu Recht oder zu Unrecht in Anspruch nahm, muß durch eine sorgfältige Prüfung der Umstände »vor der Gemeinde« entschieden werden. Sie kann dem Täter, falls er ohne Vorsatz getötet hat, ein bleibendes Asylrecht gewähren.

Die Frage, ob die Tötung vorsätzlich oder unvorsätzlich begangen wurde, muß freilich genau bedacht und geklärt werden. Um dies zu entscheiden, werden in V. 16–29 die *verschiedenen Fälle erörtert,* die bei der Tötung

---

[1] Vgl. Josua 20, 1–21,42.

eines Menschen denkbar sind. Dem bewußten Mörder soll das Asylrecht verweigert werden. Seine Tötung wird dem Bluträcher anheim gestellt. Verläßt ein Totschläger leichtfertig die Asylstadt, so muß er freilich damit rechnen, daß er dem Bluträcher in die Hände fällt. Aber daran trägt er dann selbst die Schuld. Hinzugefügt wird die Bestimmung, daß zwei Zeugen nötig sind, um jemand als Mörder zu verurteilen. Verboten wird außerdem, für das Leben eines Menschen, der vorsätzlich einen Mord beging, ein Lösegeld anzunehmen oder ihm auf dem Weg der Bestechung ein Asylrecht, das ihm nicht zusteht, zu gewähren. Feststeht, daß der, der einen Mord beging, sein Leben verwirkt hat. Durch das schuldlos vergossene Blut wurde das dem Herrn heilige Land entweiht.

(36,1) Es traten aber herzu die Häupter der Familien vom Geschlecht der Söhne Gileads, des Sohnes Machir, des Sohnes Manasses, von den Geschlechtern der Söhne Josephs, und trugen Mose und den Fürsten, den Stammhäuptern der Israeliten, ein Anliegen vor (2) und sprachen: Unsrem Herrn hat der Herr befohlen, das Land den Israeliten durchs Los zum Erbteil zu geben; auch wurde dir, o Herr, von dem Herrn befohlen, das Erbteil unsres Bruders Zelophehad an seine Töchter zu vergeben. (3) Wenn diese nun einen aus den andren Stämmen Israels heiraten, dann wird ihr Erbteil dem erblichen Besitz unsrer Väter entzogen, und dem Erbbesitz des Stammes, dem sie angehören werden, hinzugefügt werden.
(4) Wenn dann das Jobeljahr für die Israeliten kommt, so wird ihr Erbteil zu dem Erbbesitz desjenigen Stammes hinzugefügt, dem sie angehören werden, und dem Erbbesitz des Stammes unsrer Väter wird ihr Erbbesitz entzogen.[1]
(5) Da gab Mose den Israeliten auf Befehl des Herrn folgende Anweisung: Der Stamm der Söhne Josephs hat recht geredet. Dies ist's, was der Herr betreffs der Töchter Zelophehads angeordnet hat: Sie mögen sich verheiraten, mit wem es ihnen gefällt; nur müssen sie einen Angehörigen ihres väterlichen Stammes heiraten (7) damit nicht israelitischer Erbbesitz von einem Stamm zum andern übergehe; vielmehr sollen die Israeliten alle mit dem Erbbesitz ihres väterlichen Stammes fest verbunden bleiben. (8) Jedes Mädchen, das in einem der Stämme Israels zu Erbbesitz kommt, soll einen Angehörigen ihres väterlichen Stammes heiraten, damit die Israeliten alle ihren väterlichen Erbbesitz behalten (9) und nicht Erbbesitz von einem Stamm an einen andern übergehe, vielmehr die Stämme Israels jeweils mit ihrem Erbbesitz fest verbunden bleiben. (10) Und die Töchter Zelophehads taten wie der Herr Mose befohlen hatte; (11) Machla, Tirza, Hogla, Milka und Noa die Töchter Zelophehads, wurden den Söhnen ihrer Oheime zur Frau gegeben. (12) Angehörigen von Sippen der Söhne Manasses, des Sohnes Josephs, wurden sie zur

---

[1] V. 4 ist ein Zusatz, der durchaus fehl am Platz ist. Sollten doch im Jobeljahr die ursprünglichen Besitzverhältnisse wiederhergestellt werden!

Frau gegeben; so blieb ihr Erbbesitz bei dem Stamm der Sippe ihres Vaters.
(36,13) **Dies sind die Gebote und Rechtssatzungen, die der Herr durch Mose den Israeliten in den Steppen Moabs am Jordan bei Jericho durch Mose befahl.**

Den Töchtern Zelophehads sind wir in Kap. 27,1–11, wo ihnen das Erbrecht zugestanden wurde, schon einmal begegnet. Es ging dort um die Frage, ob die Töchter erbberechtigt sind, wenn kein männlicher Erbe vorhanden ist. Dies wurde bejaht. Daß sie ein Anrecht auf das väterliche Erbe haben, wurde ihnen vom Herrn selbst bestätigt. Nun erfahren wir, daß ihre Stammesgenossen befürchten, das Erbteil Zelophehads könnte durch die Heirat der Töchter Zelophehads mit den Angehörigen eines andern Stammes ihrem Stamm verloren gehen. Unter Berufung auf einen göttlichen Befehl nimmt ihnen Mose diese Sorge ab. Die Töchter Zelophehads sind verpflichtet, wenn sie sich verheiraten, ihre Wahl so zu treffen, daß ihr Erbbesitz mit dem Besitz ihres Stammes fest verbunden bleibt. Sie dürfen nur einem Mann, der der Sippe ihres väterlichen Stamms angehört, zur Frau gegeben werden. Die Töchter Zelophehads haben diese Anweisung bei ihrer Verheiratung befolgt (V. 10), so daß ihr Erbbesitz bei ihrem väterlichen Stamm verblieb. Wenn dies eigens berichtet wird, so soll damit für ähnlich gelagerte Fälle ein Präzedenzfall geschaffen sein.
Es ist dies ohne Zweifel ein recht »prosaischer« Schluß für ein biblisches Buch. Aber wenn's ans Erben geht, da geht es auch unter Christen sehr prosaisch zu! Zudem muß man mitbedenken, daß wir uns im Alten Testament befinden, das noch keine Hoffnung auf ein »unvergängliches, unbeflecktes, unverwelkliches Erbe« kennt, wie uns dies die Auferstehung Jesu Christi aus den Toten erwarb und verbürgt (1. Petr. 1,3). Für die Frommen des Alten Bundes war ihr Anteil am Lande Gottes das kostbare Unterpfand all ihrer Hoffnung auf den lebendigen Gott, für sie selbst und ihre Nachkommen. Wir, die wir durch die Auferstehung Jesu Christi zu einer »lebendigen Hoffnung wiedergeboren sind«, sollen und dürfen uns nach diesem unvergänglichen »Erbe« ausstrecken.

> Was sind dieses Lebens Güter?
> Eine Hand voller Sand,
> Kummer der Gemüter.
> Dort, dort sind die edlen Gaben,
> da mein Hirt Christus wird
> mich ohn' Ende laben!

*In der Reihe »Die Botschaft des Alten Testaments«
sind von Helmut Lamparter erschienen:*

Band 7/8	**In Gottes Schuld** Ausgewählte Texte aus dem dritten und vierten Buch Mose 1980, 176 Seiten, Leinen
Band 9	**Der Aufruf zum Gehorsam** Das fünfte Buch Mose 1977, 180 Seiten, Leinen
Band 13	**Das Buch der Anfechtung** Das Buch Hiob 5. Auflage 1979, 264 Seiten, Leinen
Band 14	**Das Buch der Psalmen I** Psalm 1–72 3. Auflage 1977, 352 Seiten, Leinen
Band 15	**Das Buch der Psalmen II** Psalm 73–150 3. Auflage 1975, 400 Seiten, Leinen
Band 16,I	**Das Buch der Weisheit** Prediger und Sprüche 3. Auflage 1975, 320 Seiten, Leinen
Band 16,II	**Das Buch der Sehnsucht** Ruth, Hohes Lied, Klagelieder 2. Auflage 1977, 192 Seiten, Leinen
Band 20	**Prophet wider Willen** Der Prophet Jeremia 2. Auflage 1974, 416 Seiten, Leinen
Band 21	**Zum Wächter bestellt** Der Prophet Hesekiel 1968, 320 Seiten, Leinen
Band 23,IV	**Der Tag des Gerichtes Gottes** Habakuk, Zephanja, Jona, Nahum Unter Mitarbeit von Rolf von Ungern-Sternberg 2. Auflage 1975, 240 Seiten, Leinen
Band 25,I	**Die Apokryphen I** Das Buch Jesus Sirach 1972, 220 Seiten, Leinen
Band 25,II	**Die Apokryphen II** Weisheit Salomos, Tobias, Judith, Baruch 1972, 228 Seiten, Leinen